IT 실전 워크북 시리즈는 처음 배우는 손글이 좀 더 쾌적한 환경에서
손쉽게 배울 수 있도록 체계적인 기획 하에 다음과 같은 특징을 가지고 만든 책입니다.

❶ 따라하기 형태의 내용 구성

각 기능들을 쉬운 단계부터 시작하여 실습 형태로 따라하면서 자연스럽게 익혀 실무에
활용할 수 있도록 하였습니다.

❷ 풍부하고도 다양한 예제 제공

실무에서 실제로 사용하는 예제 위주 편성으로 인해 학습을 하는데 친밀감이 들도록 하여 학
습 효율을 강화시켰습니다.

❸ 베테랑 강사들의 노하우 제공

일선에서 다년간 경험을 쌓으면서 수첩 등에 꼼꼼히 적어놓았던 보물 같은 내용들을 [Tip],
[Power Upgrade] 등의 코너를 만들어 배치시켜 놓아 효율을 극대화 시켰습니다.

❹ 대형 판형에 의한 시원한 편집

A4 사이즈에 맞춘 큰 판형으로 디자인하여 보기에도 시원하고 쾌적하게 학습할 수 있도록
하였습니다.

❺ 스스로 풀어보는 다양한 실전 예제 수록

각 단원이 끝날 때마다 배운 내용을 실습하면서 완벽히 익힐 수 있도록 난이도별로 다양한
실습 문제를 제시하여 복습할 수 있도록 하였습니다.

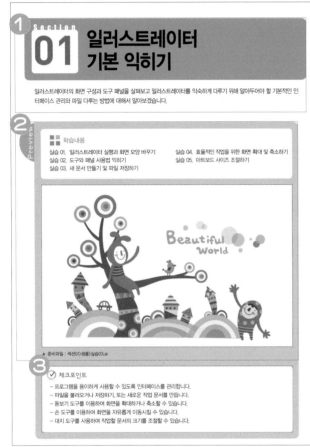

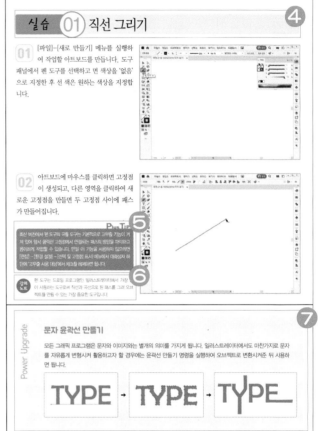

1 섹션 설명

해당 단원에서 배울 내용에 대한 전체적인 개념을 설명함으로써 단원에 대한 이해도를 증진시키도록 합니다.

2 Preview

해당 단원에서 만들어볼 결과물을 미리 보여줌으로써 실습하는데 따르는 전체적인 틀을 이해할 수 있도록
하여 학습 효율을 극대화시켜 줍니다.

3 체크포인트

해당 단원에서 배울 내용들에 대한 차례를 기록하여 흐름을 파악할 수 있습니다.

4 실습

본문 내용을 하나씩 따라해 가면서 실습하다 보면 자연스럽게 관련 기능을 이해할 수 있도록 구성하여
누구나 쉽게 일러스트레이터를 사용할 수 있도록 하였습니다.

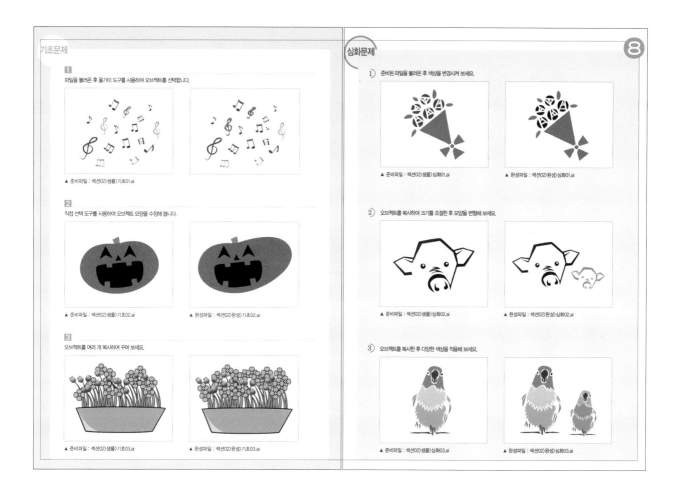

⑤ Plus Tip

저자만이 가지고 있는 다양한 노하우 및 좀 더 편리하게 접근하기 위한 정보들을 제공합니다.

⑥ 강의노트

실습을 따라하는 과정에서 알아두면 도움이 되는 내용들을 담았습니다.

⑦ Power Upgrade

난이도가 높아 본문의 실습에서 다루지는 않았지만 익혀놓으면 나중에 실무에서 도움이 될 것 같은
내용들을 별도로 구성해 놓았습니다.

⑧ 기초문제, 심화문제

본문에서 배운 내용을 다양한 예제를 통하여 실습하면서 확실하게 익힐 수 있도록 난이도별로 나누어
실습 문제를 담았습니다.

C·O·N·T·E·N·T·S

01 일러스트레이터 기본 익히기

일러스트레이터의 화면 구성과 도구 패널을 살펴보고 일러스트레이터를 익숙하게 다루기 위해 알아두어야 할 기본적인 인터페이스 관리와 파일 다루는 방법에 대해서 알아보겠습니다.

Preview

■■ 학습내용

실습 01. 일러스트레이터 실행과 화면 모양 바꾸기

실습 02. 도구와 패널 사용법 익히기

실습 03. 새 문서 만들기 및 파일 저장하기

실습 04. 효율적인 작업을 위한 화면 확대 및 축소하기

실습 05. 아트보드 사이즈 조절하기

▲ 준비파일 : 섹션01〉샘플〉실습04.ai

✔ 체크포인트

– 프로그램을 용이하게 사용할 수 있도록 인터페이스를 관리합니다.

– 파일을 불러오거나 저장하기, 또는 새로운 작업 문서를 만듭니다.

– 돋보기 도구를 이용하여 화면을 확대하거나 축소할 수 있습니다.

– 손 도구를 이용하여 화면을 자유롭게 이동시킬 수 있습니다.

– 대지 도구를 사용하여 작업할 문서의 크기를 조절할 수 있습니다.

01 일러스트CC를 실행시키면 화면의 도구와 패널 등이 기본값 형태로 나타납니다.

PlusTip

화면 왼쪽 상단의 홈 버튼을 누르면 홈 화면으로 이동합니다.

02 사용자가 프로그램을 사용하기 편리한 환경을 지정하여 작업하거나 자주 사용하는 기능들로 작업 화면을 새롭게 구성하여 [윈도우]-[작업 영역]-[새 작업 영역] 명령을 실행하여 저장할 수 있습니다. 또한 화면 오른쪽 상단의 문서 공유와 검색, 문서 정렬, 작업 영역 전환 버튼이 있어 프로그램 사용이 용이해졌습니다.

03 프로그램 설치 후 기본 환경은 검은색으로 지정되어 있는데 [편집]-[환경설정]-[사용자 인터페이스] 메뉴를 실행하여 인터페이스 밝기를 지정하여 사용할 수 있습니다.

 강의 노트 본 도서는 도구나 메뉴 등의 문자가 잘 보이도록 인터페이스 색상을 밝은색으로 지정하여 설명하도록 하겠습니다.

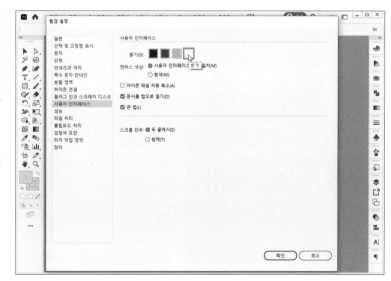

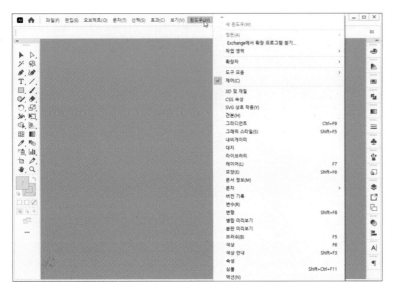

04 작업 화면을 구성하는 도구 패널과 제어 패널, 각종 패널들은 [윈도우] 메뉴에서 불러와 사용하시면 됩니다.

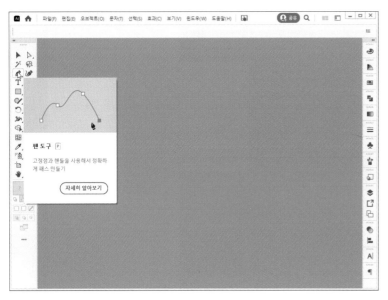

05 특히 도구 패널의 특정 도구 위에 마우스 포인터를 올리면 해당 도구에 대한 짧은 설명과 비디오가 표시됩니다. 만일 이 팁이 표시되지 않도록 하려면 [편집]-[환경 설정]-[일반] 메뉴를 실행하여 '도구 팁 보기' 항목을 체크하지 않으면 됩니다.

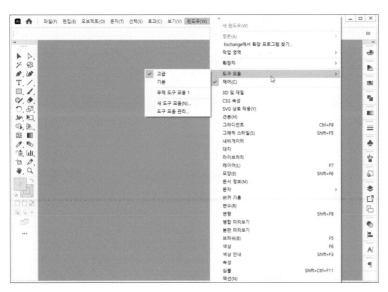

06 또한 [윈도우]-[도구 모음] 메뉴에서 사용자가 원하는 도구를 직접 구성하고 정의할 수 있습니다.

일러스트레이터 화면 모양 알아보기

❶ 메뉴

각각의 기능별로 9개의 메뉴로 구성되어 있으며, 각 메뉴별로 하위 메뉴를 제공하고 있습니다.

❷ 응용 프로그램 헤더

문서 공유, 검색, 문서 정렬, 작업 영역 전환 등의 응용 프로그램 헤더를 볼 수 있습니다.

❸ 제어 바

선택된 오브젝트에 따라 옵션 설정을 다양하게 적용할 수 있습니다.

❹ 도구 패널

일러스트레이터의 작업을 도와주는 여러 가지 도구로 구성되어 있습니다.

❺ 도큐먼트

실제 작업이 이루어지는 공간을 뜻하며, 파일의 이름과 화면 비율, 색상 모드 등이 표시됩니다.

❻ 대지

하나의 도큐먼트에서 여러 개의 페이지를 작업할 수 있습니다.

❼ 패널

다양한 기능을 쉽게 사용할 수 있도록 사용자가 여러 가지의 패널들을 구성하여 사용할 수 있습니다.

❽ 상태 표시줄

작업 중인 도큐먼트의 화면 배율, 아트보드 번호, 선택한 도구에 대한 정보 등이 표시됩니다.

도구 패널 알아보기

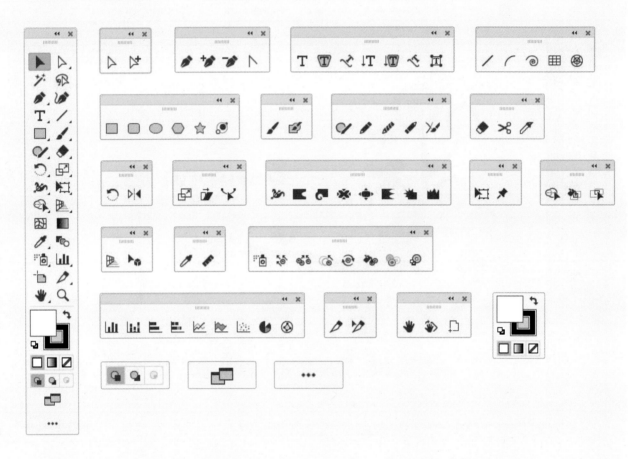

1. **선택 도구** : 오브젝트의 고정점과 패스를 모두 선택합니다.

2. **직접 선택 도구** : 오브젝트의 고정점과 패스를 선택하여 모양을 수정합니다.

   그룹 선택 도구 : 그룹으로 묶인 오브젝트를 선택합니다.

3. **자동 선택 도구** : 속성이 유사한 오브젝트를 한 번에 선택합니다.

4. **올가미 도구** : 마우스를 자유롭게 드래그하여 고정점과 패스를 선택합니다.

5. **펜 도구** : 오브젝트를 그릴 때 사용합니다.

   고정점 추가 도구 : 패스에 고정점을 추가합니다.

   고정점 삭제 도구 : 패스에 고정점을 삭제합니다.

   고정점 도구 : 고정점의 방향선을 변경합니다.

6. **곡률 도구** : 고무줄 미리 보기 기능을 사용하여 곡선을 단순하고 쉽게 그릴 수 있습니다.

7. **문자 도구** : 문자를 입력합니다.

   영역 문자 도구 : 오브젝트 영역 안에 문자를 입력합니다.

   패스 상의 문자 도구 : 패스를 따라 흐르는 문자를 입력합니다.

   세로 문자 도구 : 세로 문자를 입력합니다.

   세로 영역 문자 도구 : 오브젝트 영역 안에 세로 문자를 입력합니다.

   패스 상의 세로 문자 도구 : 패스를 따라 흐르는 세로 문자를 입력합니다.

   문자 손질 도구 : 문자 작성 후 한 글자의 위치를 수정하거나 회전 등의 변화를 줄 수 있습니다.

8. **선분 도구** : 마우스를 드래그하여 직선을 그립니다.

호 도구 : 부채꼴 모양의 호 모양을 그립니다.

나선형 도구 : 나선형 모양을 그립니다.

사각형 격자 도구 : 사각형 모양의 격자를 그립니다.

극좌표 격자 도구 : 원형 그리드를 그립니다.

9. **사각형 도구** : 사각형을 그립니다.

둥근 사각형 도구 : 모서리가 둥근 사각형을 그립니다.

원형 도구 : 원형을 그립니다.

다각형 도구 : 다각형을 그립니다.

별모양 도구 : 별 모양을 그립니다.

플레어 도구 : 빛 효과를 그립니다.

10. **페인트브러쉬 도구** : 다양한 붓 효과를 이용하여 모양을 그립니다.

물방울 브러쉬 도구 : 마우스를 자유롭게 드래그하여 곡선을 그립니다.

11. **Shaper 도구** : 마우스를 자유롭게 드래그하여 벡터 모양으로 전환시킵니다.

연필 도구 : 마우스를 자유롭게 드래그하여 곡선을 그립니다.

매끄럽게 도구 : 고정점을 변경하여 선을 부드럽게 만들어 줍니다.

패스 지우개 도구 : 마우스를 자유롭게 드래그하여 패스를 지워줍니다.

연결 도구 : 패스와 패스를 연결시켜 줍니다.

12. **지우개 도구** : 마우스를 자유롭게 드래그하여 개체의 일부분을 지워줍니다.

가위 도구 : 패스에 고정점을 추가하여 잘라줍니다.

칼 도구 : 마우스를 자유롭게 드래그하여 개체를 분리시켜줍니다.

13. **회전 도구** : 오브젝트를 회전시킵니다.

반사 도구 : 오브젝트를 반사시킵니다.

14. **크기 조절 도구** : 오브젝트의 크기를 조절합니다.

기울이기 도구 : 오브젝트에 기울이기를 적용합니다.

모양 변경 도구 : 고정점을 추가시켜 모양을 변형합니다.

15. **폭 도구** : 선 일부분의 두께를 조절합니다.

변형 도구 : 오브젝트를 왜곡시킵니다.

돌리기 도구 : 오브젝트를 소용돌이 모양으로 왜곡시킵니다.

오목 도구 : 마우스를 클릭한 방향으로 고정점이 모여 축소됩니다.

볼록 도구 : 오목 도구와 반대로 팽창합니다.

조개 도구 : 오브젝트의 안쪽이 부채꼴 모양으로 왜곡됩니다.

수정화 도구 : 오브젝트의 바깥쪽이 부채꼴 모양으로 왜곡됩니다.

주름 도구 : 오브젝트에 주름이 생긴 것처럼 변형됩니다.

16. **자유 변형 도구** : 오브젝트의 모양을 자유롭게 변형시킬 수 있습니다.

퍼펫 뒤틀기 도구 : 오브젝트를 비틀고 왜곡시키는 등 변형이 자유롭습니다.

17. **도형 구성 도구** : 오브젝트를 합치거나 제외시켜 간단하게 표현할 수 있는 도구입니다.

라이브 페인트 통 : 페인트 그룹을 만들어 색상 작업을 쉽게 할 수 있습니다.

라이브 페인트 선택 도구 : 라이브 페인트 그룹을 선택합니다.

18. **원근감 격자 도구** : 원근감 격자를 이용하여 오브젝트를 입체적으로 그릴 수 있습니다.

     원근감 선택 도구 : 오브젝트를 복사하거나 이동시켜 원근감을 적용합니다.

19. **망 도구** : 메시 고정점을 만들어 다양한 색상을 적용합니다.

20. **그레이디언트 도구** : 그레이디언트 색상을 적용합니다.

21. **스포이드 도구** : 오브젝트의 다양한 속성을 추출합니다.

     측정 도구 : 거리와 크기, 각도를 측정합니다.

22. **블렌드 도구** : 두 개 이상의 오브젝트가 자연스럽게 변화되도록 중간단계를 생성합니다.

23. **심볼 분무기 도구** : 심볼을 스프레이처럼 뿌려줍니다.

     심볼 이동기 도구 : 심볼의 위치를 이동시킵니다.

     심볼 분쇄기 도구 : 심볼을 모으거나 흩어지게 합니다.

     심볼 크기 조절기 도구 : 심볼의 크기를 변형시킵니다.

     심볼 회전기 도구 : 심볼을 회전시킵니다.

     심볼 염색기 도구 : 심볼에 색상을 적용합니다.

     심볼 투명기 도구 : 심볼에 투명도를 조절합니다.

     심볼 스타일기 도구 : 심볼에 스타일을 적용합니다.

24. **막대 그래프 도구** : 세로 방향 막대 그래프를 만듭니다.

     누적 막대 그래프 도구 : 비교되는 두 개의 값을 하나의 막대에 누적해서 보여줍니다.

     가로 막대 그래프 도구 : 가로 방향 막대 그래프를 만듭니다.

     가로 누적 막대 그래프 도구 : 비교되는 두 개의 값을 하나의 세로 막대에 누적해서 보여줍니다.

     선 그래프 도구 : 데이터의 변화율을 쉽게 알 수 있도록 점으로 표시되어 점과 점을 직선으로 연결합니다.

     영역 그래프 도구 : 영역으로 데이터를 표현합니다.

     산포 그래프 도구 : 점으로 데이터를 표현합니다.

     파이 그래프 도구 : 파이 모양의 원으로 데이터를 보여줍니다.

     레이더 그래프 도구 : 중앙 지점에 상대 값을 나타냅니다.

25. **대지 도구** : 새로운 아트보드를 추가하거나 크기를 조절합니다.

26. **분할 영역 도구** : 문서를 여러 개의 영역으로 나눕니다.

     분할 영역 선택 도구 : 분할된 영역을 선택합니다.

27. **손 도구** : 작업 중 화면을 이동합니다.

     회전 보기 도구 : 캔버스의 원하는 위치에서 드래그하여 방향을 변경할 수 있습니다.

     타일링 인쇄 도구 : 인쇄 영역을 설정합니다.

28. **돋보기 도구** : 화면의 크기를 확대하거나 축소합니다.

29. **칠과 선** : 오브젝트에 면색과 선색을 설정합니다.

30. **그리기 모드** : 기존에 그려진 오브젝트의 내부 또는 배경으로 새로운 오브젝트를 그릴 수 있습니다.

31. **화면 모드** : 화면 모드를 4가지 형태로 전환합니다.

32. **도구 모음 편집** : 사용자가 원하는 도구를 직접 편집하여 사용할 수 있습니다.

01 선택하고자 하는 도구 위에 마우스 커서를 올려놓으면 도구의 이름과 단축키가 나타납니다. 또한 추가적인 도구를 선택하고자 할 경우에는 마우스 버튼을 누르고 있으면 숨어있는 도구들이 나타나 선택할 수 있으며, 오른쪽 끝 작은 삼각형을 눌러 작업 화면에 오픈시켜 놓고 사용할 수 있는 티로프 기능을 지원합니다.

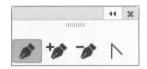

02 앞서 설명했듯이 도구에 마우스 커서를 올려놓으면 도구의 이름과 단축기뿐만 아니라 해당 도구에 대한 짧은 설명과 비디오가 표시됩니다.

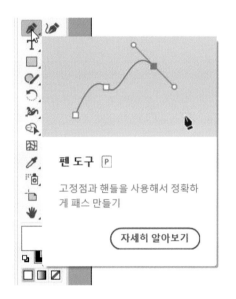

03 하단의 '자세히 알아보기' 버튼을 클릭하면 탐색 창이 따로 활성화되어 좀 더 자세한 설명을 볼 수 있습니다.

강의 노트 만일 이 팁이 표시되지 않도록 하려면 [편집] – [환경 설정] – [일반] 메뉴를 실행하여 '도구 팁 보기' 항목을 체크하지 않으면 됩니다.

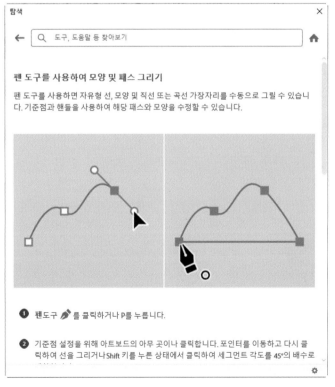

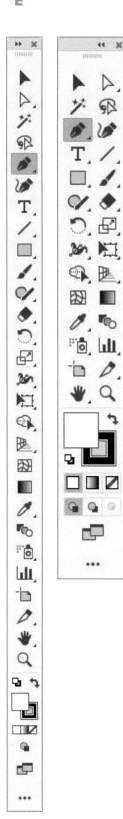

04 도구 패널은 좌측 상단의 이중 화살표를 클릭하여 한 줄로 정렬하여 사용 가능하며, 다시 이중 화살표를 눌러 2줄로 정렬하여 사용할 수 있습니다.

05 동일한 방법으로 아이콘 형태로 보이는 패널을 확장할 때는 패널 그룹 바의 오른쪽에 보이는 이중 화살표를 클릭하여 확장시켜 사용하고, 아이콘 형태의 패널 보기에서 선택한 패널만을 확장시켜 사용할 수도 있습니다.

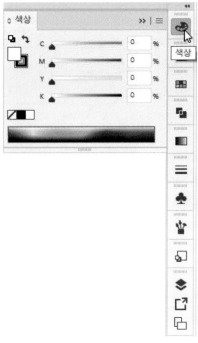

06 기본 패널에서 보이지 않는 패널을 사용하고자 할 경우에는 [윈도우] 메뉴에서 사용하고자 하는 패널을 선택하여 불러와 사용하고, 또한 도킹되어 있는 패널을 작업 화면으로 드래그하여 따로 분리하여 사용할 수 있습니다.

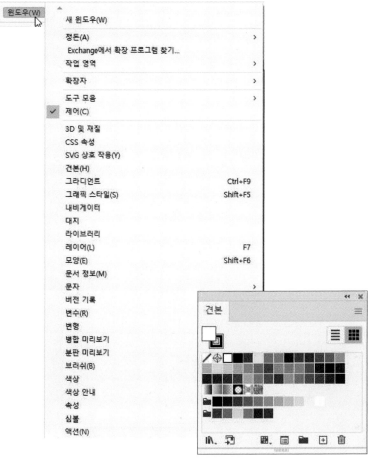

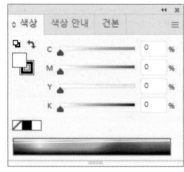

07 자주 사용하는 패널을 그룹으로 묶어서 패널 독에 배치하면 원하는 기능을 빠르게 적용할 수 있습니다.

Power Upgrade

사용자 정의 가능 도구 모음

최신 버전에서는 두 개의 도구 모음(기본 및 고급)을 제공합니다. 기본 도구 모음에는 일러스트레이션 제작 시 일반적으로 사용되는 도구 세트가 포함되어 있고, 다른 모든 도구는 도구 모음의 맨 아래에 있는 도구 모음 편집 버튼(...)을 클릭하여 열 수 있습니다. 또한 도구 모음에서 필요에 따라 도구를 추가하거나, 제거, 그룹화 또는 재정렬하여 자신만의 맞춤형 도구 모음을 만들 수도 있습니다.

〈고급 모드〉   〈기본 모드〉

01 프로그램을 실행하고 왼쪽 상단의 '새 파일' 버튼을 클릭하거나 [파일]–[새로 만들기] 메뉴를 실행하면 최근 사용하였던 문서나 모바일, 웹, 인쇄 등 다양한 형태를 선택하여 작업할 수 있도록 템플릿을 제공합니다.

02 임의적으로 원하는 문서를 만들고자 할 경우에는 대화상자 오른쪽에 폭과 높이 값을 입력하고 기본 단위와 방향, 색상 모드 등을 지정한 후 '만들기' 버튼을 클릭합니다.

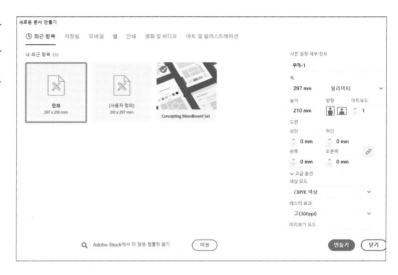

03 새 아트보드가 나타나고 사용자가 원하는 작업을 한 후 파일로 저장하기 위해서 [파일]–[저장] 또는 [파일]–[다른 이름으로 저장] 메뉴를 실행합니다. 사용자의 컴퓨터와 클라우드 중 선택하여 파일을 저장할 수 있도록 대화상자 하단의 'Creative Cloud에 저장'이라는 버튼이 있습니다.

04 'Creative Cloud에 저장' 버튼을 클릭하여 클라우드에 저장에 두면 언제 어디서나 여러 장치에서 불러와 작업할 수 있습니다. 물론 컴퓨터에 저장하고자 한다면 경로와 파일 형식, 파일 이름을 입력한 후 저장하면 됩니다.

강의노트 기본적으로 일러스트레이터 문서를 저장하면 최신 버전으로 저장됩니다. 그러나 문서를 더 낮은(레거시) 버전으로 저장하도록 선택하면 레거시 형식은 현재 버전 일러스트레이터의 모든 기능을 지원하지 않으므로 일부 데이터가 손실될 수 있습니다. 현재 버전 이외의 버전을 선택하면 일부 저장 옵션을 사용할 수 없고 특정한 유형의 데이터가 변경됩니다.

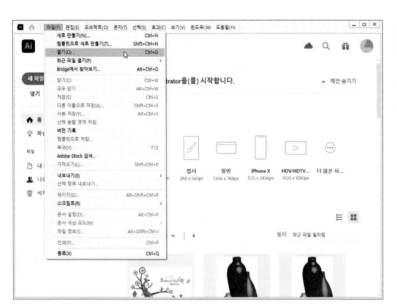

05 기존에 저장해 두었던 작업 파일을 불러오고자 한다면 첫 화면에서 '열기' 버튼을 클릭하거나, [파일]–[열기] 메뉴를 실행하여 파일을 불러오면 됩니다.

06 물론 대화상자 하단의 '클라우드 문서 열기' 버튼을 클릭하여 클라우드에 저장된 파일 또한 불러올 수 있습니다.

강의노트 클라우드에 저장된 파일을 삭제하거나 관리하고자 할 경우에는 Adobe Creative Cloud를 실행하여 파일 관리를 할 수 있습니다.

Power Upgrade

새로 만들기 문서 대화상자

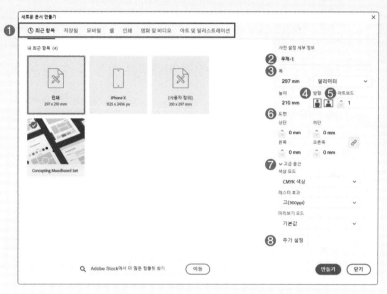

1. **템플릿** : Adobe Stock에서 제공하는 다양한 템플릿을 사용하여 문서를 만들 수 있습니다.

2. 문서의 이름을 입력합니다. 저장 시 입력하는 파일명입니다.

3. **폭, 높이, 단위** : 문서의 가로, 세로 크기를 설정하고, 단위를 지정합니다.

4. **방향** : 문서의 가로, 세로 방향을 설정합니다.

5. **아트보드** : 문서의 개수를 설정할 수 있습니다.

6. **도련** : 문서의 여백을 설정합니다.

7. **고급 옵션**

   – **색상모드** : 인쇄용은 'CMYK', 웹용은 'RGB', 색상 모드를 지정합니다.

   – **래스터 효과** : 해상도를 지정합니다.

   – **미리보기 모드** : 미리보기 상태를 지정합니다. '픽셀'을 선택하면 벡터 이미지를 비트맵 상태로 볼 수 있고, '중복 인쇄'를 선택하면 인쇄되었을 때의 상태를 미리 보여줍니다.

8. **추가 설정** : 추가 옵션을 지정할 수 있습니다.

실습 ④ 효율적인 작업을 위한 화면 확대 및 축소하기

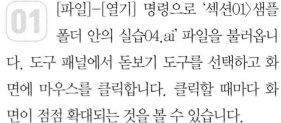

01 [파일]-[열기] 명령으로 '섹션01〉샘플 폴더 안의 실습04.ai' 파일을 불러옵니다. 도구 패널에서 돋보기 도구를 선택하고 화면에 마우스를 클릭합니다. 클릭할 때마다 화면이 점점 확대되는 것을 볼 수 있습니다.

> **강의 노트** 돋보기 도구는 사용자의 필요에 따라 화면을 축소하거나 확대할 수 있는 도구입니다. 화면이 확대된 상태에서 축소하려면 **Alt** 키를 누르고 화면을 클릭하면 됩니다. 또한 **Ctrl** + **Space Bar** 키를 누르면 마우스 포인터가 + 모양으로 바뀌면서 확대할 수 있는 돋보기로 변경되고, **Ctrl** + **Alt** + **Space Bar** 키를 누르면 마우스 포인터가 – 모양으로 바뀌면서 축소할 수 있는 돋보기 도구로 변경되어 좀 더 빠르게 사용 가능합니다. 그리고 돋보기 도구를 더블 클릭하면 아트보드를 100%로 되돌릴 수 있습니다.

02 반대로 **Alt** 키를 누른 상태에서 화면을 클릭하면 축소됩니다.

03 돋보기 도구가 선택된 상태에서 마우스를 드래그하면 드래그 한 영역만큼 아트보드가 확대되어 나타납니다.

> **강의 노트** 돋보기 도구 사용 시 마우스를 드래그하여 화면 크기를 조절하고자 할 경우 이전 버전들과 달리 애니메이션 확대 기능이 기본값으로 적용되어 있습니다. [편집]-[환경 설정]-[성능] 메뉴를 실행하여 '애니메이션 확대/축소' 항목의 체크를 해지하면 애니메이션 기능이 적용되지 않고 원하는 만큼 크기를 조절할 수 있습니다.

04 아트보드가 확대된 상태에서 도구 패널에서 손 도구를 선택하고 도큐먼트를 클릭한 채로 드래그하면 아트보드가 이동됩니다.

강의 노트 손 도구는 화면을 원하는 방향으로 이동시키는 도구로써 도큐먼트를 클릭하고 드래그하면 원하는 방향으로 이동됩니다. 작업 중에 도구 패널에서 손 도구를 매번 선택하여 사용하는 것보다는 키보드의 Space Bar 를 눌러 일시적으로 전환하여 사용하는 것이 용이합니다.

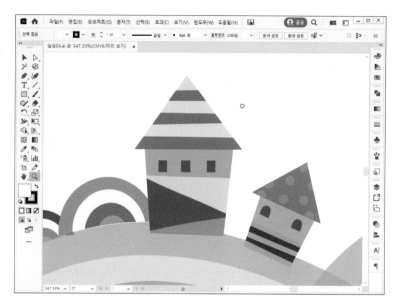

05 손 도구를 더블클릭하면 현재 설정된 아트보드 영역이 화면에 모두 보입니다.

06 반대로 돋보기 도구를 더블클릭하면 오브젝트의 실제 크기를 보여줍니다.

실습 ⑤ 아트보드 사이즈 조절하기

01 [파일]-[새로 만들기] 메뉴를 클릭하여 A4 사이즈의 새로운 아트보드를 만듭니다.

02 도구 패널에서 대지 도구를 선택하면 크기를 조절할 수 있는 조절점이 생성됩니다.

강의노트 대지 도구는 아트보드의 크기를 조절하거나 추가하는 기능입니다.

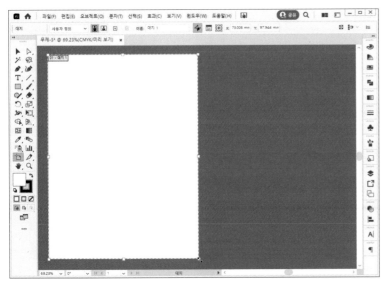

03 조절점을 드래그하거나 화면 상단의 제어 패널에서 아트보드의 종류와 방향, 대지 옵션 등을 클릭하여 폭과 높이를 조절하여 원하는 크기로 수정할 수 있습니다.

Plus**T**ip

만일 제어 패널이 보이지 않을 경우에는 [윈도우] 메뉴에서 불러와 사용하시면 됩니다.

04 또한 `Alt` 키를 누른 상태에서 아트보드를 드래그하면 복사할 수 있고, 원하는 아트보드를 선택하여 크기를 조절할 수도 있습니다.

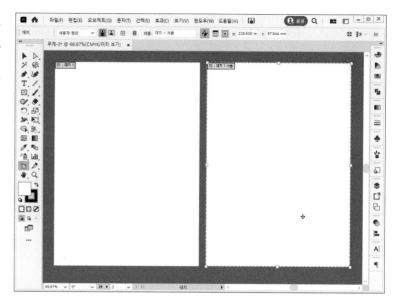

05 최선 버전에서 업그레이드된 부분으로 같은 문서 또는 다른 문서에 아트보드를 복사하여 붙여넣을 수도 있습니다. 복사하고자 하는 아트보드를 선택하고 [편집]-[복사] 메뉴를 실행합니다.

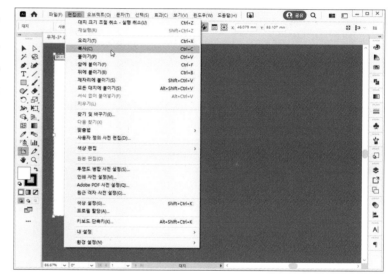

06 그런 다음 [파일]-[새로 만들기] 버튼을 클릭하여 새로운 A4 크기의 아트보드를 생성합니다.

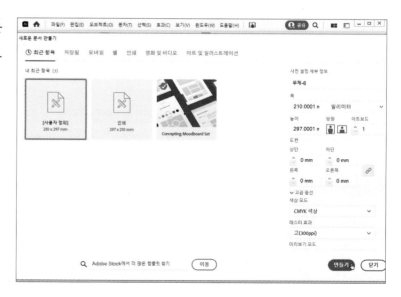

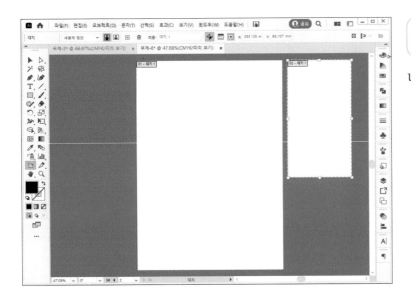

07 [편집]-[붙이기] 명령을 실행하면 앞서 클립보드에 저장된 아트보드가 복사됩니다.

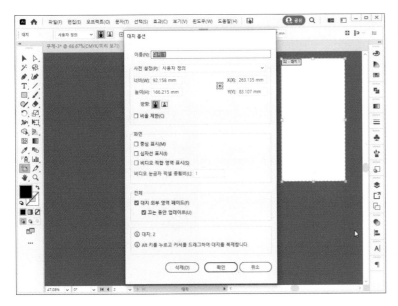

08 아트보드 편집 상태에서 [Enter] 키를 누르면 아트보드 옵션 대화상자가 열리고, 변경된 아트보드의 정보와 표시 항목을 설정할 수 있습니다.

MEMO

02 오브젝트 편집을 위한 선택 방법 익히기

오브젝트 편집을 위한 다양한 선택 도구들에 대해서 알아보겠습니다. 선택 도구는 다양한 오브젝트의 편집 기능을 갖추고 있으며 목적에 따라 사용하는 선택 도구가 달라지므로 각각의 선택 도구 사용법을 학습해보겠습니다.

Preview

■■ 학습내용

실습 01. 오브젝트 선택하기
실습 02. 오브젝트 그룹 및 해제하기
실습 03. 테두리 상자를 이용한 오브젝트 변형하기

실습 04. 직접 선택 도구를 사용한 모양 수정하기
실습 05. 자동 선택 도구를 사용한 오브젝트 선택하기
실습 06. 오브젝트에 면 색과 선 색 적용하기

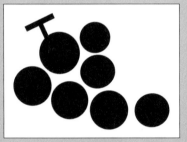

▲ 완성파일 : 섹션02〉샘플〉실습01.ai

▲ 완성파일 : 섹션02〉샘플〉실습02.ai

▲ 완성파일 : 섹션02〉샘플〉실습03.ai

▲ 완성파일 : 섹션02〉샘플〉실습04.ai

▲ 완성파일 : 섹션02〉샘플〉실습05.ai

▲ 완성파일 : 섹션02〉샘플〉실습06.ai

✔ 체크포인트

– 선택 도구와 직접 선택 도구 사용법을 익힙니다.
– 오브젝트의 선택과 복사, 그룹 기능에 대하여 학습합니다.
– 직접 선택 도구와 테두리 상자를 이용하여 오브젝트 모양을 변형시켜봅니다.
– 자동 선택 도구를 사용하여 오브젝트를 쉽게 선택합니다.
– 오브젝트에 선 색과 면 색을 적용시켜 봅니다.

01 [파일]-[열기] 메뉴를 선택하여 '섹 션02〉샘플〉실습01.ai' 파일을 불러 옵니다.

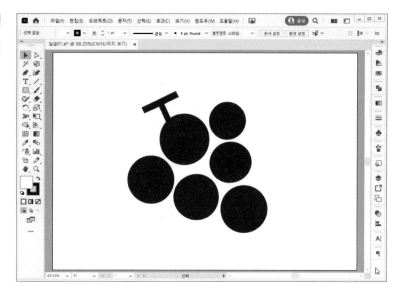

02 도구 패널에서 선택 도구를 선택하고 포도알 하나를 클릭하여 선택하면 고 정점, 패스가 활성화되면서 테두리 상자가 표 시됩니다.

PlusTip

환경 설정에 따라 테두리 상자의 표시 유무가 달라지는데, [보기] 메 뉴에서 테두리 상자 표시/숨기기를 실행하여 사용하면 됩니다.

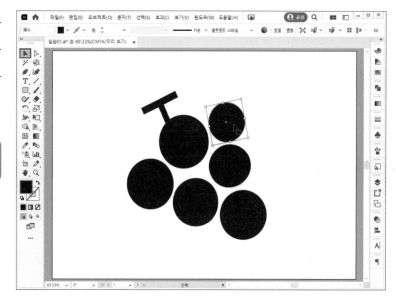

03 하나 이상의 오브젝트를 선택하고자 할 경우에는 하나의 오브젝트를 먼저 선택하고 Shift 키를 누른 채 추가적으로 선 택하고자 하는 오브젝트를 클릭하면 됩니다.

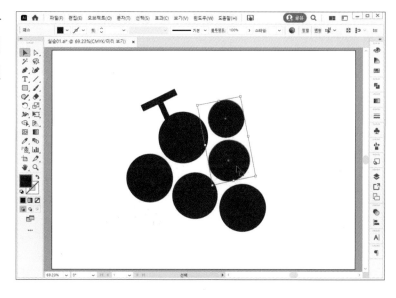

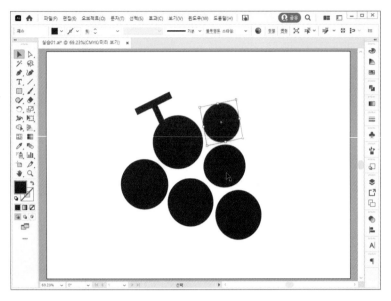

04 반대로 선택되어 있는 오브젝트들 중에서 개별적으로 해제하고자 할 경우에도 Shift 키를 누른 채 클릭하면 됩니다.

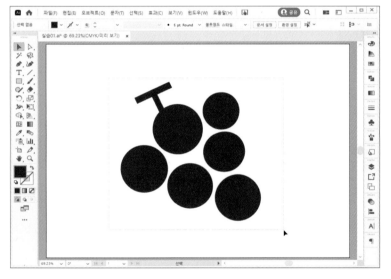

05 전체 오브젝트 선택을 해제할 때는 도큐먼트의 빈 영역을 클릭하면 되고, 마우스로 드래그하여 오브젝트를 한꺼번에 선택할 수도 있습니다.

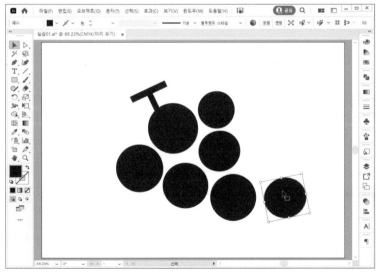

06 선택 도구로 오브젝트 하나를 선택합니다. 그런 다음 Alt 키를 누른 채 드래그하여 복사합니다.

PlusTip

복사하고자 하는 오브젝트를 선택하고 Alt 키를 누른 채 드래그하면 복사됩니다. 이때 Shift 키를 같이 눌러주면 수평, 수직, 45° 방향으로 정확하게 이동됩니다.

PlusTip

작업 중 취소하고 이전 단계로 되돌리고자 할 경우에는 Ctrl +Z 를 누르면 됩니다.

01 [파일]-[열기] 메뉴를 실행하여 '섹션 02〉샘플〉실습02.ai' 파일을 불러옵니다. 도구 패널에서 선택 도구를 선택하고 하나의 오브젝트를 클릭하여 선택합니다.

02 Shift 키를 누른 채 나머지 오브젝트 또한 추가적으로 선택한 후 [오브젝트]-[그룹] 메뉴를 실행합니다.

PLUS TIP

오브젝트를 제작하면서 관련된 오브젝트들은 그룹으로 묶어서 관리하면 작업이 훨씬 용이합니다.

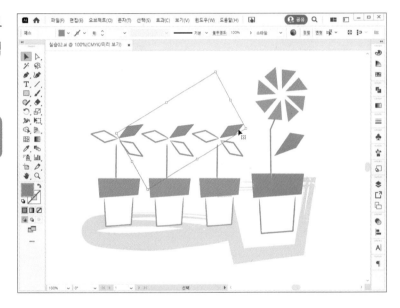

03 아트보드의 빈 영역을 클릭하여 선택을 해제한 후 선택 도구가 활성화된 상태에서 앞서 그룹으로 묶었던 오브젝트 중 하나를 클릭하면 한꺼번에 같이 선택되는 것을 볼 수 있습니다.

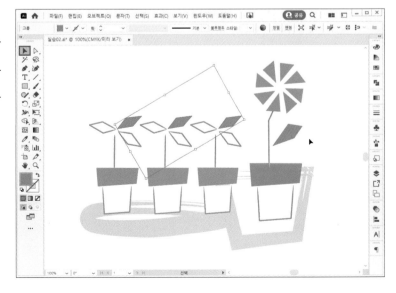

04 이번에는 도구 패널에서 그룹 선택 도구를 선택하고 앞서 그룹으로 묶어놓은 오브젝트를 더블클릭하여 선택해 봅니다.

강의노트 그룹 선택 도구는 그룹으로 묶여진 오브젝트를 쉽게 선택할 수 있습니다.

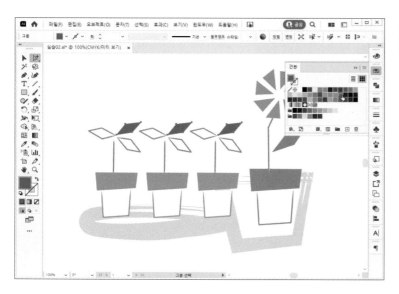

05 [윈도우] 메뉴에서 견본 패널을 불러와 원하는 색상을 적용해 봅니다.

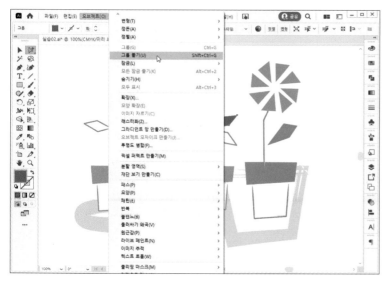

06 반대로 그룹으로 묶인 오브젝트를 선택한 상태에서 [그룹]-[그룹 풀기] 메뉴를 실행하면 오브젝트을 각각 하나씩 선택할 수 있습니다.

실습 03 테두리 상자를 이용한 오브젝트 변형하기

01 [파일]-[열기] 메뉴를 선택하여 '섹션 02〉샘플〉실습03.ai' 파일을 불러옵니다. 도구 패널에서 선택 도구를 선택하고 하나의 오브젝트를 클릭하여 선택합니다.

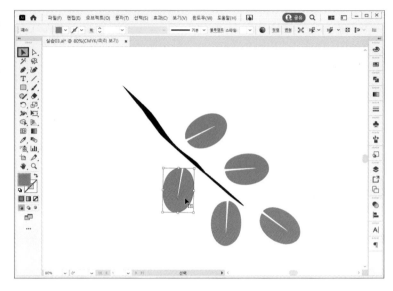

02 Alt 키를 누른 상태에서 옆으로 이동시켜 하나를 더 복사합니다.

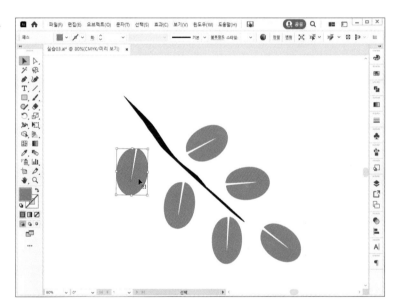

03 그런 다음 Shift 키를 누른 채 테두리 상자의 모서리 부분을 드래그하여 크기를 조금 키워줍니다.

Plus Tip

오브젝트의 크기를 조절할 때 Shift 키를 누르게 되면 가로, 세로 동일한 비율로 크기 조절이 가능합니다.

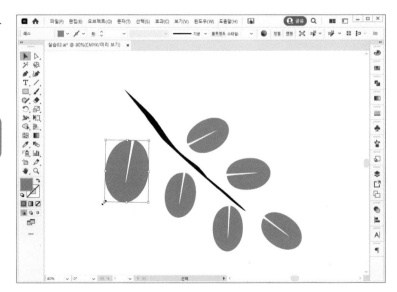

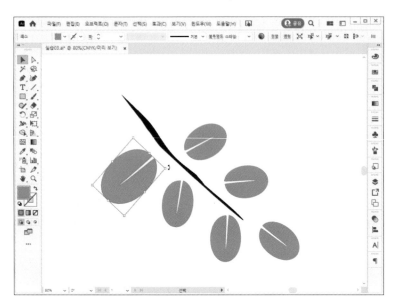

04 계속하여 테두리 상자의 바깥쪽으로 마우스를 이동시켜 회전 표시가 나타나면 마우스를 드래그하여 회전시켜줍니다.

테두리 상자

선택 도구로 선택한 오브젝트는 외곽을 감싸는 테두리 상자가 나타납니다. 8개의 조절 핸들을 이동시켜 모양을 변형하거나, 크기 조절 및 회전등의 작업을 할 수 있습니다. 만약, 전체 선택 도구로 오브젝트를 선택했을 때 테두리 상자가 보이지 않는다면 [보기] 메뉴에서 테두리 상자 표시를 실행하면 됩니다.

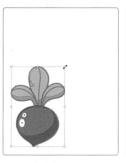

〈원본〉　〈크기 조절〉　〈 Shift 크기 조절〉　〈회전〉

실시간 그리기 및 편집

실시간 그리기 기능 및 편집 기능은 오브젝트 작업을 할 때 개체의 실제 모양을 미리 보여줍니다. 기존에는 오브젝트의 비율을 조절하거나 효과를 적용할 때 테두리 윤곽만 보여줬지만, 최신 버전에서는 완전히 렌더링 됩니다. 단, 이 기능은 GPU 미리보기 모드가 활성화되있을 때만 사용

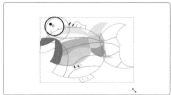
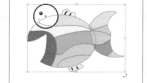

〈실시간 편집이 선택되지 않은 상태〉　〈실시간 편집이 선택된 상태〉

할 수 있으며, [편집]–[환경 설정]–[성능]에서 '실시간 그리기 및 편집' 항목이 체크되어 있어야 사용이 가능합니다.

01 [파일]-[열기] 메뉴를 실행하여 '섹션 02〉샘플〉실습04.ai' 파일을 불러온 후 도구 패널에서 직접 선택 도구를 선택합니다.

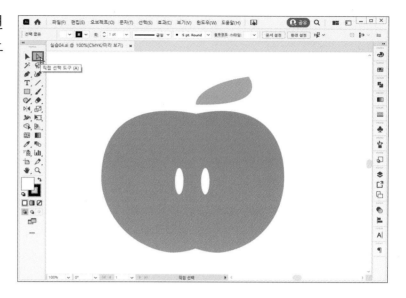

02 오브젝트의 모서리 부분을 클릭하여 고정점을 선택하고 이동시켜 봅니다.

강의 노트 직접 선택 도구는 선택 도구와 비슷한 기능이지만 오브젝트의 고정점을 선택하여 모양을 변형시키거나 이동, 삭제할 수 있는 수정 도구입니다.

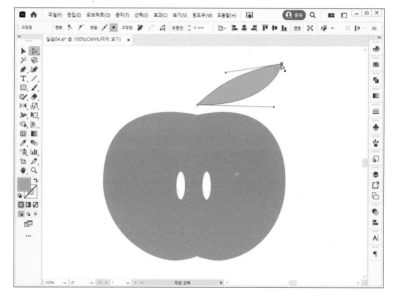

03 또한 방향점을 클릭한 채로 드래그하여 모양을 수정시켜 봅니다.

PLUS TIP
선택 도구로 작업 도중 오브젝트의 고정점을 부분적으로 선택하고자 할 경우 Ctrl 키를 누르면 직접 선택 도구로 전환됩니다.

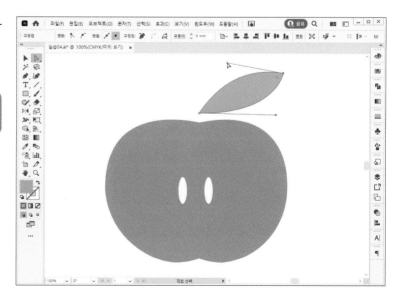

전역 편집

한 번에 모든 유사한 오브젝트를 전체적으로 편집할 수 있는 기능으로 로고와 같은 오브젝트의 여러 사본이 문서에 있는 경우 편리하게 사용할 수 있습니다. 속성 패널의 '전역 편집' 옵션을 사용하여 간단하고 쉬운 방법으로 전체를 편집할 수 있습니다.

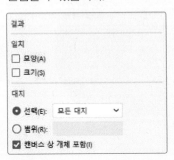

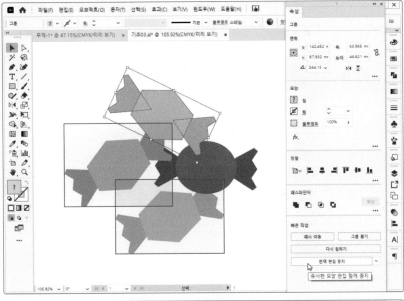

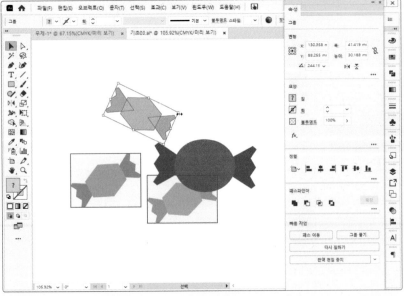

① [파일]-[열기] 메뉴를 실행하여 '섹션 02〉샘플〉실습05.ai' 파일을 불러온 후 도구 패널에서 자동 선택 도구를 선택합니다.

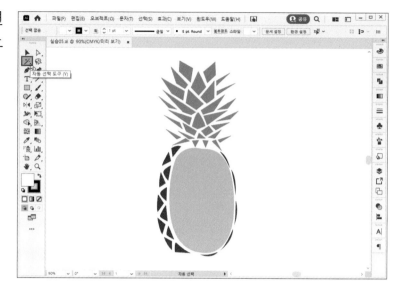

② 오브젝트의 상단 부분을 클릭하여 선택하면 초록색 부분이 모두 선택되는 것을 볼 수 있습니다.

강의 노트 자동 선택 도구는 동일한 속성을 가지고 있는 오브젝트를 한 번에 선택할 수 있는 도구입니다.

③ [윈도우] 메뉴에서 견본 패널을 불러와 원하는 색상을 적용해 봅니다.

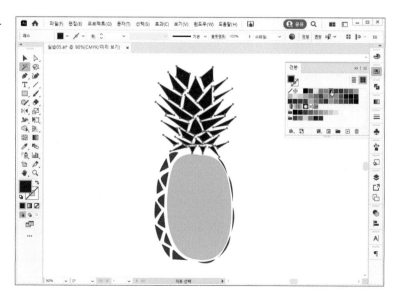

자동 선택 패널

여러 가지 속성을 이용하여 오브젝트를 쉽게 선택할 수 있습니다.

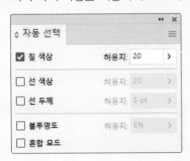

1. **칠 색상** : 이 항목을 체크하면 면의 색상이 동일한 오브젝트를 모두 선택합니다.
2. **허용치** : 선택하고자 하는 색상이나 두께, 투명도 등의 범위를 지정합니다. 값이 클수록 넓은 범위가 선택됩니다.
3. **선 색상** : 선 색상이 동일한 오브젝트를 모두 선택합니다.
4. **선 두께** : 선의 두께가 동일한 오브젝트를 모두 선택합니다.
5. **불투명도** : 같은 투명도를 가지는 오브젝트를 모두 선택합니다.
6. **혼합 모드** : 동일한 혼합 모드를 사용한 오브젝트를 선택합니다.

01 [파일]-[열기] 메뉴를 선택하여 '섹션 02〉샘플〉실습06.ai' 파일을 불러온 후 도구 패널에서 선택 도구를 선택하고 오브젝트 를 하나 선택합니다.

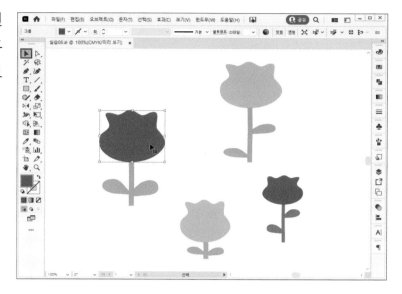

02 [윈도우] 메뉴에서 색상 패널을 불러온 후 칠 아이콘을 클릭하여 위쪽에 위치 시키고 하단의 색상 바 부분을 클릭하여 원하 는 색상을 지정합니다.

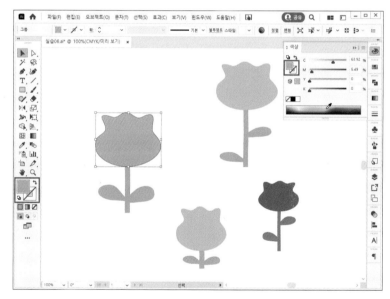

03 계속하여 오브젝트가 선택된 상태에서 이번에는 선 아이콘을 클릭하여 위쪽 에 위치시키고 원하는 색상을 지정하면 선 색 이 적용됩니다.

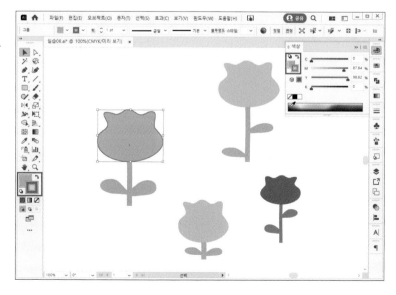

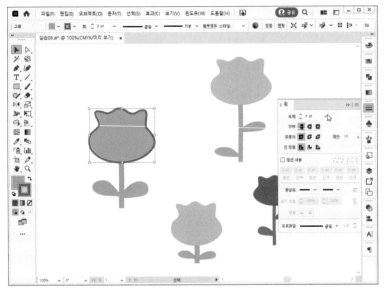

04 [윈도우] 메뉴에서 획 패널을 불러와 두께 값을 조절하면 선의 두께를 다양하게 표현할 수 있습니다.

강의 노트 일반적으로는 [윈도우] 메뉴의 색상과 획 패널을 사용하여 각각 선 색과 면 색, 선의 두께를 설정하지만, 속성 패널을 이용하여 각각 명령을 적용할 수도 있습니다.

05 이번에는 다른 오브젝트를 선택하고, 도구 패널에서 스포이드 도구를 선택한 후 앞서 변경하였던 오브젝트 부분을 클릭합니다.

강의 노트 스포이드 도구는 오브젝트에 적용된 색상, 패턴, 그레이디언트 색상 등의 속성을 추출하거나 문자 관련 속성을 추출, 복사하여 다른 오브젝트에 그대로 적용시킬 수 있는 도구입니다.

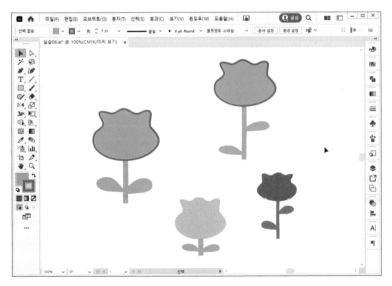

06 그러면 클릭한 부분의 면 색과 선 색이 그대로 선택된 오브젝트에 적용되는 것을 볼 수 있습니다.

색상 모드와 색상 패널

일러스트레이터에서는 회색 음영, RGB, CMYK, HSB, 웹 적합 RGB 색상 모드를 지원합니다. 각각의 모드에 따른 색상 선택 방법이 다르고, 그 중 회색 음영은 검은색과 흰색 사이의 색상을 표현합니다. 또한 RGB는 빨강(Red), 초록(Green), 파랑(Blue)의 빛의 3원색을 혼합하여 표현하며, CMYK는 청록색(Cyan), 자주색(Magenta), 노랑(Yellow), 검정(Black)의 색료 혼합을 통하여 색상을 표현하는 방식입니다.

〈색상 패널〉　　〈회색 음영 모드〉

〈CMYK 모드〉　　〈RGB 모드〉

❶ 칠 : 오브젝트의 면에 단일 색상이나 패턴, 그라디언트 색상으로 채웁니다.

❷ 선 : 오브젝트의 테두리에 색상을 채웁니다.

❸ 칠과 선 교체 : 오브젝트에 적용된 면과 선의 색상을 교체합니다.

❹ 초기값 칠과 선 : 초기 기본 색인 흰색과 검정색으로 변환됩니다.

❺ 웹 색상 영역 외 경고 : 지정된 색상이 웹상에서 다르게 표현될 것이라는 경고 표시입니다.

❻ 웹 색상으로 : 실제 웹상에서 표현될 색상을 보여줍니다.

❼ 없음 : 면과 선에 적용된 색상을 삭제하여 투명하게 만듭니다.

❽ 컬러를 검정색과 흰색으로 표현합니다.

❾ 모드에 따른 색상 값의 조합을 조정하는 곳입니다.

❿ 스펙트럼 : 클릭하여 색상을 선택할 수 있는 스펙트럼입니다.

선의 종류와 획 패널

다양한 모양의 선의 종류와 굵기, 모양 등을 설정합니다.

1. **두께** : 선의 두께를 설정합니다.

2. **단면** : 선의 끝 부분 모양을 선택합니다.

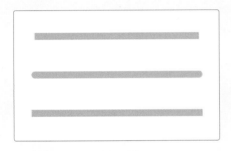

3. **모퉁이** : 선과 선이 만나는 모서리 부분의 모양을 선택합니다.

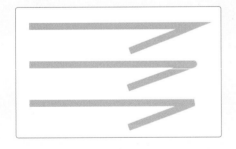

4. **제한** : 각진 모서리 부분을 깎아서 보여줍니다.

5. **선 정렬** : 패스를 기준으로 선의 위치를 지정합니다.

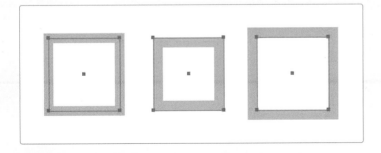

6. **점선 사용** : 이 항목을 체크하게 되면 점선을 제작할 수 있습니다. 점선은 선의 길이, 간격은 선과 선 사이의 간격
을 나타냅니다.

7. **화살표** : 다양한 모양의 화살표를 표현할 수 있습니다.

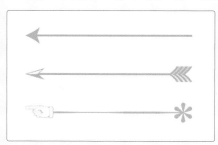

1

파일을 불러온 후 올가미 도구를 사용하여 오브젝트를 선택해 보세요.

▲ 준비파일 : 섹션02〉샘플〉기초01.ai

2

직접 선택 도구를 사용하여 오브젝트 모양을 수정해 보세요.

▲ 준비파일 : 섹션02〉샘플〉기초02.ai   ▲ 완성파일 : 섹션02〉완성〉기초02.ai

3

오브젝트를 여러 개 복사하여 꾸며 보세요.

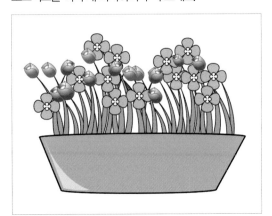 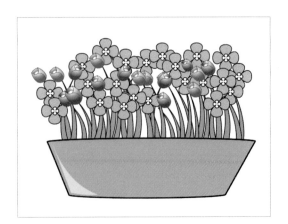

▲ 준비파일 : 섹션02〉샘플〉기초03.ai   ▲ 완성파일 : 섹션02〉완성〉기초03.ai

1) 준비된 파일을 불러온 후 색상을 변경시켜 보세요.

▲ 준비파일 : 섹션02〉샘플〉심화01.ai

▲ 완성파일 : 섹션02〉완성〉심화01.ai

2) 오브젝트를 복사하여 크기를 조절한 후 모양을 변형해 보세요.

▲ 준비파일 : 섹션02〉샘플〉심화02.ai

▲ 완성파일 : 섹션02〉완성〉심화02.ai

3) 오브젝트를 복사한 후 다양한 색상을 적용해 보세요.

▲ 준비파일 : 섹션02〉샘플〉심화03.ai

▲ 완성파일 : 섹션02〉완성〉심화03.ai

S·e·c·t·i·o·n 03 펜 도구와 패스 개념 익히기

일러스트레이터의 가장 큰 장점 중 하나는 사용자가 자유롭게 드로잉하여 새로운 디자인 작업물을 창조할 수 있다는 점입니다. 그만큼 펜 도구를 자유자재로 사용할 줄 알아야 드로잉이 가능합니다. 본 학습을 통하여 펜 도구와 곡률 도구, 연필 도구 사용 방법 등을 반드시 숙지하기 바랍니다.

Preview

 학습내용

실습 01. 직선 그리기
실습 02. 곡선 그리기
실습 03. 오브젝트 모양 수정하기

실습 04. 밑그림 따라 그리기
실습 05. 자유로운 곡선 그리기
실습 06. 원하는 그림 직접 그려보기

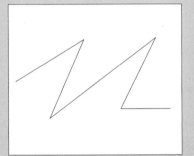

▲ 완성파일 : 섹션03〉완성〉실습01.ai

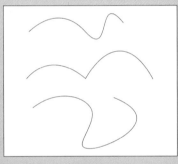

▲ 완성파일 : 섹션03〉완성〉실습02.ai

▲ 완성파일 : 섹션03〉완성〉실습03.ai

▲ 완성파일 : 섹션03〉완성〉실습04.ai

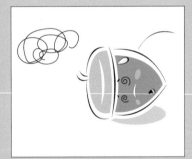

▲ 완성파일 : 섹션03〉완성〉실습05.ai

▲ 완성파일 : 섹션03〉완성〉실습06.ai

✔ 체크포인트

– 펜 도구와 곡률 도구를 사용하여 직선과 곡선을 그려봅니다.
– 고정점 추가 도구, 고정점 삭제 도구, 고정점 도구를 사용하여 오브젝트 모양을 수정합니다.
– 펜 도구를 사용하여 밑그림 위에 그리는 연습을 해 봅니다.
– 연필 도구를 사용하여 자유로운 곡선을 그려봅니다.
– 원하는 그림을 직접 그려 색상을 적용해 봅니다.

실습 직선 그리기

01 [파일]-[새로 만들기] 메뉴를 실행하여 작업할 아트보드를 만듭니다. 도구 패널에서 펜 도구를 선택하고 면 색상을 '없음'으로 지정한 후, 선 색은 원하는 색상을 지정합니다.

강의 노트 펜 도구는 드로잉 프로그램인 일러스트레이터에서 가장 많이 사용하는 도구로써 직선과 곡선으로 된 패스를 그려 오브젝트를 만들 수 있는 가장 중요한 도구입니다.

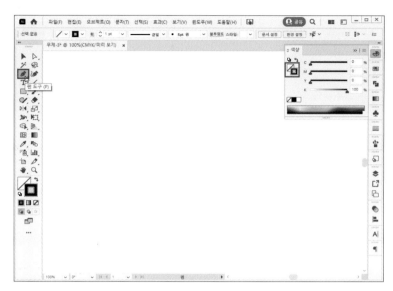

02 아트보드에 마우스를 클릭하면 고정점이 생성되고, 다른 영역을 클릭하여 새로운 고정점을 만들면 두 고정점 사이에 패스가 만들어집니다.

Plus**T**ip
최신 버전에서 펜 도구와 곡률 도구는 기본적으로 고무줄 기능이 켜져 있어 앞서 클릭한 고정점에서 연결되는 패스의 방향을 파악하고 용이하게 작업할 수 있습니다. 만일 이 기능을 사용하지 않으려면 [편집] – [환경 설정] – [선택 및 고정점 표시] 메뉴에서 대화상자 하단에 '고무줄 사용 대상'에서 체크를 해제하면 됩니다.

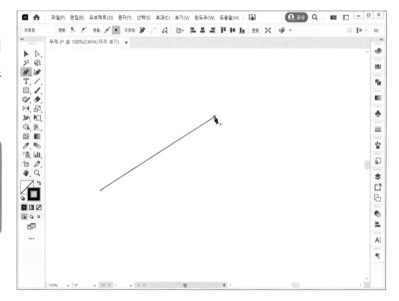

03 계속하여 다른 부분을 클릭하여 직선 모양의 패스를 만들어 봅니다. 작업이 끝나면 Ctrl 키를 누른채 빈 영역을 클릭하거나 Esc 키를 눌러 패스 작업을 종료합니다.

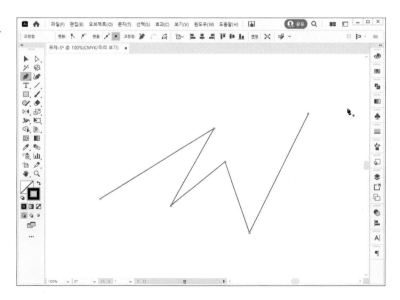

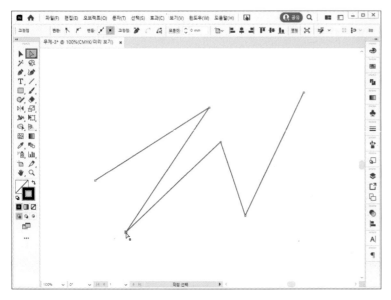

04 도구 패널에서 직접 선택 도구를 선택하고 앞서 그려놓은 오브젝트의 고정점을 드래그하여 위치를 이동시켜 모양을 수정해 봅니다.

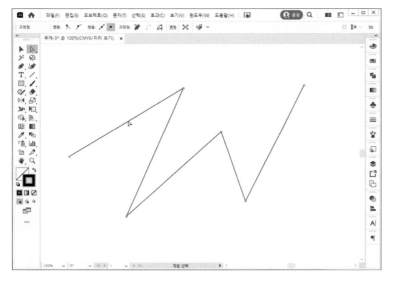

05 고정점과 고정점 사이의 패스도 드래그하여 이동이 가능합니다.

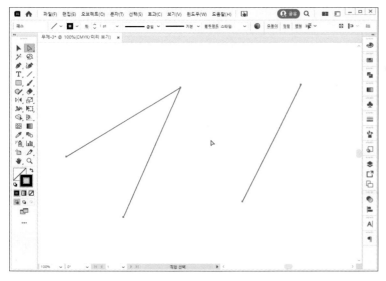

06 직접 선택 도구가 선택된 상태에서 고정점 하나를 클릭하여 선택한 후 Delete 키를 눌러 삭제하면 고정점에 연결된 양쪽의 패스가 삭제됩니다.

> **강의 노트** 직접 선택 도구는 오브젝트의 고정점을 선택하여 모양을 변형시키거나 이동, 삭제할 수 있는 수정 도구입니다.

07 펜 도구를 사용하여 끊어진 포인트를 각각 클릭하면 다시 연결할 수 있습니다.

Plus**T**ip

패스 작업 도중 패스가 끊어졌을 경우 펜 도구로 끊어진 마지막 포인트에 마우스를 올리면 대각선 표시가 보입니다. 이때 클릭하면 연결하여 계속 작업이 가능합니다.

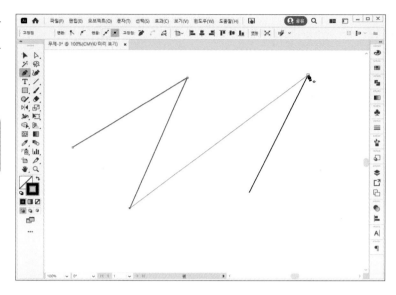

08 직선을 그릴 때 Shift 키를 누른 상태에서 마우스를 클릭하면 수평, 수직, 45° 각도로 정확한 패스를 그릴 수 있습니다.

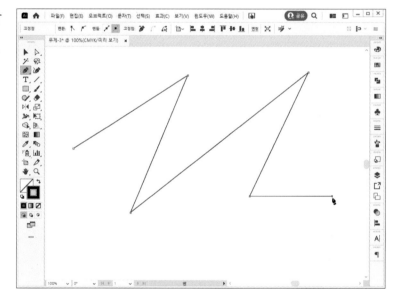

패스 정보

고정점과 고정점을 연결하여 패스를 만들고, 이 패스가 이어져 오브젝트가 만들어지게 됩니다.

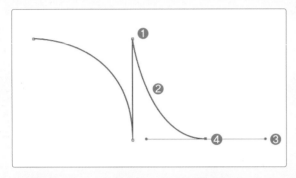

1. **고정점** : 펜 도구로 클릭했을 때 만들어지는 작은 사각형 모양의 점
2. **패스** : 두 고정점 사이를 연결하는 직선, 사선, 곡선
3. **방향점** : 곡선을 그릴 때 고정점을 중심으로 만들어지는 방향선 끝 두 개의 점
4. **방향선** : 곡선을 그릴 때 고정점과 방향점을 이어주는 선으로 베지어 곡선의 형태를 조절하는 선

펜 도구의 모양

 1. 펜 도구를 선택하고 아트보드에 마우스를 가져가면 나타나는 모양으로, 새롭게 고정점을 시작합니다.

 2. 패스 위에 마우스를 올렸을 때 고정점을 추가할 수 있는 모양입니다.

 3. 기존의 고정점을 삭제할 때 사용합니다.

 4. 끊어진 패스를 연결할 때 마지막 고정점에 마우스를 위치시키면 나타나는 모양입니다.

 5. 드로잉 중인 고정점에 마우스를 위치시키면 나타납니다.

 6. 처음 시작한 고정점에 마우스를 위치시키면 나타나는 모양으로, 닫힌 패스를 만듭니다.

실습 ②2 곡선 그리기

01 [파일]−[새로 만들기] 메뉴를 실행하여 작업할 아트보드를 만듭니다. 도구 패널에서 펜 도구를 선택하고 면 색상을 '없음'으로 지정한 후, 선 색은 원하는 색상을 지정합니다.

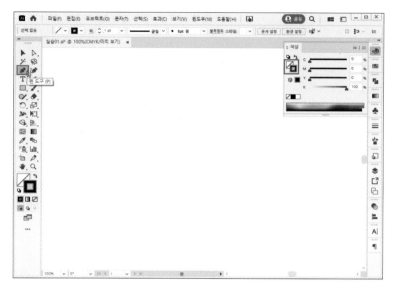

02 시작점을 클릭하여 고정점을 생성한 다음, 다른 위치에 마우스를 클릭한 채로 드래그합니다. 그러면 고정점에 방향선이 나타나며 곡선의 패스가 만들어집니다.

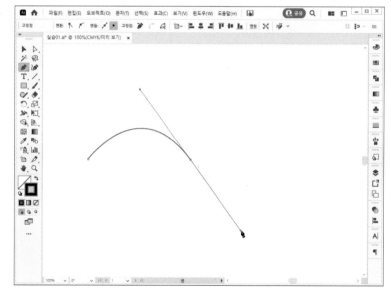

03 계속하여 다른 부분을 클릭한 채 드래그하면 추가적으로 곡선을 그릴 수 있습니다.

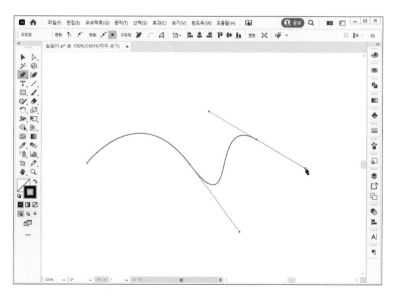

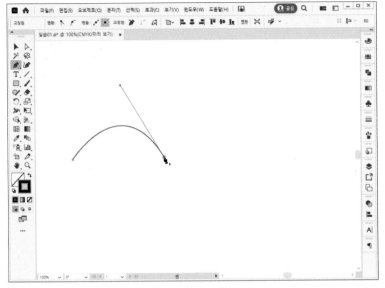

04 이번에는 방향이 다른 곡선을 그려보 겠습니다. **Ctrl** + **Z** 를 눌러 앞서 작업한 명령을 취소하고, 곡선을 하나 그린 후 고정점을 다시 클릭하면 진행 중인 방향선이 삭제됩니다.

Plus**Tip**

Ctrl + **Z** 를 누르면 명령을 취소하고 전 단계로 되돌아갈 수 있으며, 반대로 **Ctrl** + **Shift** + **Z** 를 누르면 다시 앞으로 돌아올 수 있습니다.

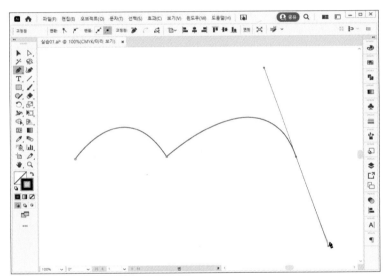

05 계속하여 세 번째 포인트를 만들어 드래그하면 방향이 다른 곡선을 자유롭게 그릴 수 있습니다.

Plus**Tip**

패스 작업에서는 앞쪽의 방향선에 영향을 받게 되어 방향선을 삭제하지 않고 기준점을 추가한다면 곡선이 그려지므로, 각도가 다른 곡선이나 꺾여진 직선을 그리려고 할 때는 반드시 앞쪽의 방향선을 삭제해야 합니다.

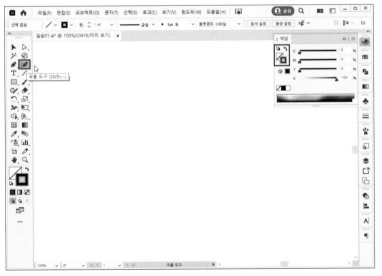

06 **Ctrl** + **Z** 를 눌러 앞서 작업한 명령을 취소하고, 도구 패널에서 곡률 도구를 선택한 후 원하는 선 색을 지정합니다.

07 아트보드에 마우스를 클릭하여 고정점을 생성하고, 다른 점을 클릭한 후 마우스를 드래그하면 연결된 곡선 패스가 미리 보입니다.

강의 노트 곡률 도구는 패스 생성을 단순화하고, 신속하고 정밀하게 그리기 쉽도록 새롭게 추가된 도구입니다.

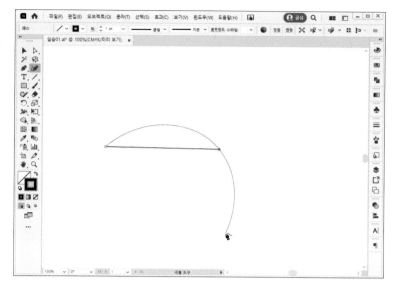

08 계속하여 다음 고정점을 클릭한 후 마우스를 움직여 매끄러운 곡선을 그릴 수 있습니다.

PlusTip

최신 버전에서 펜 도구와 곡률 도구는 기본적으로 고무줄 기능이 켜져 있어 앞서 클릭한 고정점에서 연결되는 패스의 방향을 파악하고 용이하게 작업할 수 있습니다. 만일 이 기능을 사용하지 않으려면 [편집] – [환경 설정] – [선택 및 고정점 표시] 메뉴에서 대화상자 하단에 '고무줄 사용 대상'에서 체크를 해제하면 됩니다.

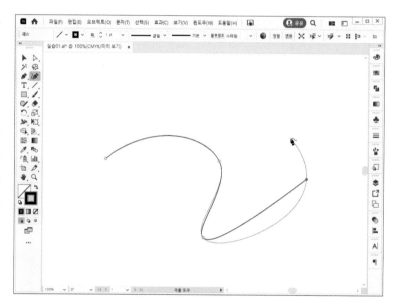

09 모퉁이 점을 만들려면 다른 고정점을 더블클릭하거나 **Alt** 키를 누른 상태에서 클릭하면 됩니다.

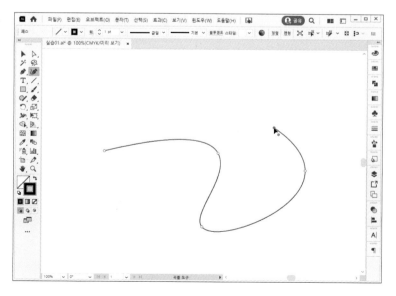

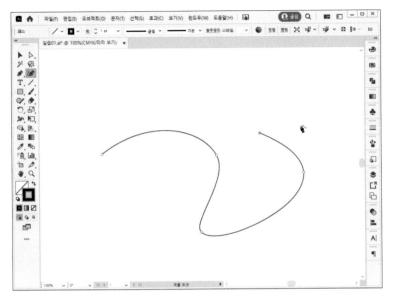

10 마찬가지 방법으로 Esc 키를 누르거나 Ctrl 키를 누른 채 도큐먼트를 클릭하면 작업이 완료됩니다.

고무 밴드

펜 도구와 곡률 도구 사용 시 이전 고정점에서 마우스가 위치한 현재 위치로 그릴 패스를 미리보기 할 수 있습니다. 고무 밴드 미리보기를 사용하거나 사용하지 않고자 할 경우에는 [편집]-[환경 설정]-[선택 및 고정점 표시] 메뉴를 선택하여 '고무줄 사용 대상'을 체크하거나 해제하면 됩니다.

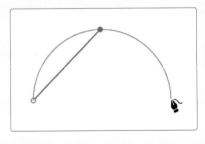

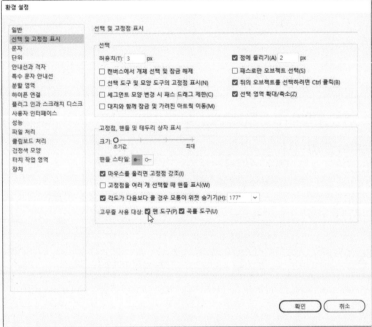

실습 03 오브젝트 모양 수정하기

01 [파일]-[열기] 메뉴를 선택하여 '섹션 03〉샘플〉실습03.ai' 파일을 불러옵니다. 별 모양을 다른 형태의 오브젝트로 변형시켜 보겠습니다.

02 도구 패널에서 고정점 추가 도구를 선택하고 패스 부분을 클릭하면 새로운 고정점이 추가됩니다.

 강의 노트 고정점 추가 도구는 오브젝트에 고정점을 추가하여 모양을 변형하거나 수정할 수 있는 도구입니다. 오브젝트가 선택된 상태라면 펜 도구를 선택하고 있어도 오브젝트의 패스에 마우스를 위치시키면 자동으로 고정점 추가 도구가 활성화되기도 합니다. 만일 이 기능을 사용하지 않으려면 [편집] – [환경 설정] – [일반] 메뉴에서 '자동 추가/삭제 사용 안함' 항목을 체크하면 됩니다.

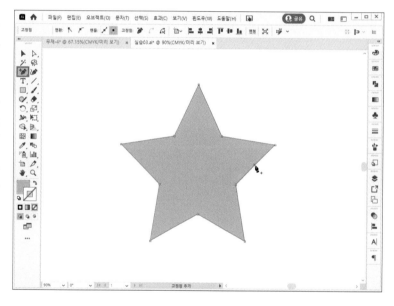

03 직접 선택 도구를 선택한 후 추가된 고정점을 이동시켜 모양을 변경해 봅니다.

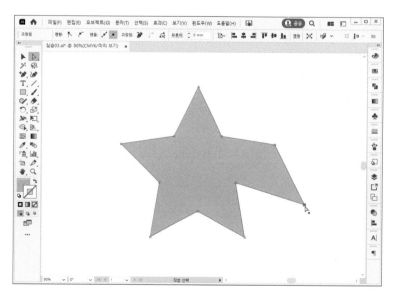

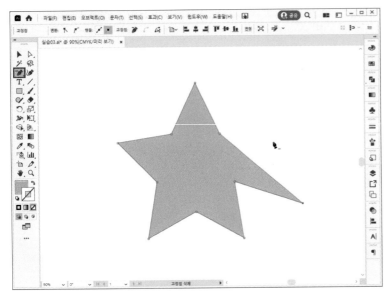

04 이번에는 고정점 삭제 도구를 선택하고 모서리 부분의 고정점을 클릭하여 삭제합니다.

강의 노트 고정점 삭제 도구는 고정점 추가 도구와 반대로 오브젝트의 고정점을 삭제하여 모양을 변형하거나 수정할 수 있는 도구입니다.

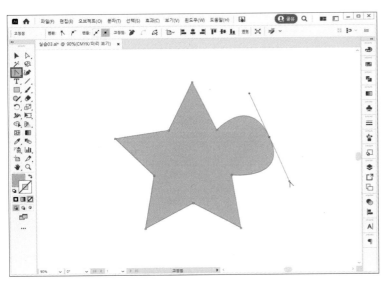

05 Ctrl + Z 를 눌러 명령을 취소하고, 도구 패널에서 고정점 도구를 선택하고 하단의 고정점에 마우스를 클릭한 채로 드래그하면 방향선이 만들어지며, 곡선으로 모양이 바뀝니다.

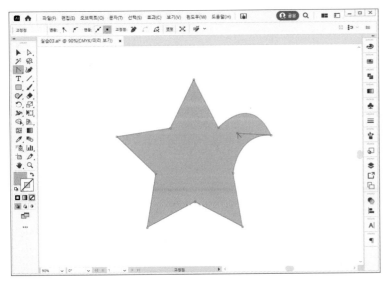

06 계속하여 고정점 도구가 선택된 상태에서 곡선의 방향점을 클릭한 채로 드래그하면 포인트 반대쪽의 곡선에 영향을 주지 않고 모양이 변경됩니다. 반대로 다시 고정점을 클릭하면 직선으로 바뀝니다.

강의 노트 고정점 도구는 오브젝트의 고정점이 가지고 있는 방향 설정을 전환시키는 도구입니다. 마우스로 고정점을 클릭한 채 드래그하여 지선을 곡선이 형태로, 또는 클릭만으로 곡선을 직선의 형태로 변경할 수 있습니다. 또한 방향점을 드래그하여 포인트 반대쪽의 곡선에 영향을 주지 않고 모양을 수정할 수도 있습니다.

실습 ④ 밑그림 따라 그리기

01 [파일]-[열기] 메뉴를 실행하여 '섹션 03>샘플>실습04.ai' 파일을 불러옵니다. 물고기 모양의 밑그림이 그려져 있는데 앞서 학습하신 펜 도구와 각종 수정 도구들을 사용하여 연습해 보겠습니다.

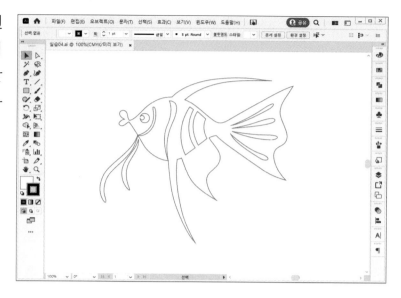

02 도구 패널에서 펜 도구를 선택하고 면 색상을 '없음'으로 지정한 후 선 색은 원하는 색상을 지정합니다. 그런 다음 시작점을 클릭하여 고정점을 생성한 다음, 다른 위치에 마우스를 클릭한 채로 드래그하여 곡선을 그립니다.

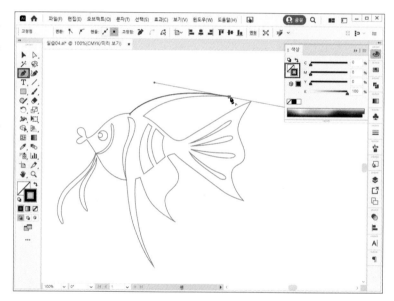

03 두 번째 포인트가 곡선의 성질을 가지게 되므로 방향을 바꾸기 위해서 고정점을 다시 클릭하면 진행 방향의 방향선이 삭제됩니다.

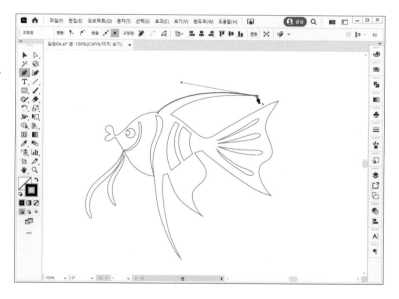

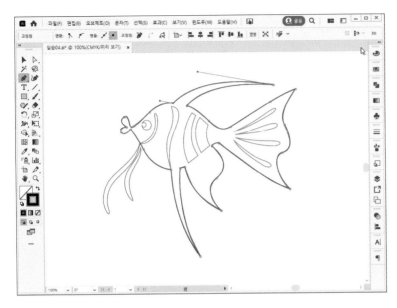

04 계속하여 물고기 모양 외곽을 따라 패스 작업을 진행한 후, 처음 클릭했던 시작점에 마우스를 올려 원 모양이 나타나면 클릭하여 하나의 면 작업을 완성합니다.

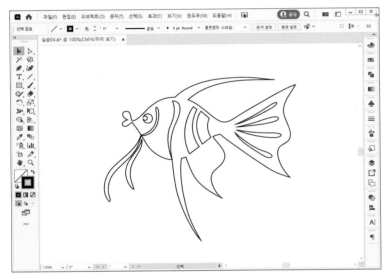

05 나머지 면 또한 위와 동일한 방법으로 각각 패스 작업을 완성합니다.

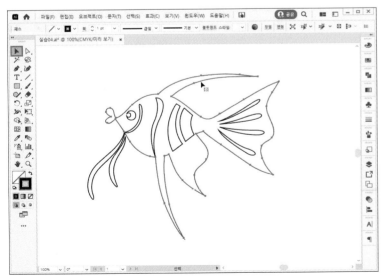

06 이제 색상을 적용하기 위해서 도구 패널에서 선택 도구를 선택하고, 물고기 외곽의 패스 부분을 클릭하여 선택합니다.

07 [윈도우] 메뉴에서 색상 패널을 불러온 후 원하는 면 색을 적용합니다.

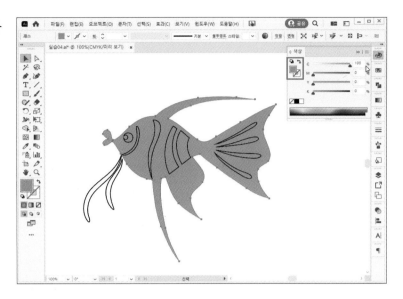

08 다시 물고기 안쪽의 패스를 선택한 후 면 색을 적용하고, 나머지 면 또한 위와 동일한 색상을 적용하기 위해서 [윈도우] 메뉴에서 견본 패널을 불러옵니다. 그런 다음 색상 패널에서 설정한 면 색을 견본 패널로 드래그하여 저장시킵니다.

 강의 노트 견본 패널은 사용자가 주로 사용하는 색상, 그라디언트, 패턴 등을 등록시켜 놓고 오브젝트에 쉽고 빠르게 적용할 수 있는 기능을 제공합니다.

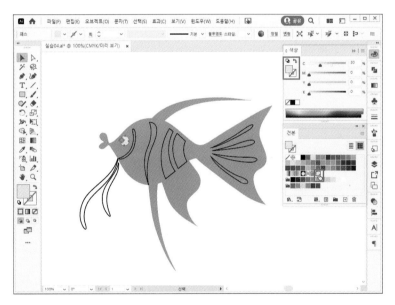

09 색상을 적용하고자 하는 다른 패스를 선택한 후 앞서 저장하였던 색상을 지정하면 동일한 색상으로 면 색이 채워집니다.

Plus Tip

패스 작업 도중 또는 완성 후 모양을 수정하고자 할 경우에는 직접 선택 도구로 수정하면 됩니다.

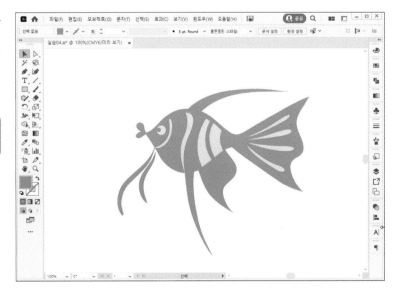

실습 05 자유로운 곡선 그리기

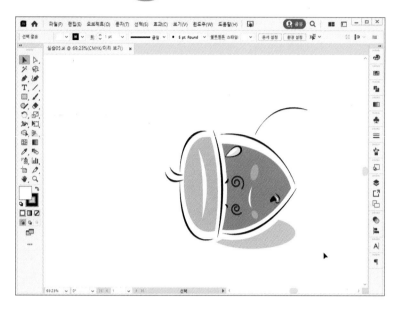

01 [파일]-[열기] 메뉴를 실행하여 '섹션 03〉샘플〉실습05.ai' 파일을 불러옵니다. 또는 실력 향상을 위해 앞서 학습하였던 기능들을 활용하여 직접 그려보실 것을 추천합니다.

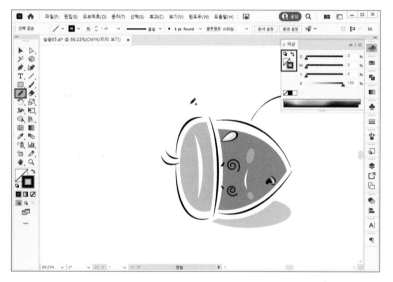

02 도구 패널에서 연필 도구를 선택하고 색상 패널에서 면 색은 없애고 선 색만을 지정합니다.

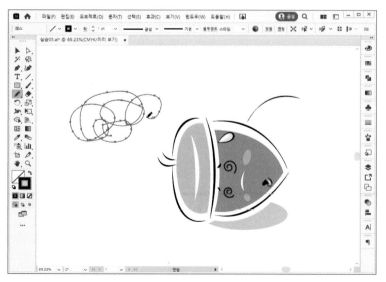

03 그런 다음 오브젝트 옆에 마우스를 자유롭게 드래그하여 곡선을 그려줍니다.

강의 노트 연필 도구는 마우스로 자유롭게 드래그하여 패스를 그릴 수 있는 도구입니다. 하지만 불필요한 포인트가 많아져 용량이 커진다는 단점이 있습니다.

04 곡선 모양을 다듬어 주기 위해서 선택 도구로 오브젝트를 선택하고, 매끄럽 게 도구를 사용하여 선 위에 드래그하면 모양 이 변경됩니다.

강의 노트 매끄럽게 도구는 펜 도구, 연필 도구 등으로 그려진 오브젝트 의 패스를 좀 더 부드럽게 표현할 수 있는 도구입니다.

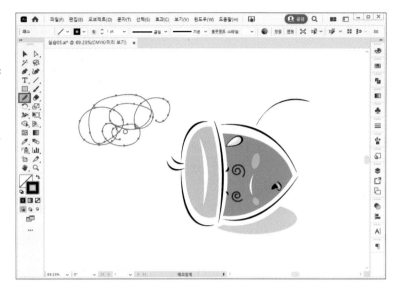

05 여러 번 반복하여 곡선을 부드럽게 수 정한 후 획 패널에서 두께 값을 조절하 여 선의 두께를 설정합니다.

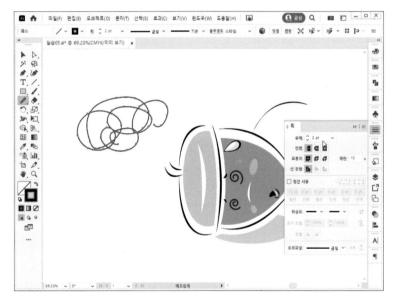

실습 06 원하는 그림 직접 그려보기

01 [파일]-[새로 만들기] 메뉴를 실행하여 작업할 아트보드를 만듭니다. 도구 패널에서 펜 도구를 선택하고 면 색상을 '없음'으로 지정한 후, 선 색은 원하는 색상을 지정합니다.

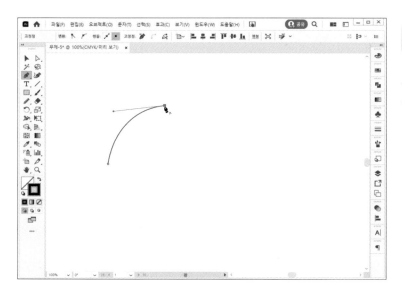

02 시작점을 클릭하여 고정점을 생성한 다음, 다른 위치에 마우스를 클릭한 채로 드래그하여 곡선을 그린 후 고정점을 클릭하여 방향선을 삭제합니다.

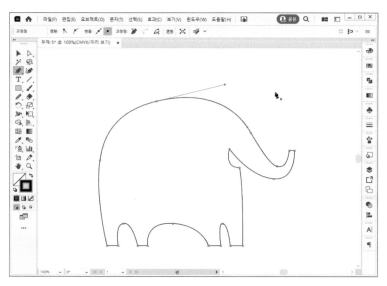

03 계속하여 위와 동일한 방법으로 코끼리 형태를 그려주고 처음 클릭했던 시작점에 클릭하여 면 작업을 완성합니다.

04 작업 후 모양을 수정하고자 할 경우에는 직접 선택 도구를 사용하여 수정하면 됩니다.

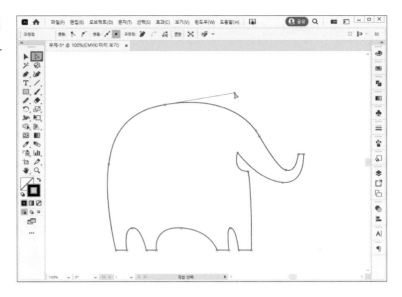

05 나머지 귀와 눈, 꼬리 부분 또한 위와 동일한 방법으로 각각 패스 작업을 합니다.

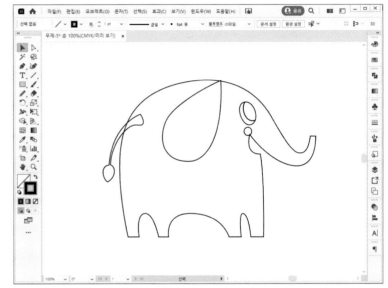

06 그런 다음 선택 도구로 각각의 패스를 선택한 후 색상 패널에서 원하는 색상을 적용합니다.

PlusTip

일러스트레이터는 먼저 작업한 오브젝트가 가장 아래쪽에 위치하게 됩니다. 즉, 작업하는 순서에 따라 오브젝트의 위치가 다르므로 밀그림 작업을 할 때 넓은 면을 먼저 그리고, 좁은 면을 나중에 그려주는 것이 수월합니다. 또한 때에 따라서는 [오브젝트] - [정돈] 기능으로 오브젝트의 순서를 정돈할 필요도 있습니다.

1

주어진 오브젝트를 이용하여 별자리 모양을 만들어 보세요.

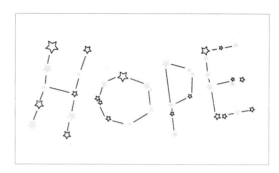

▲ 준비파일 : 섹션03〉샘플〉기초01.ai

▲ 완성파일 : 섹션03〉완성〉기초01.ai

힌트 • 오브젝트 선택 후 **Alt** 키 복사, 테두리 상자를 이용한 회전 및 크기 조절, 펜 도구를 사용한 직선 그리기

2

주어진 오브젝트를 따라 패스 작업한 후 색상을 적용해 보세요.

▲ 준비파일 : 섹션03〉샘플〉기초02.ai

▲ 완성파일 : 섹션03〉완성〉기초02.ai

힌트 • 펜 도구와 직접 선택 도구 등 수정 도구들을 사용한 패스 작업 후 색상 패널에서 원하는 색상 적용

3

주어진 원에 각종 수정 도구들을 사용하여 모양을 수정해 보세요.

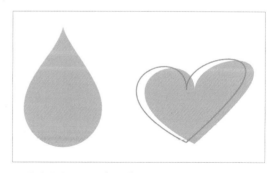

▲ 준비파일 : 섹션03〉샘플〉기초03.ai

▲ 완성파일 : 섹션03〉샘플〉기초03.ai

힌트 • 직선 선택 도구와 고정점 도구로 모양 수정, 오브젝트 복사 후, 획 패널에서 선의 두께 적용, 색상 패널에서 면 색과 선 색 각각 적용

1) 오브젝트를 직접 그려 원하는 색상을 적용해 보세요.

힌트 • 펜 도구, 연필 도구, 매끄럽게 도구 등을 사용한 오브젝트 그리기

▲ 완성파일 : 섹션03〉완성〉심화01.ai

2) 펜 도구와 다양한 기능을 사용하여 오브젝트 직접 그려보세요.

힌트 • 펜 도구, 직접 선택 도구 등을 활용한 모양 작업, 색상 패널과 획 패널에서 각각의 색상과 선 두께 표현

▲ 완성파일 : 섹션03〉완성〉심화02.ai

3) 펜 도구를 사용하여 오브젝트를 직접 만든 후 각각 색상을 적용해 보세요.

힌트 • 펜 도구, 직접 선택 도구 등을 활용한 모양 작업, 색상 패널에서 각각의 색상 적용

▲ 완성파일 : 섹션03〉완성〉심화03.ai

04 다양한 도형 도구 익히기

일러스트레이터는 다양한 형태의 도형을 이용하여 새로운 오브젝트를 손쉽게 제작할 수 있습니다. 기본적으로 제공되는 도형을 합치거나 응용하여 새로운 오브젝트를 만들 때 도형 도구의 기능은 더욱 유용합니다. 이번 단원에서는 도형 기능으로 다양한 오브젝트를 만들어 보고, 이를 응용할 수 있는 능력을 키워 봅니다.

Pre·view

학습내용

실습 01. 사각형과 원 그리기
실습 02. 다각형과 별 모양 그리기
실습 03. 직선과 곡선 그리기
실습 04. 나선형과 격자 도구 익히기

실습 05. Shaper 도구 사용하기
실습 06. 도형을 이용한 모양 만들기
실습 07. 간단한 아이콘 만들기

▲ 완성파일 : 섹션04〉완성〉실습01.ai

▲ 완성파일 : 섹션04〉완성〉실습02.ai

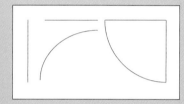

▲ 완성파일 : 섹션04〉완성〉실습03.ai

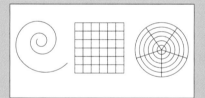

▲ 완성파일 : 섹션04〉완성〉실습04.ai

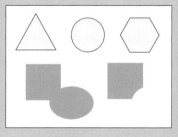

◀ 완성파일 : 섹션04〉완성〉실습05.ai

▲ 완성파일 : 섹션04〉완성〉실습06.ai

◀ 완성파일 : 섹션04〉완성〉실습07.ai

✓ 체크포인트

– 사각형 도구, 원형 도구 사용법을 익힙니다.
– 다각형 도구, 둥근 사각형 도구, 별모양 도구 사용법을 익힙니다.
– 선분 도구, 호 도구 사용법을 익힙니다.
– 나선형 도구, 사각형 격자 도구, 극좌표 격자 도구 사용법을 익힙니다.
– Shaper 도구 사용법을 익힙니다.
– 다양한 도형 도구들을 사용하여 오브젝트를 만들어 봅니다.
– 도형을 이용하여 아이콘을 만들어 봅니다.

실 습 ①1 사각형과 원 그리기

01 [파일]−[새로 만들기] 메뉴를 선택하여 작업할 아트보드를 만듭니다. 도구 패널에서 사각형 도구를 선택하고 색상 패널에서 원하는 면 색을 지정합니다.

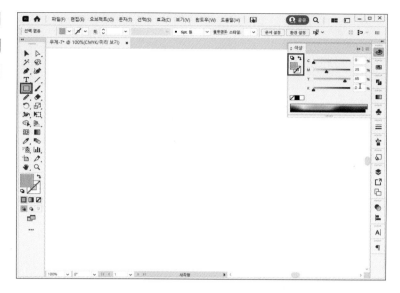

02 아트보드에 마우스를 드래그하면 드래그 한 영역만큼 직사각형이 만들어집니다.

강의 노트 사각형 도구는 사각형 모양의 오브젝트를 그릴 때 사용하는 도구로써 마우스를 드래그하거나 화면 내 임의의 영역에 마우스를 클릭하여 나타나는 대화상자에서 가로와 세로 크기를 입력하여 사각형을 만들 수 있습니다.

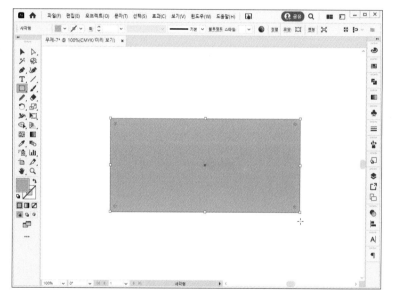

03 이번에는 Shift 키를 누른 채 마우스를 드래그해보면 정사각형으로 그려지게 됩니다.

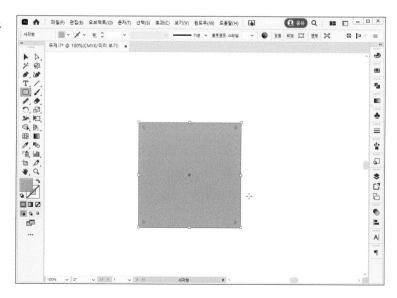

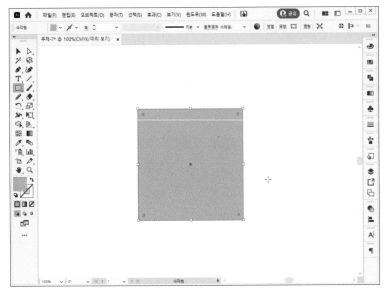

04 Alt 키와 Shift 키를 동시에 누른 채 마우스를 드래그하면 클릭한 지점을 중심으로 정사각형이 만들어집니다.

PlusTip

사각형 도구가 선택된 상태에서 오브젝트 선택을 해제하려면 Ctrl 키를 누른 채 아트보드의 빈 공간을 클릭하면 선택 도구로 일시 전환되어 선택이 해제됩니다.

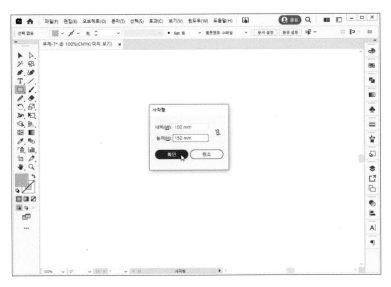

05 계속하여 사각형 도구를 아트보드에 클릭하면 대화상자가 나타나는데 원하는 너비와 높이 값을 입력한 후 확인 버튼을 클릭합니다.

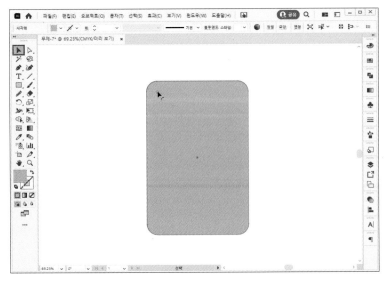

06 선택 도구로 앞서 그려진 사각형을 선택하면 도형 안쪽에 모퉁이 위젯이 보입니다. 이 위젯을 드래그하여 모퉁이 반경을 조절해봅니다.

PlusTip

선택 도구로 오브젝트 선택 시 모퉁이 위젯이 보이지 않을 경우에는 [보기] 메뉴에서 모퉁이 위젯 표시를 실행하여 활성화하고 또한 테두리 상자를 표시해야 합니다. 모퉁이 위젯 기능을 사용하여 다양한 모퉁이 모양으로 변형시켜 활용할 수 있는 기능입니다.

07 Ctrl + Z 키를 눌러 명령을 취소하고 이번에는 직접 선택 도구를 선택하고 사각형의 고정점 하나만을 클릭하여 선택하면 모퉁이 위젯 또한 하나만 나타나게 됩니다. 위젯을 드래그하여 모퉁이 반경을 조절해 봅니다.

PlusTIP

모퉁이 위젯을 가능한 최대로 드래그하면 둥근 모퉁이의 미리보기가 빨간색으로 표시됩니다.

08 마찬가지로 직접 선택 도구로 위젯 하나를 더블클릭하면 모퉁이 대화상자가 나타납니다. 대화상자에서 모퉁이 모양과 반경 등을 설정하여 원하는 모양으로 수정할 수 있습니다.

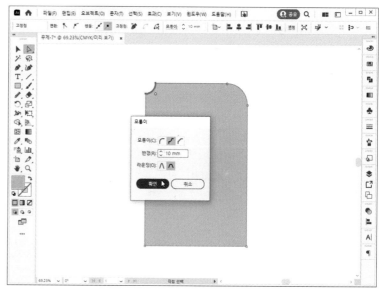

09 이번에는 도구 패널에서 원형 도구를 선택하고, 면 색을 원하는 색상으로 지정한 후 마우스를 드래그하여 타원형을 그려봅니다.

강의 노트 원형 도구는 정원이나 타원 모양의 오브젝트 그릴 때 사용하는 도구입니다.

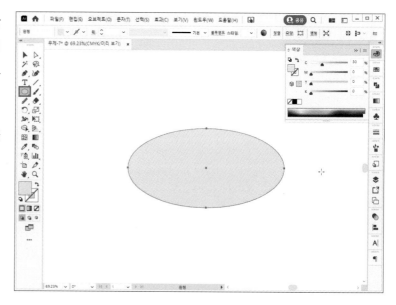

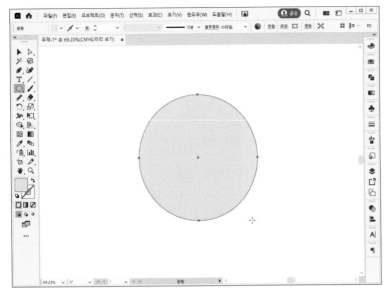

10 원 역시 사각형과 마찬가지로 [Alt] + [Shift] 키를 동시에 누른 채 드래그 하면 클릭한 지점을 중심으로 정원을 만들 수 있습니다.

11 또한 화면 내에 마우스를 클릭하여 대화상자에서 원하는 지름 길이를 입력하여 정확한 크기의 원 모양을 만들 수 있습니다.

_{Plus}Tip

정사각형이나 정원을 그리고자 할 경우에는 키보드의 [Shift] 키를 누르고 드래그하고, [Alt] 키를 동시에 눌러주면 마우스로 클릭한 부분을 중심축으로 오브젝트가 만들어집니다.

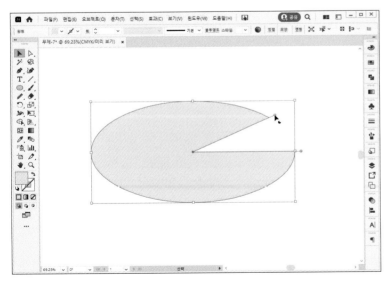

12 선택 도구로 개체를 선택하면 파이 위젯 하나를 드래그하여 파이 모양을 만들 수도 있습니다. 이때는 테두리 상자를 활성화한 상태에서 선택 도구를 사용하여야 파이 위젯이 활성화됩니다.

사각형 도구 옵션 대화상자

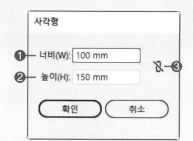

1. **너비** : 가로 크기를 입력합니다.
2. **높이** : 세로 크기를 입력합니다.
3. **폭 및 높이 비율을 제한합니다** : 이 아이콘이 활성화되어 있으면 가로나 세로 한쪽 값만 입력해도 동일한 값으로 입력됩니다.

원형 도구 옵션 대화상자

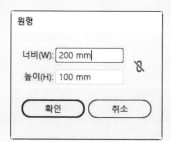

1. **너비** : 원의 가로 지름 길이를 입력합니다.
2. **높이** : 원의 세로 지름 길이를 입력합니다.

모퉁이 옵션 대화상자

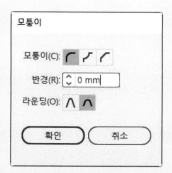

1. **모퉁이** : 다양한 모양의 모퉁이 스타일을 표현할 수 있습니다.
2. **반경** : 값을 조절하여 모퉁이 반경을 조절합니다.
3. **라운딩** : 오브젝트 모양의 상대값 내지는 절대값으로 반경을 표현합니다.

실 습 ②② 다각형과 별 모양 그리기

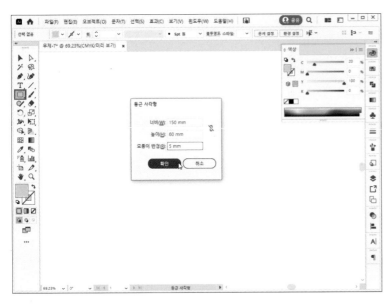

01 [파일]-[새로 만들기] 메뉴를 선택하여 작업할 아트보드를 만듭니다. 도구 패널에서 둥근 사각형 도구를 선택하고 색상 패널에서 원하는 면 색을 지정합니다. 그리고 아트보드에 마우스를 클릭하여 나타난 대화상자에서 원하는 크기와 모서리 둥글기 정도를 설정하고 확인 버튼을 클릭합니다.

강의노트 둥근 사각형 도구는 모서리가 둥근 사각형 모양의 오브젝트를 그릴 때 사용하는 도구입니다.

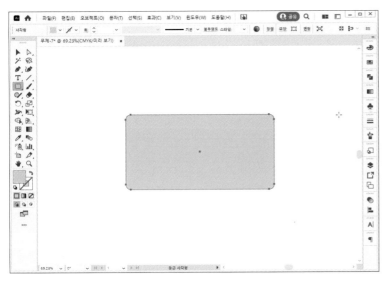

02 만들어진 오브젝트를 삭제하고, 다시 대화상자에서 모서리 둥글기 정도를 설정한 후 마우스로 드래그하여 임의적으로 모서리가 둥근 사각형을 그려봅니다.

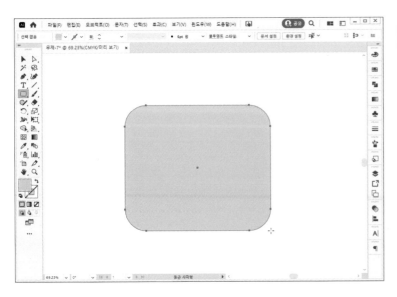

03 또한 대화상자를 이용하지 않고, 둥근 사각형을 마우스로 드래그하는 도중에 키보드의 ↑, ↓ 방향키를 누르면 모서리의 반경이 커지거나 축소됩니다.

04 사각형과 마찬가지로 선택 도구로 오브젝트를 선택한 상태에서 모퉁이 위젯을 드래그하여 모양을 변경할 수 있고, 위젯을 더블클릭하여 변형 패널에서 모퉁이 모양과 정도를 조절할 수 있습니다.

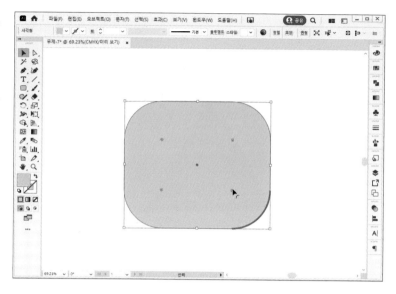

05 이번에는 다각형 도구를 선택하고 아트보드에 드래그하여 오브젝트를 만듭니다.

강의 노트 다각형 도구는 사용자가 원하는 다각형 모양의 오브젝트를 그릴 때 사용하는 도구입니다.

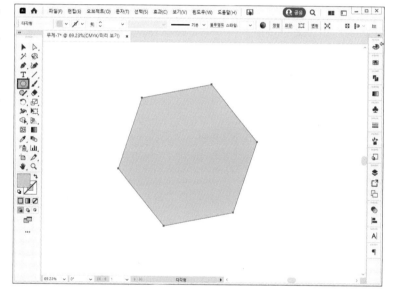

06 마찬가지로 다각형 도구를 아트보드에 클릭하여 대화상자에서 다각형의 면의 크기와 꼭짓점의 개수를 설정하여 원하는 다각형을 만들 수 있습니다.

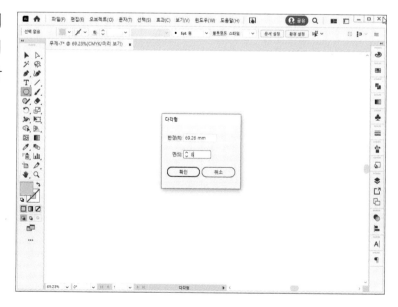

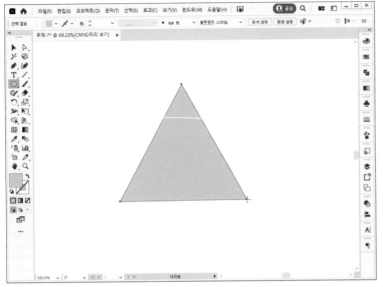

07 다각형 도구 또한 마우스로 드래그하는 도중에 키보드의 ↑, ↓ 방향키를 눌러 꼭짓점의 개수를 변경하여 원하는 형태를 지정할 수 있고, 그려놓은 다각형을 선택하고 위젯을 드래그하여 면의 개수를 조절할 수 있습니다.

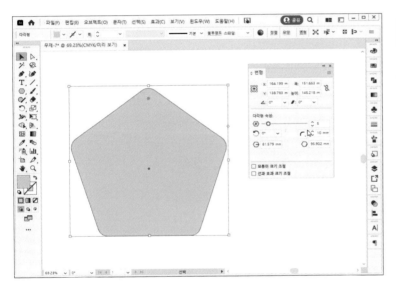

08 또한 모퉁이 위젯을 더블클릭하여 변형 패널에서 다양한 모퉁이 모양과 면의 개수를 조절할 수 있습니다.

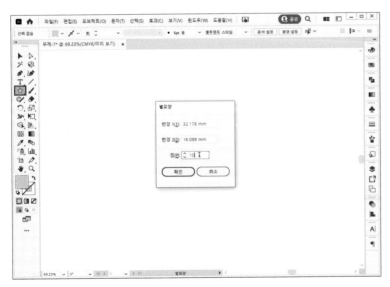

09 이번에는 별 모양을 그려보겠습니다. 도구 패널에서 별모양 도구를 선택하고 아트보드에 클릭하여 대화상자에서 꼭짓점의 개수와 별 모양을 지정합니다.

 별모양 도구는 별 모양의 오브젝트를 그릴 때 사용하는 도구입니다.

10 그려진 별모양을 선택 도구로 선택하여 삭제한 후, 이번에는 마우스를 드래그하여 별 모양을 그려봅니다.

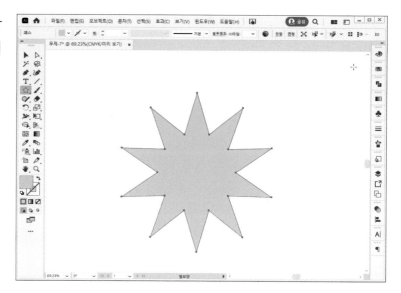

11 마우스를 드래그하여 별 모양을 그릴 때 Ctrl 키를 누른 상태에서 바깥쪽으로 드래그하면 외곽 꼭짓점의 거리가 커지고, 반대로 안쪽으로 드래그하면 거리가 짧아져 다양한 모양의 별 모양을 만들 수 있습니다.

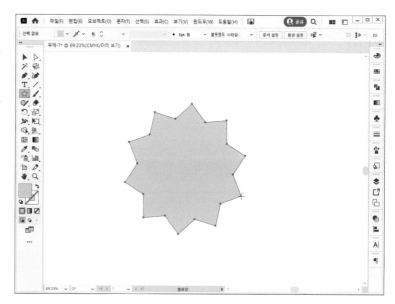

12 별모양 도구 또한 마우스를 드래그하는 도중에 키보드의 ↑, ↓ 방향키를 눌러 꼭짓점의 개수를 조정할 수 있습니다.

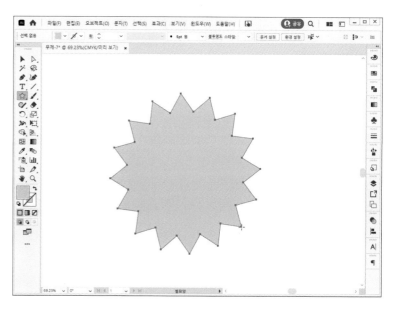

둥근 사각형 도구 옵션 대화상자

1. **너비** : 가로 길이를 입력합니다.
2. **높이** : 세로 길이를 입력합니다.
3. **모퉁이 반경** : 모서리의 둥글기 정도를 조절합니다.

다각형 도구 옵션 대화상자

1. **반경** : 다각형의 반지름 값을 입력합니다.
2. **면** : 다각형 면의 수를 입력합니다.

별모양 도구 옵션 대화상자

1. **반경 1** : 중심에서부터 바깥쪽으로 뾰족한 부분까지의 반지름 값을 입력합니다.
2. **반경 2** : 중심에서부터 안쪽으로 뾰족한 부분까지의 반지름 값을 입력합니다.
3. **점** : 별의 포인트 개수를 입력합니다.

플레어 도구

플레어 도구는 렌즈 조명 효과를 줄 수 있는 도구입니다. 광선이나 빛 효과는 대부분 비트맵 이미지 방식인 포토샵에서 주로 작업하였지만, 벡터 방식인 일러스트레이터에서 플레어 도구를 사용하여 다양한 특수 효과를 적용할 수 있습니다.

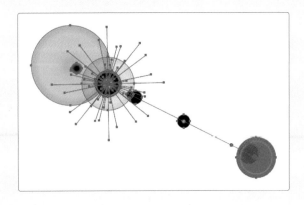

실습 ③ 직선과 곡선 그리기

01 [파일]-[새로 만들기] 메뉴를 선택하여 작업할 아트보드를 만듭니다. 도구 패널에서 선분 도구를 선택하고 아트보드를 클릭한 상태에서 드래그하면 드래그 한 길이만큼 직선이 그려집니다.

강의노트 선분 도구는 직선, 수평, 수직, 사선 등을 그릴 때 사용하는 도구로서, 선을 그을 때 Shift 키를 누른 채 드래그하면 정확하게 수평, 수직, 45° 각도로 직선을 그릴 수 있습니다.

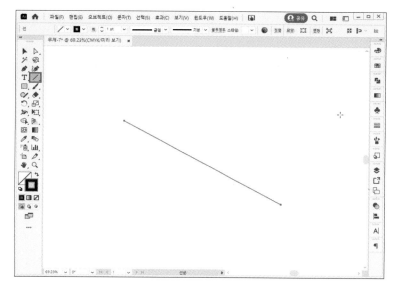

02 이번에는 호 도구를 선택하고 아트보드를 클릭한 상태에서 드래그합니다.

강의노트 호 도구는 열린 패스와 닫힌 패스의 원호 모양을 다양하고 쉽게 그릴 수 있는 도구입니다.

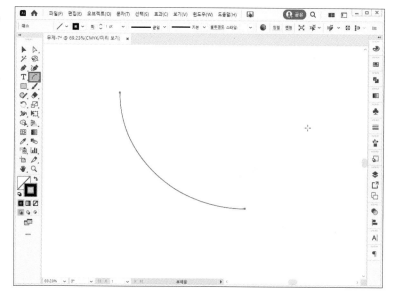

03 마우스를 드래그하는 도중에 키보드의 ↑, ↓ 방향키를 눌러 원호의 구부러진 모양을 조절할 수 있습니다.

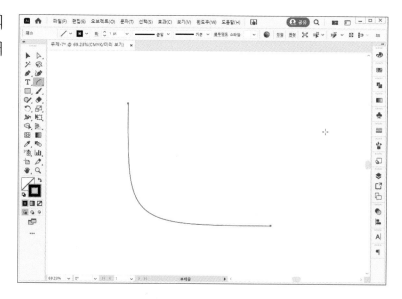

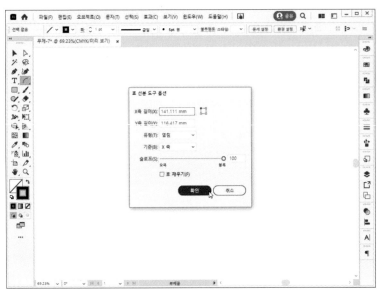

04 호 도구 또한 아트보드에 클릭하여 나타난 대화상자에서 옵션을 지정하여 다양한 모양을 만들 수 있습니다.

Power Upgrade

선분 도구 옵션 대화상자

1. **길이** : 선의 길이를 입력합니다.
2. **각도** : 선의 기울기를 조절합니다.
3. **선 채우기** : 이 항목을 체크하면 그려지는 선에 지정된 색상이 채워집니다.

호 도구 옵션 대화상자

1. 호의 시작 위치를 지정합니다.
2. **X축 길이 / Y축 길이** : X축과 Y축 방향의 길이를 지정합니다.
3. **유형** : 열린 원호 또는 닫힌 원호 모양을 선택할 수 있습니다.
4. **기준** : 호의 방향을 지정합니다.
5. **슬로프** : 호의 슬로프 방향을 지정합니다.
6. **호 채우기** : 이 항목을 체크하면 면 색이 채워진 채로 그려지게 됩니다.

실습 04 나선형과 격자 도구 익히기

 01 [파일]-[새로 만들기] 메뉴를 실행하여 작업할 아트보드를 만든 후 도구 패널에서 나선형 도구를 선택합니다. 그런 다음 아트보드에 마우스를 드래그하면 골뱅이 모양이 만들어집니다.

> **강의 노트** 나선형 도구는 소용돌이 모양의 오브젝트를 만들 수 있는 도구입니다.

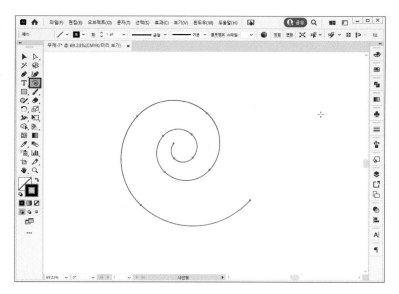

02 나선형 도구 또한 아트보드에 마우스를 클릭하여 대화상자에서 방향과 소용돌이 형성 정도 등을 조절하여 사용할 수 있습니다.

03 나선을 구성하는 패스의 개수를 마우스로 드래그하는 도중에 키보드의 ↑, ↓ 방향키를 눌러 조절하면 빠르게 사용할 수 있습니다.

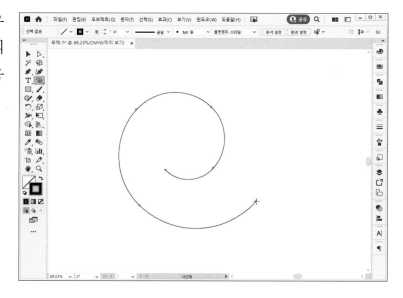

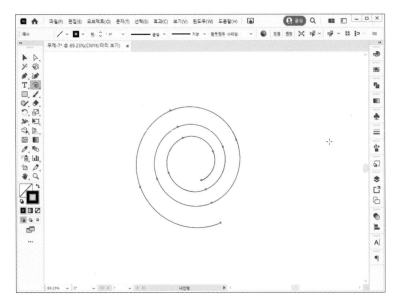

04 **Ctrl** 키를 누르고 안쪽 또는 바깥쪽으로 드래그하면 나선형을 회전시키며 간격을 조절할 수 있습니다.

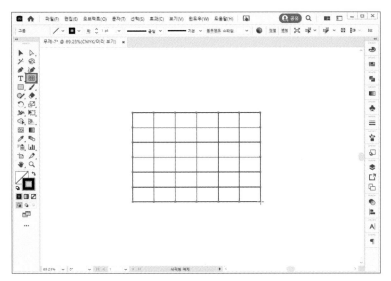

05 이번에는 도구 패널에서 사각형 격자 도구를 선택하고, 아트보드에 드래그하여 격자 형태의 그리드를 만들어 봅니다.

강의 노트 사각형 격자 도구는 사각 형태의 표를 만들 수 있는 도구입니다.

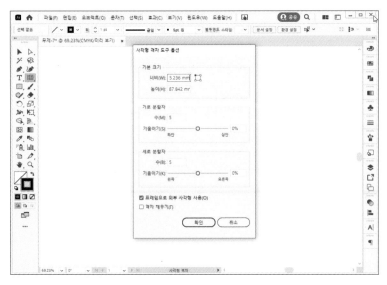

06 사각형 격자 도구 역시 대화상자를 통하여 원하는 다양한 모양으로 제작이 가능합니다.

07 마우스를 드래그하는 도중 [X], [C], [F], [V] 키를 각각 눌러보면 상하좌우 격자 간격이 조절되는 것을 볼 수 있습니다.

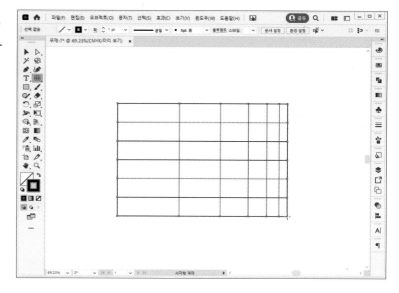

08 마찬가지로 드래그하는 도중에 키보드의 [→], [←], [↑], [↓] 방향키를 눌러 행의 개수와 열의 개수를 조절하면서 격자를 그릴 수 있습니다.

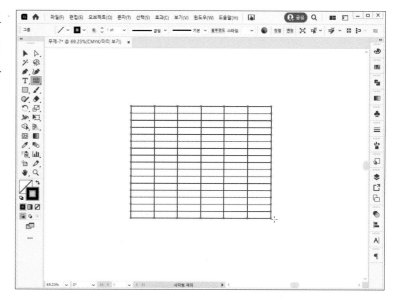

09 극좌표 격자 도구 또한 위와 동일한 방법으로 대화상자와 단축키 등을 사용하여 다양한 형태로 만들 수 있습니다.

강의 노트 극좌표 격자 도구는 동심원을 그리거나 방사선 형태의 그리드를 그릴 수 있습니다.

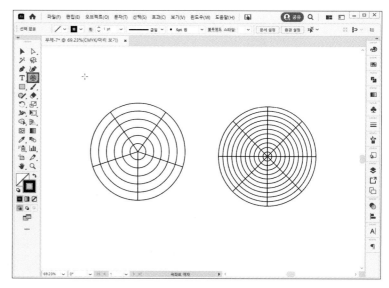

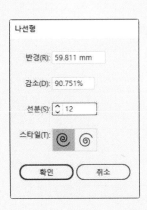

나선형 도구 옵션 대화상자

1. **반경** : 중심에서 바깥쪽 끝점까지의 거리를 입력합니다.
2. **감소** : 회전하면서 퍼져나가는 정도를 조절합니다.
3. **선분** : 나선을 구성하는 세그먼트의 개수를 조절합니다.
4. **스타일** : 회전하는 방향을 지정합니다.

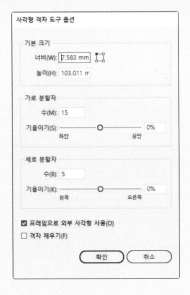

사각형 격자 도구 옵션 대화상자

1. **기본 크기** : 사각 그리드의 시작 위치 지정과 가로, 세로 길이를 입력합니다.
2. **가로 분할자** : 그리드의 가로로 분할되는 선의 개수와 치우치는 정도를 설정합니다.
3. **세로 분할자** : 그리드의 세로로 분할되는 선의 개수와 치우치는 정도를 설정합니다.
4. **프레임으로 외부 사각형 사용** : 위, 아래, 왼쪽 및 오른쪽 패스를 별개의 사각형 오브젝트로 교체합니다.
5. **격자 채우기** : 지정된 면색을 채워 그려줍니다.

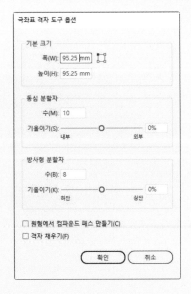

극좌표 격자 도구 옵션 대화상자

1. **기본 크기** : 원형 그리드의 시작 위치 지정과 가로, 세로 길이를 입력합니다.
2. **동심 분할자** : 동심원의 분할 개수와 치우치는 정도를 설정합니다.
3. **방사형 분할자** : 방사형 분할 선의 개수와 치우치는 정도를 설정합니다.
4. **원형에서 컴파운드 패스 만들기** : 동심원을 별도의 컴파운드 패스로 변환하고 다른 모든 원을 칠합니다.
5. **격자 채우기** : 지정된 면색을 채워 그려줍니다.

실시간 모양 옵션 지정

도형 도구 사용 시 실시간으로 모양을 만들 때 패널 표시 여부를 지정하려면 [윈도우] 메뉴에서 변형 패널을 불러올 수도 있지만, 변형 패널 메뉴에서 '모양 생성 시 표시' 옵션을 체크 해 놓으면 도형을 그림과 동시에 변형 패널이 활성화됩니다. 또한 속성 패널의 변형 섹션에서 '기타 옵션' 단추를 클릭하면 세부 옵션을 조절할 수도 있습니다.

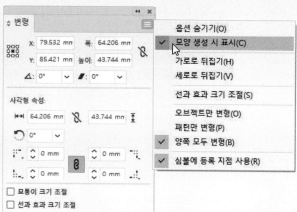

사각형/둥근 사각형 변형 옵션

1. **너비/높이** : 사각형의 가로 또는 세로 길이를 지정합니다.
2. **폭 및 높이 비율 제한** : 체크 시 가로나 세로 둘 중 하나만 조절하여도 동일한 비율로 크기 조절이 가능합니다.
3. **사각형 각도** : 크기 조절과 회전 위젯을 사용하여 사각형을 회전합니다.
4. **모퉁이 유형** : 사각형 모퉁이의 모양을 지정합니다.
5. **모퉁이 반경** : 각 모퉁이에 대해 값을 조절할 수 있습니다.
6. **모퉁이 반경 값 연결** : 체크 시 한 곳만 값을 조절하여도 나머지 반경도 같이 조절됩니다.

원형 변형 옵션

1. **너비/높이** : 타원의 가로 또는 세로 길이를 지정합니다.
2. **폭 및 높이 비율 제한** : 체크 시 가로나 세로 둘 중 하나만 조절하여도 동일한 비율로 크기 조절이 가능합니다.
3. **원형 각도** : 회전시키고자 하는 각도를 지정합니다.
4. **파이 시작 각도/파이 끝 각도** : 파이 위젯을 사용하여 차트 표현으로 모양을 나타냅니다.
5. **파이 각도 제한** : 변형 패널을 사용하여 파이 시작 각도와 파이 끝 각도의 값을 수정할 때 이들의 차이를 유지해야 하는지의 여부를 지정합니다.
6. **파이 반전** : 파이 시작 각도 및 파이 끝 각도를 교체해야 하는 경우 클릭합니다.

다각형 변형 옵션

1. **다각형 면 카운트** : 다각형이 갖게 되는 면의 수를 지정합니다.
2. **다각형 각도** : 다각형의 각도를 조절합니다.
3. **모퉁이 유형** : 다각형에 대해 원하는 모퉁이 유형을 지정합니다.
4. **다각형 반경** : 다각형의 반경을 지정합니다. 위젯을 사용하여 반경을 수정할 수 있습니다.
5. **다각형 측면 길이** : 다각형의 각 측면의 길이를 지정합니다.

선분 변형 옵션

1. **선 속성** : 그린 선의 길이를 조절합니다.
2. **선 각도** : 선을 그릴 각도를 지정합니다.

실습 05 Shaper 도구 사용하기

01 [파일]-[새로 만들기] 메뉴를 선택하여 작업할 아트보드를 만듭니다. 도구 패널에서 Shaper 도구를 선택하고, 도큐먼트에 삼각형 모양으로 자유롭게 마우스를 드래그합니다.

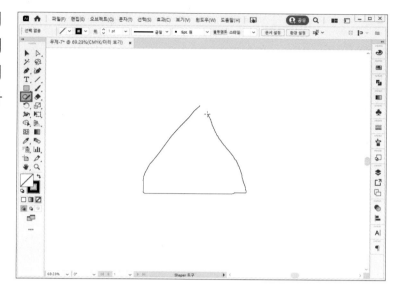

02 사각형이나 원 또는 기타 다각형 모양 또한 이처럼 대략적으로 그려보면 그린 모양이 뚜렷한 기하학적 모양으로 변환됩니다.

강의노트 Shaper 도구는 대략적으로 마우스를 드래그하여 도형 모양을 그려주면 정확한 모양으로 오브젝트가 만들어지는 도구입니다.

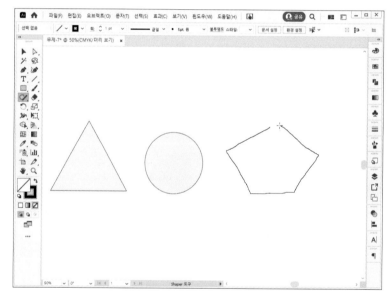

03 도구 패널에서 사각형 도구를 선택하고 색상 패널에서 면 색을 지정한 후 사각형을 그립니다.

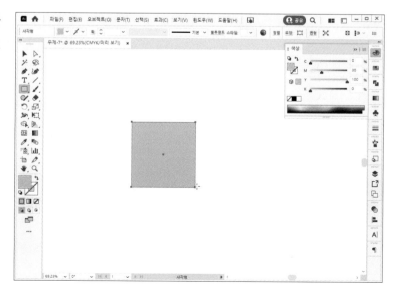

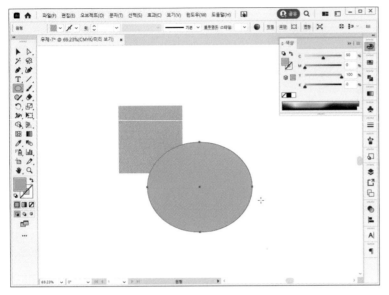

04 계속하여 앞서 그려놓은 사각형 위에 원형 도구 또는 Shaper 도구를 사용하여 다른 색상으로 원 모양을 겹쳐 그립니다.

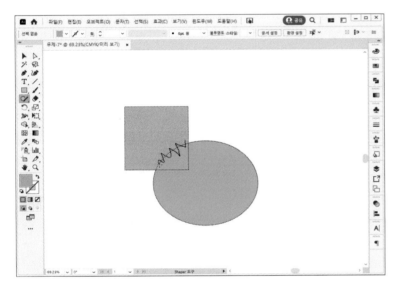

05 그런 다음 Shaper 도구를 선택하고 안쪽에 사각형과 겹쳐지는 부분의 선 위를 마우스로 자유롭게 드래그하면 두 개의 도형이 하나로 합쳐지는 것을 볼 수 있습니다.

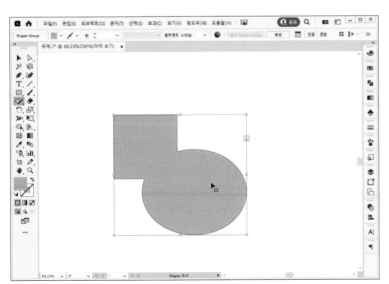

06 Shaper 도구가 선택된 상태에서 앞서 제작된 Shaper 그룹 오브젝트를 선택하면 화살표 위젯이 있는 테두리 상자가 표시됩니다.

PlusTip

화살표 위젯 또한 [보기] 메뉴의 테두리 상자가 활성화되어 있는 상태에서 화면에 표시됩니다.

07 이 화살표 위젯을 클릭하면 테두리 상 자를 사용하여 오브젝트의 크기를 조 절하거나 모양을 수정할 수 있습니다.

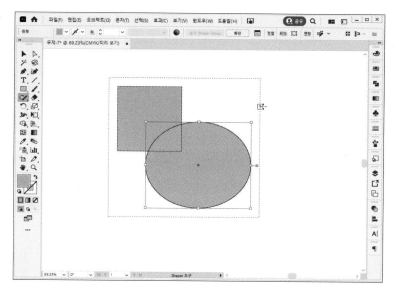

08 모양 수정 후 다시 화살표 위젯을 클릭 하면 구성 모드에서 벗어나게 됩니다.

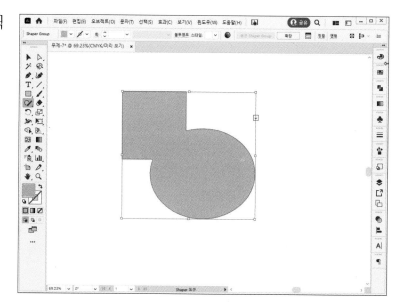

Shaper 도구를 사용한 스크리블 동작의 예

- 스크리블이 한 모양 내에 있으면 해당 영역에 구멍이 뚫립니다.
- 스크리블이 두 개 이상의 모양이 교차하는 영역에 있으면 교차하는 영역에 구멍이 뚫립니다.
- 스크리블이 맨 앞에 있는 모양에서 발생하는 경우 : 겹치지 않는 영역에서 겹치는 영역으로 맨 앞에 있는 모양에 구멍이 뚫립니다.
- 겹치는 영역에서 겹치지 않는 영역으로 모양이 병합되고, 병합된 영역의 색상이 스크리블 원점의 색상이 됩니다.
- 스크리블이 맨 뒤에 있는 모양에서 발생하는 경우 : 겹치지 않는 영역에서 겹치는 영역으로 모양이 병합되고, 병합된 영역의 색상이 스크리블 원점의 색상이 됩니다.

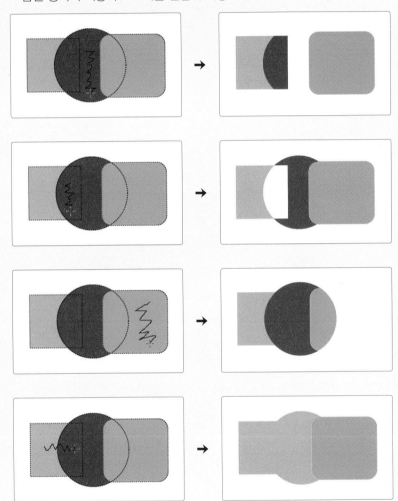

실습 06 도형을 이용한 모양 만들기

01 [파일]–[새로 만들기] 메뉴를 실행하여 작업할 아트보드를 만듭니다. 도구 패널에서 원형 도구를 선택하고 Shift 키를 누른 채 마우스를 드래그하여 정원을 만듭니다.

PlusTip

정사각형이나 정원을 그리고자 할 경우에는 키보드의 Shift 키를 누르고 드래그하고, Alt 키를 동시에 눌러주면 마우스로 클릭한 부분을 중심축으로 오브젝트가 만들어집니다.

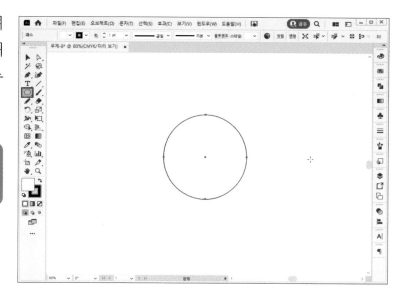

02 [윈도우] 메뉴에서 색상 패널을 불러온 후 면 색을 흰색, 선 색을 주황색으로 적용합니다.

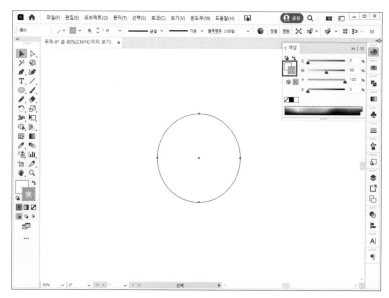

03 획 패널에서 선의 두께를 지정하고, 선 정렬 옵션에서 '바깥쪽으로 선 정렬' 항목을 체크하여 선 두께가 패스 외곽으로 적용되게 합니다.

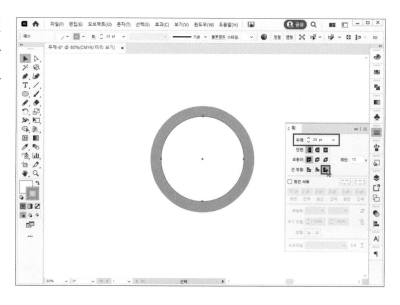

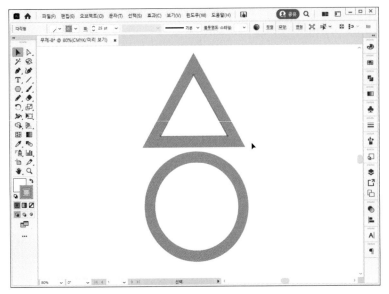

04 도구 패널에서 다각형 도구를 선택하고 아트보드에 클릭하여 대화상자를 불러옵니다. 면수를 '3'으로 지정하고 확인 버튼을 클릭하여 삼각형을 만듭니다.

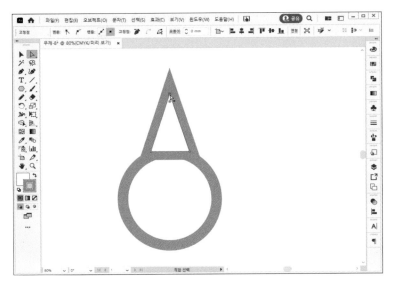

05 직접 선택 도구로 상단의 포인트 하나를 드래그하여 삼각형을 길쭉한 모양이 되게 수정합니다.

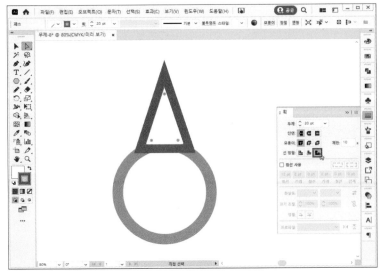

06 그런 다음 색상 패널에서 면 색과 선색을 각각 지정하고, 획 패널에서 선 정렬 옵션을 '바깥쪽으로 선 정렬' 항목으로 체크하여 선 두께가 패스 외곽으로 적용되게 합니다.

07 계속하여 오브젝트가 선택된 상태에서 [오브젝트]-[정돈]-[맨 뒤로 보내기] 메뉴를 실행하여 삼각형을 원 뒤로 보내줍니다.

Plus**T**ip

일러스트레이터는 먼저 작업한 오브젝트가 가장 아래쪽에 위치하게 됩니다. 즉, 작업하는 순서에 따라 오브젝트의 위치가 달라지므로 정돈 기능을 사용하여 오브젝트의 순서를 정돈할 필요가 있습니다.

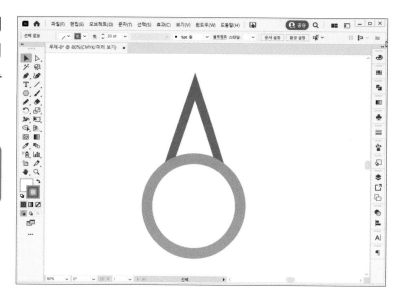

08 다시 원과 삼각형을 동시에 선택하고, [윈도우] 메뉴에서 정렬 패널을 불러온 뒤 오브젝트 정렬에서 '가로 가운데 정렬'을 클릭하여 가지런히 정렬합니다.

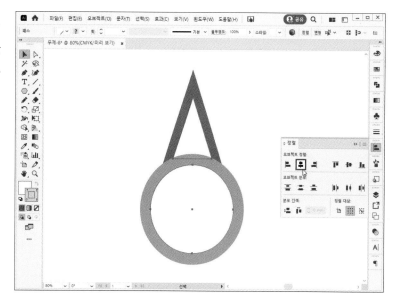

09 원형 도구를 다시 선택한 후 위와 동일한 방법으로 Shift 키를 누른 채 마우스를 드래그하여 정원을 만들고, 앞서 지정하였던 선 색과 동일한 주황색을 면 색으로 지정합니다.

Plus**T**ip

동일한 색상을 여러 군데 적용하고자 할 경우에는 [윈도우] 메뉴에서 견본 패널을 불러와 저장시켜 놓고 사용하는 것이 용이합니다.

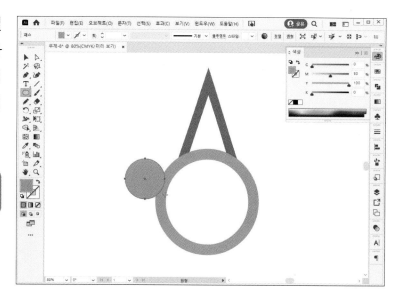

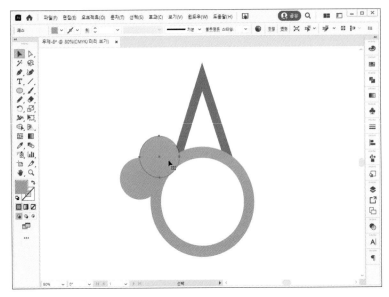

10 도구 패널에서 선택 도구가 지정된 상태에서 Alt 키를 누른 채 앞서 그려놓은 원을 드래그하여 하나를 더 복사합니다.

PlusTip

오브젝트를 일시적으로 복사하고자 할 경우 Alt 키를 이용하면 되고, 복사하는 도중에 Shift 키를 동시에 눌러주면 정확히 수평, 수직, 45° 각도로 복사됩니다.

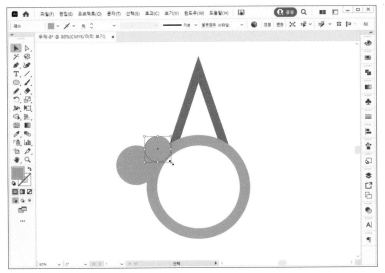

11 복사된 원을 테두리 상자를 이용하여 Shift 키를 누른 채 모서리 부분을 드래그하여 크기를 축소합니다.

PlusTip

테두리 상자를 이용하여 크기를 조절할 경우 가로, 세로 동일한 비율로 크기를 조절하기 위해서 Shift 키를 누른 채 드래그 합니다.

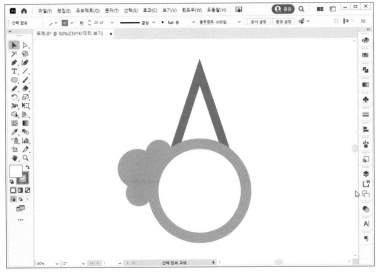

12 축소된 원을 다시 Alt 키를 누른 채 드래그하여 하나를 더 복사하여 왼쪽 머리 모양을 만듭니다.

13 위와 동일한 방법으로 오른쪽 머리 부분 또한 원을 이용하여 그려준 뒤 복사하여 배치합니다.

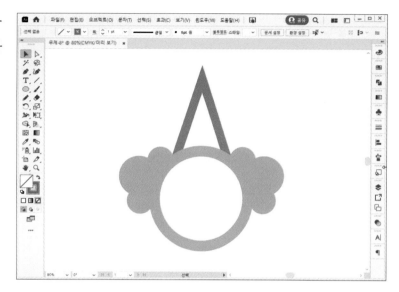

14 이제 눈, 코, 입을 그리기 위해서 먼저 도구 패널에서 별모양 도구를 선택하고 아트보드에 클릭하여 포인트 개수를 '5'로 지정하여 별을 만듭니다.

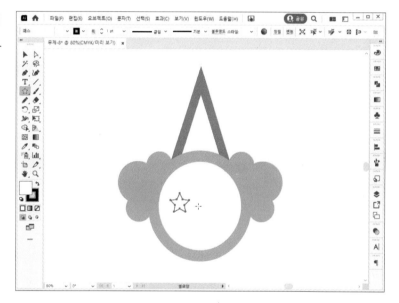

15 색상 패널에서 원하는 면 색을 적용하고, 선택 도구로 Alt + Shift 키를 누른 채 옆으로 드래그하여 하나를 더 복사합니다.

Plus Tip

오브젝트를 복사하기 위해서 Alt 키를 사용하고, 동시에 Shift 키를 같이 눌러주면 수평, 수직, 45° 방향으로 정확하게 이동됩니다.

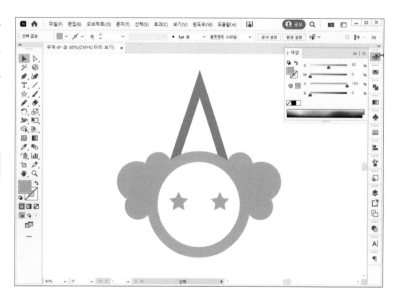

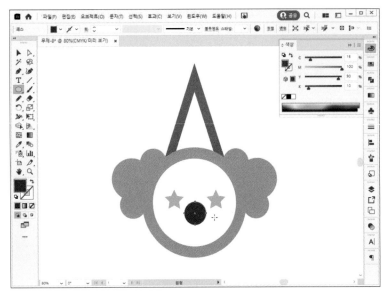

16 다시 원형 도구를 선택하고 Alt + Shift 키를 누른 채 드래그하여 정원의 코를 만들어 주고, 면 색을 적용합니다.

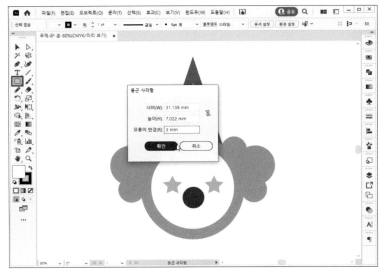

17 마지막으로 입을 만들기 위해서 도구 패널에서 둥근 사각형 도구를 선택하고, 도큐먼트에 클릭하여 모서리 둥글기 정도 값을 설정합니다.

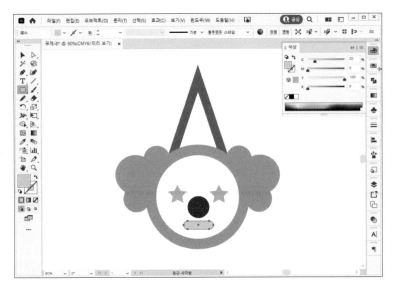

18 확인 버튼을 눌러 만들어진 오브젝트는 키보드의 Delete 키를 눌러 삭제하고, 다시 마우스로 드래그하여 원하는 크기만큼 그려주고 면 색을 적용합니다. 물론, 사각형 도구를 사용하여 직사각형을 그린 후 모퉁이 위젯을 사용하여 모서리 모양을 조절해도 됩니다.

19 선분 도구를 선택하고 앞서 그려놓은 입 모양 위에 Shift 키를 누른 채 드래그하여 직선을 그리고, 선 색을 적용하여 완성합니다.

Plus Tip

오브젝트를 이동하거나 복사, 직선을 그릴 때 Shift 키를 눌러주면 정확히 수평, 수직, 45° 각도로 표현됩니다.

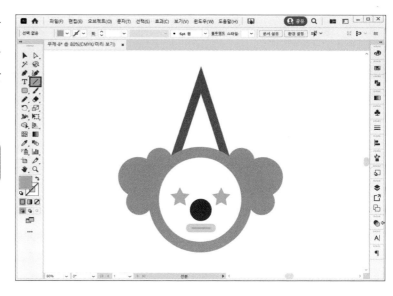

Power Upgrade

오브젝트 정돈하기

일러스트레이터는 먼저 작업한 오브젝트가 가장 아래쪽에 위치하게 됩니다. 즉, 작업하는 순서에 따라 오브젝트의 위치가 달라지므로 정돈 기능을 사용하여 오브젝트의 순서를 정돈할 필요가 있습니다.

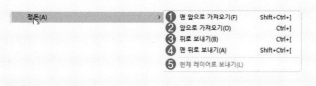

1. **맨 앞으로 가져오기** : 선택한 오브젝트를 모든 오브젝트의 가장 위로 올려줍니다.
2. **앞으로 가져오기** : 선택한 오브젝트를 바로 위로 한 단계 올립니다.
3. **뒤로 보내기** : 선택한 오브젝트를 바로 아래로 한 단계 내립니다.
4. **맨 뒤로 보내기** : 선택한 오브젝트를 모든 오브젝트의 가장 아래로 내려줍니다.
5. **현재 레이어로 보내기** : 선택한 오브젝트를 레이어 패널에서 지정한 레이어 층으로 보내줍니다.

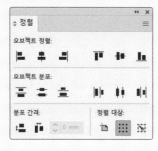

정렬 패널

선택한 오브젝트들을 특정 위치에 정렬시키거나 일정한 간격으로 배치하는 기능입니다.

1. **오브젝트 정렬** : 오브젝트를 수직축을 기준으로 왼쪽, 중앙, 오른쪽으로 정렬하거나 수평축을 기준으로 위쪽, 중앙, 아래쪽으로 정렬합니다.
2. **오브젝트 분포** : 두 개 이상의 오브젝트를 수평축을 기준으로 동일한 간격으로 배분하거나 수직축을 기준으로 배분합니다.
3. **분포 간격** : 선택한 오브젝트들의 간격을 수치를 입력하여 균등 배분할 때 사용합니다.
4. **정렬 대상** : 오브젝트들을 정렬할 때 어느 기준으로 정렬할지를 설정합니다.

실습 (07) 간단한 아이콘 만들기

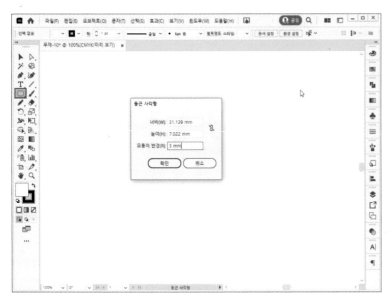

01 [파일]-[새로 만들기] 메뉴를 실행하여 작업할 아트보드를 만듭니다. 웹상에서 사용할 수 있는 간단한 아이콘을 만들어 보겠습니다. 먼저 도구 패널에서 둥근 사각형 도구를 선택하고, 도큐먼트에 클릭하여 대화상자를 불러옵니다. 모서리 둥글기 정도를 입력한 후 확인 버튼을 클릭합니다.

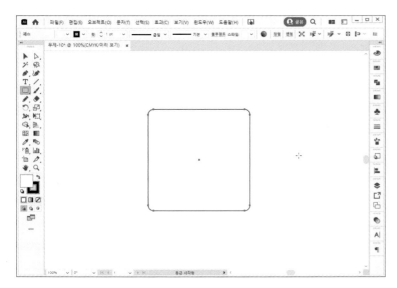

02 만들어진 오브젝트는 선택 도구로 선택한 후 Delete 키를 눌러 삭제하고, 다시 Shift 키를 누른 채 드래그하여 정사각형 모양의 둥근 사각형을 만듭니다.

PlusTip

사각형 도구로 정사각형을 만든 후 모퉁이 위젯을 사용하여 모서리를 둥글게 표현할 수도 있습니다. 단, 모퉁이 위젯을 사용하고자 할 경우에는 테두리 상자가 활성화되어 있어야 사용 가능합니다.

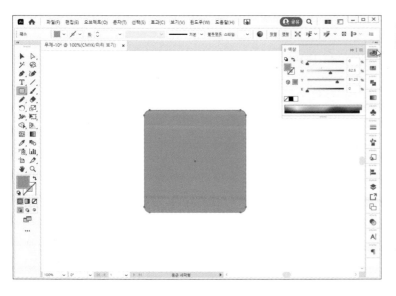

03 [윈도우] 메뉴에서 색상 패널과 견본 패널을 불러온 후, 앞서 그려놓은 오브젝트에 선 색을 없애고 면 색을 주황색 계열로 적용합니다.

04 사용한 주황색을 다른 도형에도 사용하기 위해서 색상 패널의 면 색 아이콘 부분을 견본 패널에 드래그하여 저장시켜 줍니다.

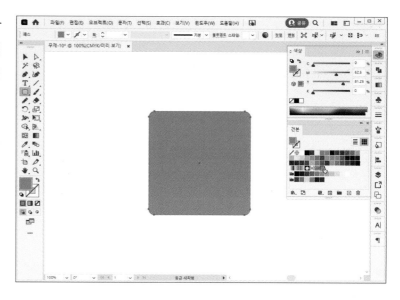

05 다시 둥근 사각형 도구를 선택하고, 앞서 그려놓은 사각형 안쪽에 작은 둥근 사각형을 하나 더 만들고 면 색을 흰색으로 적용합니다.

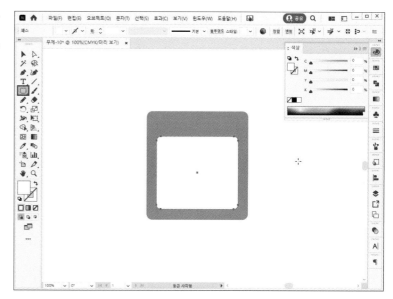

06 계속하여 도구 패널에서 사각형 도구를 선택하고, 직사각형을 그려준 뒤 앞서 견본 패널에 저장시켜 놓은 주황색 색상을 적용합니다.

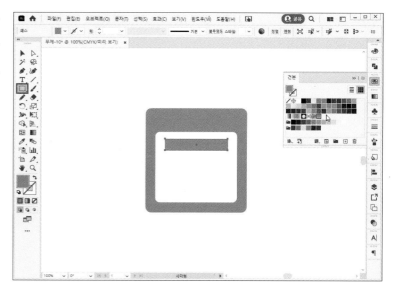

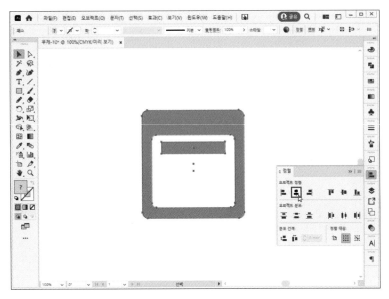

07 [윈도우] 메뉴에서 정렬 패널을 불러온 후 세 개의 오브젝트를 동시에 모두 선택하고, 정렬 패널의 '가로 가운데 정렬' 아이콘을 클릭하여 중앙정렬시켜 줍니다.

강의 노트 정렬 패널은 선택한 오브젝트들을 특정 위치에 정렬시키거나 일정한 간격으로 배치시키는 기능입니다.

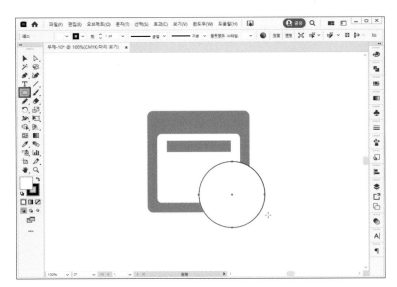

08 이젠 돋보기 모양을 만들기 위해서 도구 패널에서 원형 도구를 선택하고, **Shift** 키를 누른 채 드래그하여 정원을 만듭니다.

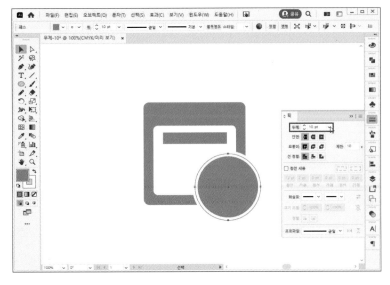

09 앞서 저장시켜 놓은 주황색을 면 색으로 지정하고, 선 색은 흰색으로 적용한 후 획 패널에서 선의 두께를 두껍게 지정합니다.

10 다시 안쪽에 작은 원을 만들기 위해서 먼저 [보기] 메뉴에서 특수 문자 안내선 메뉴를 클릭하여 오브젝트를 선택하거나 이동, 작업 시 정확하게 작업할 수 있도록 스마트 안내선을 실행시킵니다.

PlusTip

지금과 같은 경우 정확히 원의 중심을 클릭할 수 없으므로 안내선을 이용하거나 [보기] 메뉴에서 특수 문자 안내선을 체크하여 사용하면 안내선과 중심점 등을 보여주어 정확히 작업할 수 있습니다.

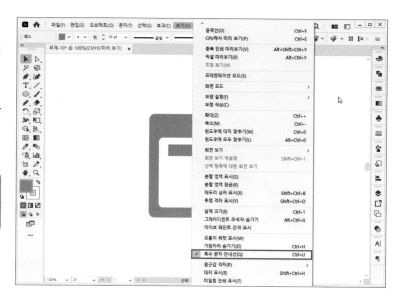

11 원형 도구로 앞서 그려놓은 정원의 중앙에 마우스를 올리면 가운데라는 안내 글이 나타나는데 이때 Alt + Shift 키를 동시에 누른 상태에서 드래그하여 정원을 겹쳐 그리고, 면 색을 흰색으로 적용합니다.

PlusTip

원이나 사각형을 그릴 때 Alt 키를 누르고 드래그하면 클릭한 부분이 중심이 되고, 이때 Shift 키를 같이 눌러주면 정원이나 정사각형으로 그릴 수 있습니다.

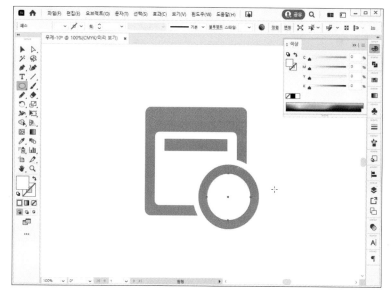

12 마지막으로 도구 패널에서 선분 도구를 선택하고 손잡이에 해당하는 직선을 그리고, 선 색을 주황색으로 적용한 후 획 패널에서 선의 두께를 지정합니다.

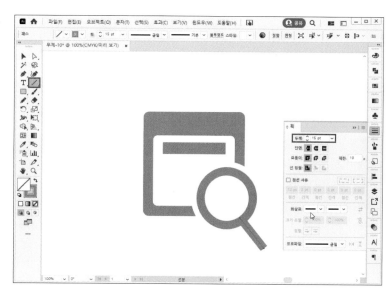

13 나머지 아이콘을 제작하기 위해서 선택 도구를 선택하고, 앞서 그려놓은 외곽의 둥근 사각형을 선택한 후 `Alt` + `Shift` 키를 누른 상태에서 드래그하여 하나를 더 복사합니다.

PlusTip

복사하기 위해서 `Alt` 키를 누르고, 이때 `Shift` 키를 같이 눌러주면 수평, 수직, 45° 방향으로 정확하게 이동됩니다.

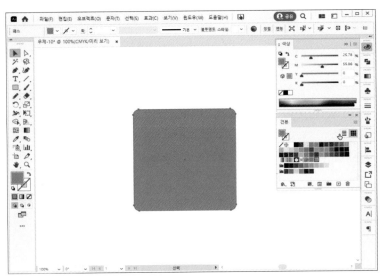

14 색상 패널에서 면 색을 보라색 계열로 적용하고, 견본 패널로 드래그하여 색상을 저장시켜 놓습니다.

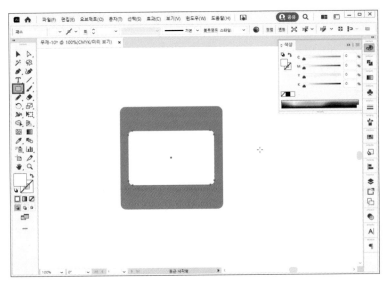

15 둥근 사각형 도구를 선택하고, `Alt` 키를 누른 상태에서 중앙에서부터 드래그하여 흰색의 둥근 사각형을 하나 더 그려줍니다.

16 그런 다음 위와 마찬가지로 정렬 패널을 이용하여 두 개의 도형을 선택한 후, 좌우가 대칭이 되도록 가로 가운데 정렬 아이콘을 클릭하여 중앙정렬 합니다.

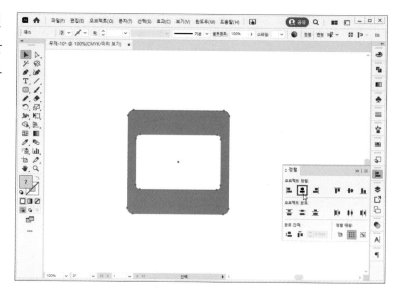

17 다시 사각형 도구를 선택하고 Shift 키를 누른 채 드래그하여 흰색의 정사각형을 그려줍니다.

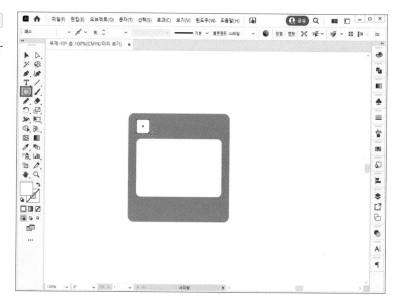

18 그리고 선택 도구로 정사각형을 선택한 후, Alt + Shift 키를 누른 채 옆으로 드래그하여 하나를 더 복사합니다.

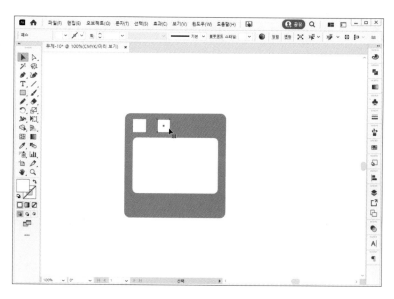

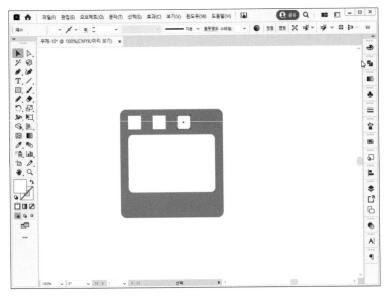

19 계속하여 사각형이 선택된 상태에서 [오브젝트]–[변형]–[변형 반복(Ctrl + D)] 메뉴를 실행하여 반복 복사합니다.

강의 노트 변형 반복 기능은 바로 전에 움직인 명령에 대한 반복 명령으로 오브젝트가 선택되어 있는 상태에서 사용 가능합니다. 일정한 간격이나 각도로 오브젝트를 복사할 때 유용하게 사용할 수 있는 기능입니다.

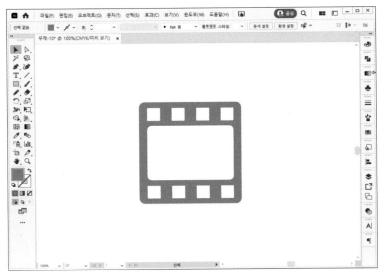

20 Ctrl + D 를 한 번 더 눌러 하나를 더 복사한 후 네 개의 사각형을 동시에 선택합니다. 그리고 Alt + Shift 키를 누른 채 드래그 하여 하단에 한 줄을 더 복사합니다.

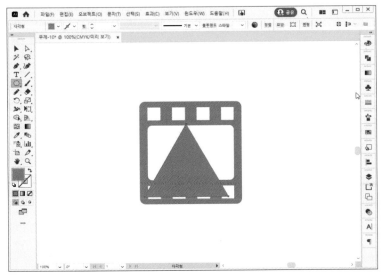

21 삼각형을 그리기 위해서 도구 패널에서 다각형 도구를 선택하고 도큐먼트에 클릭하여 면의 개수를 3으로 지정합니다.

22 만들어진 삼각형에 앞서 등록해 놓은 보라색 색상을 적용하고, 테두리 상자를 이용하여 Shift 키를 누른 상태에서 회전시켜줍니다.

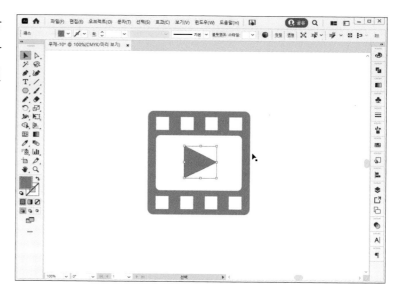

23 부분적인 모양과 크기를 조절하고자 한다면 테두리 상자의 조절점을 사용하여 변형시켜주면 됩니다.

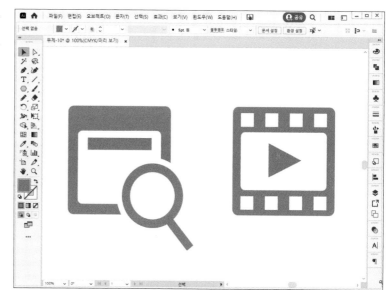

1

여러 가지 도형 도구를 사용하여 간단한 오브젝트를 만들어 보세요.

힌트 ·펜 도구, 원형 도구, 나선형 도구, 획 패널

▲ 완성파일 : 섹션04〉완성〉기초01.ai

2

도형 도구를 사용하여 오브젝트를 만들어 보세요.

힌트 ·선분 도구 사용 후 획 패널에서 선의 두께와 둥근 단면 이용, 사각형 도구 사용 후 모퉁이 위젯을 이용한 모양 수정, 테두리 상자를 이용한 오브젝트 크기 조절 및 회전

▲ 완성파일 : 섹션04〉완성〉기초02.ai

3

다양한 도형 도구를 사용하여 아이콘을 만들어 보세요.

힌트 ·사각형 도구와 원형 도구, 자유 변형 도구를 사용한 카메라 모양 만들기, 정렬 패널 활용, 둥근 사각형 도구 또는 사각형 도구와 모퉁이 위젯을 사용한 둥근 사각형 제작, **Alt** 키 복사와 변형 반복 기능을 활용한 오브젝트 복사

▲ 완성파일 : 섹션04〉완성〉기초03.ai

1) 도형을 이용하여 간단한 오브젝트를 만들어 보세요.

힌트 • 원형 도구와 직접 선택 도구, 고정점 도구를 사용한 사과 모양 제작, 펜 도구 및 획 패널 사용

▲ 완성파일 : 섹션04〉완성〉심화01.ai

2) 다양한 도형 도구들을 사용하여 동물 캐릭터를 만들어 보세요.

힌트 • 원형 도구, 사각형 도구 및 모퉁이 위젯 활용, 둥근 사각형 도구, 선분 도구, 별모양 도구를 사용한 다양한 모양 제작, 직접 선택 도구와 획 패널의 두께, 단면 모양 표현

▲ 완성파일 : 섹션04〉완성〉심화02.ai

3) 앞서 학습한 도구들을 사용하여 오브젝트를 직접 만들어 보세요.

힌트 • 다각형 도구와 Shaper 도구를 사용한 삼각형 및 호박 모양 제작, 원형 도구와 직접 선택 도구 활용

▲ 완성파일 : 섹션04〉완성〉심화03.ai

일러스트레이터는 오브젝트를 변형하거나 축소, 확대하기 위한 다양한 도구들을 제공합니다. 각 도구들이 제공하는 대화 상자를 통하여 정확한 수치로 변형이 가능할 뿐 아니라 오브젝트에 적용된 패턴, 특수 효과를 조절하는데도 유용하게 사용됩니다.

Pre·vi·ew

학습내용

실습 01. 회전 도구 사용하기
실습 02. 반사 도구 사용하기
실습 03. 크기 조절과 기울이기
실습 04. 퍼펫 뒤틀기 도구와 자유 변형 도구 사용하기

실습 05. 폭 도구를 사용한 캐릭터 수정하기
실습 06. 원근감이 적용된 입체적 오브젝트 만들기
실습 07. 간단한 아이콘 만들기

▲ 완성파일 : 섹션05〉완성〉실습01.ai

▲ 완성파일 : 섹션05〉완성〉실습02.ai

▲ 완성파일 : 섹션05〉완성〉실습03.ai

▲ 완성파일 : 섹션05〉완성〉실습04.ai

▲ 완성파일 : 섹션05〉완성〉실습05.ai

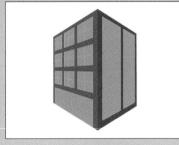

▲ 완성파일 : 섹션05〉완성〉실습06.ai

◀ 완성파일 : 섹션05〉완성〉실습07.ai

✓ 체크포인트

– 회전 도구 사용법을 익힙니다.
– 반사 도구 사용법을 익힙니다.
– 크기 조절 도구와 기울이기 도구 사용법을 익힙니다.
– 퍼펫 뒤틀기 도구와 자유 변형 도구 사용법을 익힙니다.
– 폭 도구를 사용하여 선의 두께를 다양하게 표현해 봅니다.
– 원근감 격자 도구를 사용하여 원근감이 느껴지는 오브젝트를 만들어 봅니다.
– 다양한 도형 도구와 변형 도구들을 사용하여 아이콘을 만들어 봅니다.

01 [파일]–[열기] 메뉴를 실행하여 '섹션 05>샘플>실습01.ai' 파일을 불러옵니다.

02 선택 도구를 사용하여 오브젝트를 선택한 후, 도구 패널의 회전 도구를 더블클릭합니다. 나타난 대화상자에서 회전 각도를 입력하고 하단의 미리보기 항목을 체크해봅니다. 입력한 각도만큼 오브젝트가 회전되는 것을 미리보기 할 수 있습니다.

 회전 도구는 선택한 오브젝트를 자유롭게 회전시킬 수 있는 도구로써 옵션 대화상자를 통하여 정확한 각도를 입력하여 회전시킬 수 있습니다.

03 이번에는 회전 각도에 – 값을 입력해보고 미리보기 항목을 체크하면 앞서와는 다르게 방향이 바뀌어 회전되는 것을 볼 수 있습니다.

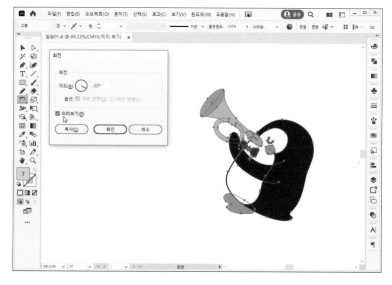

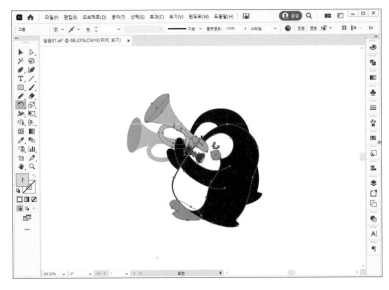

04 대화상자 하단의 복사 버튼을 클릭하면 원본은 그대로 있고, 회전된 오브젝트가 하나 더 복사됩니다.

Plus Tip

오브젝트를 회전하거나 크기 조절을 할 경우 각각의 도구를 더블클릭하여 대화상자를 이용하는 방법도 있지만, 정확한 수치를 입력하지 않고 간단히 회전이나 크기 조절을 하고자 할 경우에는 자유 변형 도구나 테두리 상자를 사용해도 됩니다.

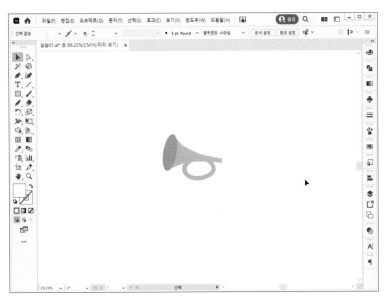

05 도구 패널에서 선택 도구를 사용하여 나팔만을 선택한 후, Alt 키를 누른 채 드래그하여 빈 공간에 하나를 더 복사합니다.

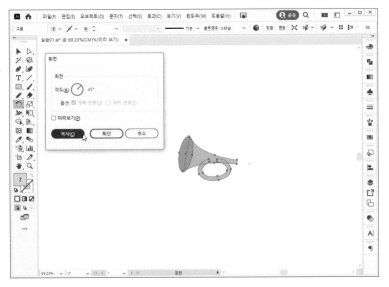

06 회전 도구를 선택하고 Alt 키를 누른 상태에서 중심점이 될 부분을 클릭하면 대화상자가 나타납니다. 회전 각도를 입력한 다음 복사 버튼을 클릭하면 지정된 축을 기준으로 회전 복사됩니다.

07 오브젝트가 선택된 상태에서 [오브젝트]-[변형]-[변형 반복] 메뉴를 실행하여 반복 복사를 합니다.

P<small>LUS</small> T<small>IP</small>

변형 반복 기능은 바로 전에 움직인 명령에 대한 반복 명령으로 오브젝트가 선택되어 있는 상태에서 사용 가능합니다. 일정한 간격이나 각도로 오브젝트를 복사할 때 유용하게 사용할 수 있는 기능입니다.

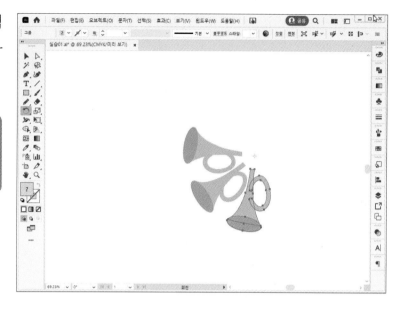

08 계속하여 여러 번 Ctrl + D 를 눌러 앞서 적용한 회전 복사 기능을 반복적으로 실행합니다.

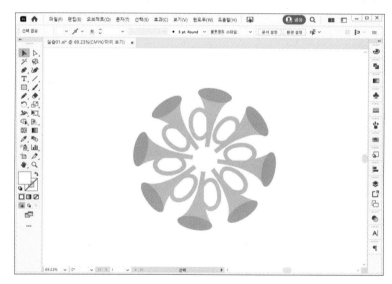

09 Ctrl + Z 를 눌러 명령을 취소하고, 오브젝트가 선택된 상태에서 [오브젝트]-[반복]-[방사형] 메뉴를 실행하면 개체가 기본 옵션을 사용하여 방사형 유형으로 반복됩니다.

 강의 노트 [오브젝트] – [반복] 명령은 새롭게 추가된 기능으로, 클릭 한 번으로 오브젝트를 쉽게 반복하고 방사형, 격자 및 미러링 반복 패턴을 만들 수 있습니다.

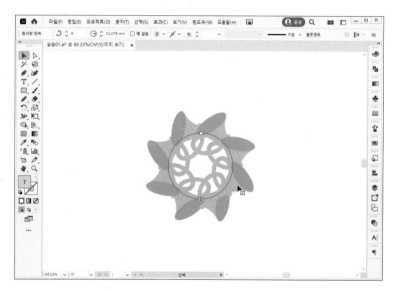

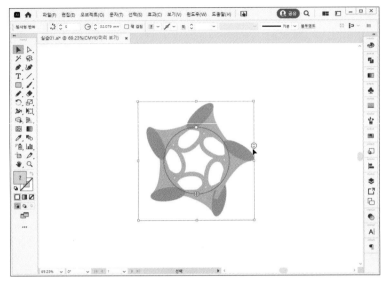

10 기본적으로 8개의 인스턴스가 반복되어 나타나는데 인스턴스 수를 변경하려면 오브젝트가 선택된 상태에서 반복 횟수 컨트롤을 드래그하여 개수를 조절할 수 있습니다.

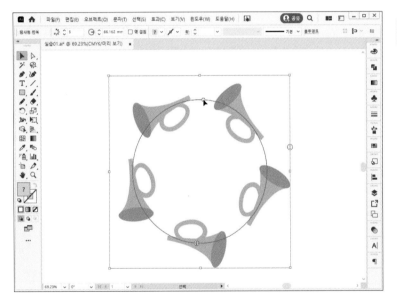

11 또한 원 모양 컨트롤을 드래그하여 개체 사이의 간격을 조절할 수 있습니다.

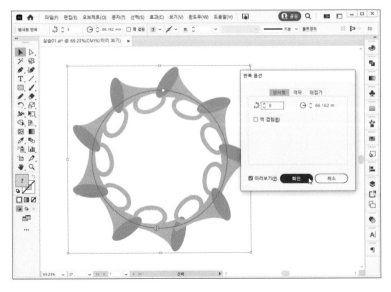

12 [오브젝트]-[반복]-[옵션] 메뉴를 실행하여 각각의 반복 명령에 대한 세부 옵션을 조절할 수 있습니다.

회전 도구의 옵션 대화상자

1. **각도** : 회전시킬 각도를 입력합니다.
2. **개체 변형** : 패턴은 그대로인 채 오브젝트만을 회전시킵니다.
3. **패턴 변형** : 오브젝트에 적용된 패턴만을 회전시킵니다.
4. **복사** : 원본은 그대로 두고 오브젝트 하나를 더 복사하여 회전시킵니다.
5. **미리보기** : 결과를 미리보기 할 수 있습니다.

반복 오브젝트 만들기

[오브젝트]–[반복] 명령은 새롭게 추가된 기능으로, 클릭 한 번으로 오브젝트를 쉽게 반복하고 방사형, 격자 및 미러링 반복 패턴을 만들 수 있습니다.

방사형 반복 옵션

1. **반복 횟수** : 반복 오브젝트에서 사용할 반복 횟수를 설정합니다.
2. **반경** : 방사형 반복이 만들어질 원의 반경을 지정합니다.
3. **역 겹침** : 방사형 반복에서 오브젝트의 앞뒤 순서를 변경하려면 이 항목을 선택합니다.

격자 반복 옵션

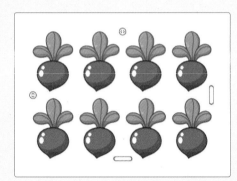 

1. **격자 수평 간격** : 격자에 있는 오브젝트 간의 수평 간격을 지정합니다.
2. **격자 수직 간격** : 격자에 있는 오브젝트 간의 수직 간격을 지정합니다.
3. **격자 유형** : 오브젝트를 행과 열로 배열하는 데 사용할 격자 유형을 지정합니다.
4. **행 뒤집기** : 세로(Y축) 또는 가로(X축) 방향으로 행을 뒤집습니다.
5. **열 뒤집기** : 세로(Y축) 또는 가로(X축) 방향으로 열을 뒤집습니다.

뒤집기 반복 옵션

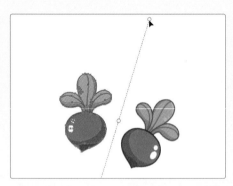 

1. **미러링 축 각도** : 반사 축의 각도를 설정합니다.

실습 02 반사 도구 사용하기

01 [파일]-[열기] 메뉴를 선택하여 '섹션 05〉샘플〉실습02.ai' 파일을 불러옵니다. 선택 도구를 사용하여 오브젝트를 선택한 후 도구 패널의 반사 도구를 더블클릭합니다.

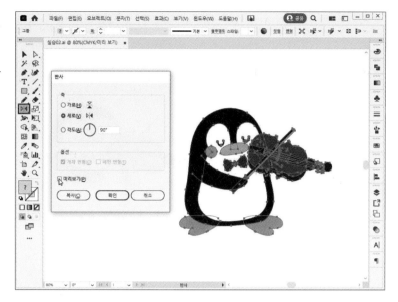

02 나타난 대화상자에서 반사될 기준 축을 설정하고, 미리보기 항목을 눌러봅니다. 기준 축에 따라 수평과 수직으로 반사되는 것을 미리보기 할 수 있습니다.

 강의 노트 반사 도구는 오브젝트를 반사시키는 도구로써 대화상자에서 중심축 지정과 각도를 입력하여 정확히 반사 시킬 수 있습니다. 또한 **Alt** 키를 눌러 중심축을 이동시켜 한 번에 반사시키는 방법도 있습니다.

03 복사 버튼을 누르게 되면 회전 도구와 마찬가지로 반사된 오브젝트가 하나 더 만들어지게 됩니다.

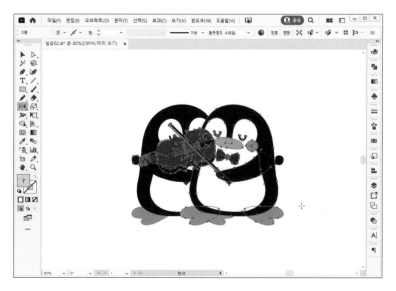

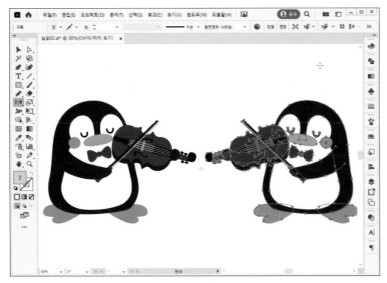

04 또한 오브젝트가 선택된 상태에서 반사 도구를 선택하고 Alt 키를 누른 상태에서 기준 축이 될 부분을 클릭하여 한 번에 반사 및 복사를 할 수 있습니다.

Power Upgrade

반사 도구의 옵션 대화상자

1. **가로** : 가로축을 중심으로 반사합니다.
2. **세로** : 세로축을 중심으로 반사합니다.
3. **각도** : 반사시킬 각도를 입력합니다.
4. **옵션** : 오브젝트에 적용된 패턴에 반사 기능을 적용할지의 여부를 체크합니다.

실습 03 크기 조절과 기울이기

 01 [파일]–[열기] 메뉴를 실행하여 '섹션 05〉샘플〉실습03.ai' 파일을 불러옵니다. 선택 도구를 사용하여 오브젝트를 선택한 후 도구 패널의 크기 조절 도구를 더블클릭합니다.

> **강의 노트** 크기 조절 도구는 선택한 오브젝트를 확대 또는 축소하는 도구로 100%보다 큰 값을 입력하면 오브젝트가 확대되고, 반대로 100%보다 작게 입력하면 축소됩니다.

02 대화상자에서 균일 항목에 확대 또는 축소할 비율을 입력한 후 미리보기를 체크해 봅니다.

03 이번에는 비균일 항목에서 세로 비율만을 입력하여 세로 크기만 축소시켜 봅니다.

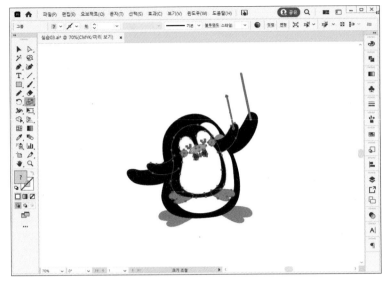

04 앞서 학습하였던 회전과 반사 도구처럼 복사 버튼을 클릭하면 확대 또는 축소된 오브젝트가 하나 더 만들어집니다.

05 Ctrl + Z 키를 눌러 명령을 취소하고 다시 오브젝트가 선택된 상태에서 이번에는 도구 패널의 기울이기 도구를 더블클릭합니다. 대화상자에서 기준 축을 지정하고, 기울이고자 하는 각도를 입력한 후 미리보기를 눌러봅니다.

> **강의노트** 기울이기 도구는 오브젝트를 자유롭게 기울일 수 있는 도구입니다.

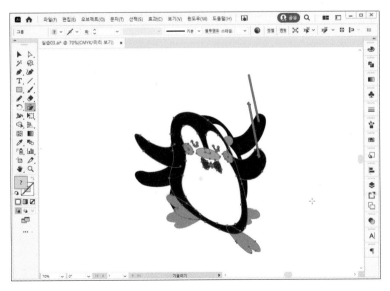

06 앞서 학습하였던 변형 도구들과 마찬가지로 복사 버튼을 클릭하면 기울어진 하나의 오브젝트를 더 만들 수 있습니다.

Power Upgrade

크기 조절 도구의 옵션 대화상자

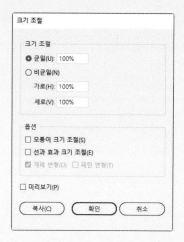

1. **균일** : 가로, 세로의 비율을 동일하게 조절합니다.
2. **비균일** : 가로, 세로의 비율을 각각 다르게 조절합니다.
3. **가로** : 가로의 비율을 조절합니다.
4. **세로** : 세로의 비율을 조절합니다.
5. **모퉁이 크기 조절** : 이 항목을 체크하면 크기를 조절할 때 모퉁이의 굴림 정도까지 함께 조절됩니다.
6. **선과 효과 크기 조절** : 이 항목을 체크하면 크기 조절 시 외곽선의 두께와 효과도 함께 조절됩니다.

오브젝트 선의 두께 조절

오브젝트가 면과 선으로 구성된 상태에서 크기 조절 도구를 사용할 때는 테두리 라인의 두께를 고려해야 합니다. 선과 효과 크기 조절 항목을 체크하고 조절하면 테두리의 두께도 함께 조절되고, 체크하지 않으면 두께는 그대로 유지된 채 크기만 조절됩니다.

〈원본〉

〈체크했을 경우〉

〈체크하지 않았을 경우〉

기울이기 도구의 옵션 대화상자

1. **기울이기 각도** : 기울이고자 하는 각도를 입력합니다.
2. **축** : 기울일 기준 축을 지정합니다.

실습 ④ 퍼펫 뒤틀기 도구와 자유 변형 도구 사용하기

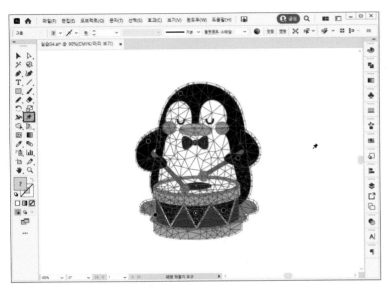

01 [파일]-[열기] 메뉴를 실행하여 '섹션 05〉샘플〉실습04.ai' 파일을 불러옵니다. 선택 도구를 사용하여 오브젝트를 선택한 후 도구 패널의 퍼펫 뒤틀기 도구를 선택합니다.

강의 노트 퍼펫 뒤틀기 도구는 핀을 추가, 이동 및 회전시켜 오브젝트를 비틀고 왜곡시키는 자연스러운 변형 기능입니다.

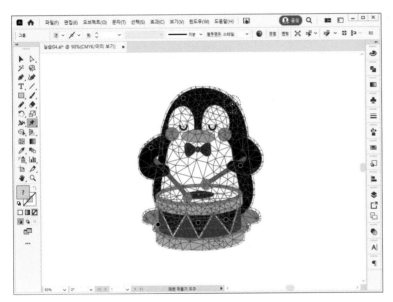

02 오브젝트에 기본적으로 고정시킬 부분에 핀이 추가되어 나타납니다. 물론 임의적으로 마우스를 클릭하여 핀을 추가할 수도 있습니다. 반대로 핀을 제거하려면 **Delete** 키를 누르면 됩니다.

PlusTip

여러 개의 핀을 동시에 선택하려면 **Shift** 키를 누른 채 해당 핀을 클릭하면 됩니다.

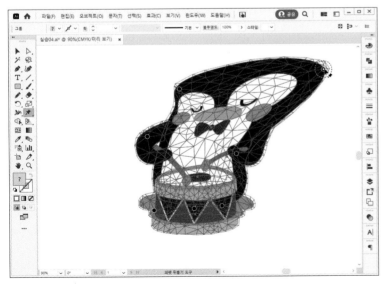

03 핀을 클릭한 채로 드래그하여 오브젝트의 모양을 변형시킵니다.

PlusTip

선택한 핀 주위로 오브젝트 변경을 제한하려면 **Alt** 키를 누른 상태에서 드래그합니다.

이번에는 오브젝트를 선택하고 도구 패널에서 자유 변형 도구를 선택합니다. 그러면 오른쪽에 네 개의 숨은 도구가 더 나타나는 것을 볼 수 있습니다. 각각의 도구를 선택하고 명령을 실행시켜 봅니다.

강의 노트 자유 변형 도구는 선택한 오브젝트의 크기 조절, 회전 등의 변형 작업을 테두리 상자를 이용하여 자유롭게 조절할 수 있는 도구입니다.

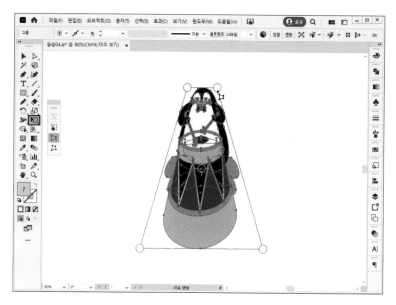

퍼펫 뒤틀기 기능 강화

최신버전에서는 핀을 자동으로 추가할 수 있는 최적의 영역을 식별합니다. 물론 기존처럼 원하는 경우에도 핀을 추가하거나 삭제할 수 있습니다. 퍼펫 뒤틀기 도구를 선택하면 기본적으로 이 기능이 활성화되어 나타나고, 만일 이 기능을 사용하지 않으려면 [편집]-[환경 설정]-[일반] 메뉴를 실행하여 '내용 인식 기본값 사용' 항목을 선택하여 취소하면 됩니다.

 →

자유 변형 도구

오브젝트의 크기 조절, 회전 등의 변형 작업을 테두리 상자를 이용하여 자유롭게 조절할 수 있는 도구로써 `Ctrl` 키를 누르면 선택한 조절점 부분만 자유롭게 변형시킬 수 있고, `Ctrl` + `Alt` 키를 눌러 기울일 수도 있으며, `Ctrl` + `Alt` + `Shift` 키를 누르면 원근감을 표현할 수 있습니다. CC버전 이후로는 도구 패널이 따로 지원돼 단축키를 사용하지 않더라도 사용이 가능해졌습니다.

〈원본〉

〈제한〉

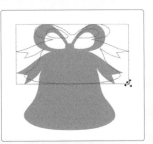
〈자유 변형〉

〈원근 왜곡〉

〈자유 왜곡〉

1. **제한** : 키보드의 `Shift` 키를 누른 것처럼 가로, 세로 같은 비율로 크기를 조절하거나 회전 시 45° 각도로 정확히 회전됩니다.
2. **자유 변형** : 마우스를 드래그한 만큼 자유롭게 모양이 변경됩니다.
3. **원근 왜곡** : 좌우 또는 상하 대칭이 되게 원근감을 표현할 수 있습니다.
4. **자유 왜곡** : 테두리 상자의 한쪽 모서리만을 자유롭게 움직일 수 있습니다.

실습 ⑤ 폭 도구를 사용한 캐릭터 수정하기

01 [파일]−[열기] 메뉴를 선택하여 '섹션 05〉샘플〉실습05.ai' 파일을 불러옵니다. 도구 패널에서 선택 도구를 선택하고 캐릭터의 얼굴 부분을 클릭하여 선택합니다.

02 색상 패널에서 원하는 선 색을 적용한 후 폭 도구를 선택합니다. 그런 다음 패스 위에서 마우스를 드래그하면 두께가 두꺼워집니다.

 강의노트 폭 도구는 선 속성으로 두께가 지정된 다양한 선 스타일을 나타낼 수 있습니다.

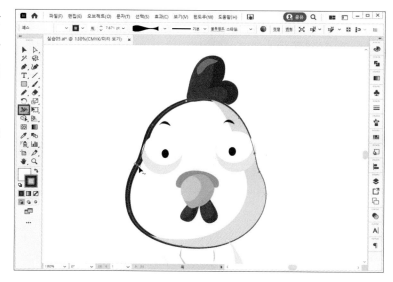

03 나머지 패스들 또한 위와 동일한 방법으로 각각의 선 두께를 다르게 지정하여 다른 느낌의 캐릭터를 만들어 보세요.

폭 점 편집 옵션 대화상자

폭 도구 사용 시 선 위에 마우스를 올려 놓으면 핸들과 함께 패스가 나타납니다. 점이나 패스 부분을 더블클릭하면 나타나는 대화상자에서 인접 폭의 너비를 조절할 수 있습니다. 또한 기존 버전들에 비해 간소화된 패스를 적용하므로 더 적은 수의 기준점으로 가변 폭 선을 쉽게 조절할 수 있습니다.

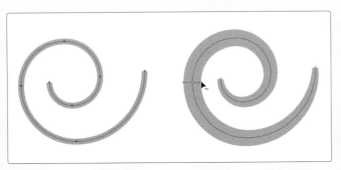

1. **폭 옵션** : 너비 점을 기준으로 좌, 우 폭을 개별적으로 조절할 수 있습니다.
2. **인접 폭 점 조정** : 이 항목을 체크한 경우, 선택한 너비 점을 변경하면 인접한 너비 점에도 영향을 미칩니다.

실습 ⑥ 원근감이 적용된 입체적 오브젝트 만들기

01 [파일]-[새로 만들기] 메뉴를 실행하여 작업할 아트보드를 만든 후 도구 패널에서 원근감 격자 도구를 선택합니다. 그러면 아트보드에 투시 형태로 좌우에 소실점이 보이는 그리드가 표시되고, 좌측 상단에는 투시된 박스 면 선택과 그리드를 숨길 수 있는 아이콘이 표시됩니다.

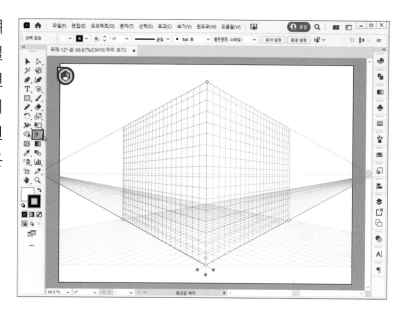

02 좌우의 소실점을 드래그하여 용지 안쪽으로 거리를 좁혀주고, 도구 패널에서 사각형 도구를 선택합니다.

강의 노트 원근감 격자 도구는 오브젝트에 원근감을 표현할 수 있습니다.

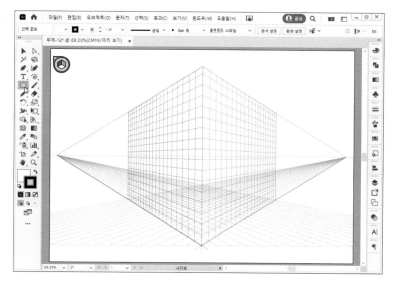

03 사각형 도구를 선택하고 색상 패널이나 견본 패널에서 면 색을 적용한 후, 좌측 모서리의 그리드에서부터 우측으로 드래그하여 그리드에 맞춰 투시된 모양으로 한쪽 면을 그려줍니다.

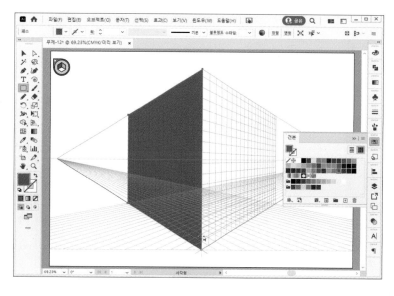

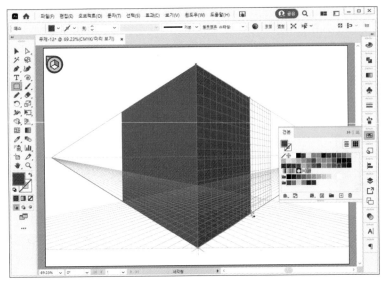

04 다시 좀 더 진한 면색을 지정한 후, 도큐먼트 좌측 상단의 아이콘에서 오른쪽 그리드를 선택합니다. 그리고 왼쪽 면과 마찬가지로 마우스로 그리드 모양을 따라 드래그하여 그려줍니다.

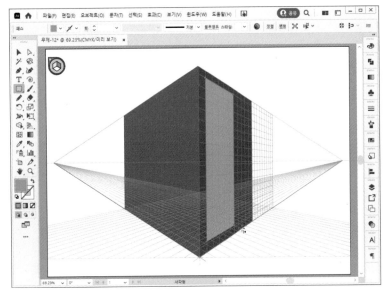

05 벽면을 꾸미기 위해서 다시 면 색을 지정하고, 그리드에 맞춰 직사각형을 그립니다.

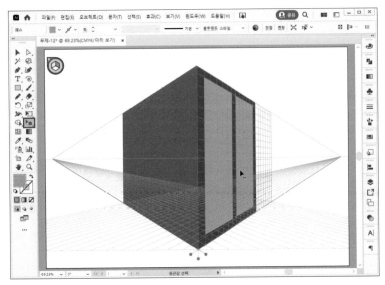

06 그런 다음 도구 패널에서 원근감 선택 도구를 선택하고, 앞서 그려놓은 사각형 면을 Alt 키를 누른 채 드래그하여 하나를 더 복사합니다.

> **강의 노트** 선택한 오브젝트를 투시 그리드에 맞춰 이동하거나 복사, 또는 모양을 수정할 수 있습니다.

07 창문을 그리기 위해서 도구 패널에서 사각형 격자 도구를 선택한 후, 도큐먼트에 클릭하여 가로와 세로 분할 면을 지정합니다.

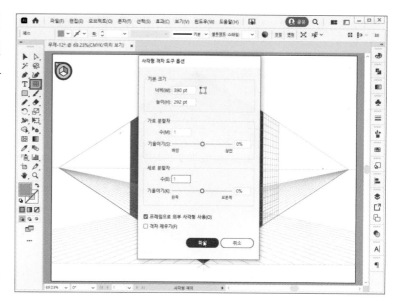

08 만들어진 오브젝트는 삭제해 버리고, 좌측 상단의 아이콘에서 왼쪽 그리드를 선택하고 원하는 크기만큼 마우스를 드래그하여 창문을 만들어 줍니다.

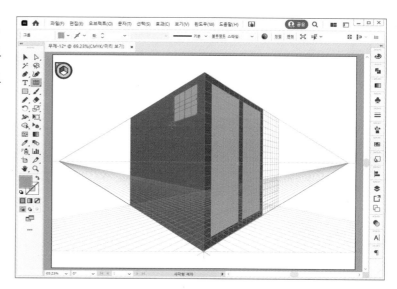

09 마찬가지 방법으로 원근감 선택 도구를 선택하고, Alt 키를 누른 채 드래그하여 창문을 복사합니다.

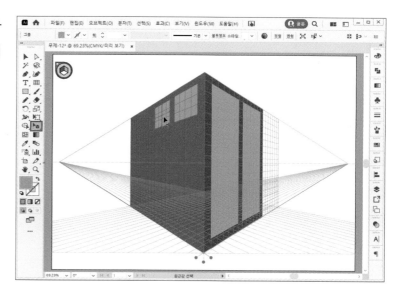

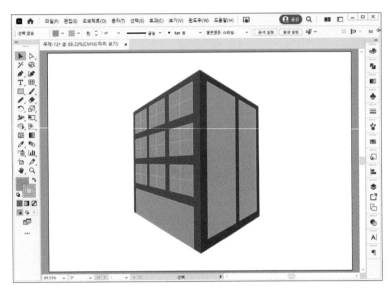

10 위와 동일한 방법으로 여러 개의 창문을 만들어 주고, 원하는 면 색과 선 색을 지정한 후 모든 작업이 완료되면 좌측 상단의 아이콘에서 그리드 닫기 버튼을 클릭하여 작업을 완료합니다.

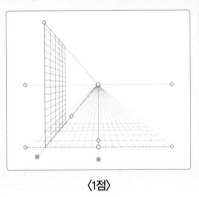

Power Upgrade

원근감 격자 도구

원근감 격자 도구를 이용하여 오브젝트에 원근감을 표현할 수 있습니다. 원근감 격자는 기본이 2점 격자를 사용하지만 [보기]–[원근감 격자] 메뉴를 이용하여 소점을 변경할 수 있습니다.

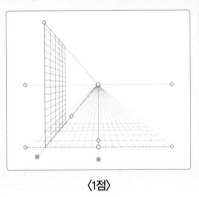

⟨1점⟩

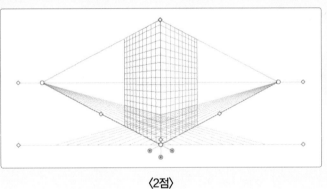

⟨2점⟩

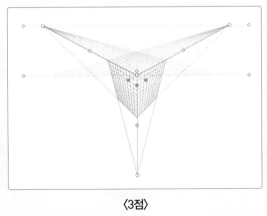

⟨3점⟩

Power Upgrade

원근감 격자의 구성

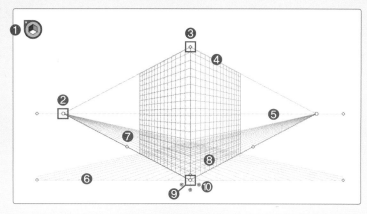

1. 평면 전환 위젯 : 원근감 드로잉에 사용되는 평면 위젯입니다.

〈왼쪽 격자 평면〉 〈오른쪽 격자 평면〉 〈수평 격자 평면〉 〈활성 격자 평면 없음〉

2. 소실점 : 원근감 격자의 소실점으로 드래그하여 이동이 가능합니다.

3. 수직 격자 범위

4. 원근감 격자 눈금자로 [보기]–[원근감 격자]–[격자 보기] 메뉴를 클릭하면 나타납니다.

5. 가로선 : 가로 레벨로 높이를 조절합니다.

6. 지평의 높이를 조절합니다.

7. 격자 범위를 조절합니다.

8. 격자 셀 크기를 조절합니다.

9. 수평 격자를 조절합니다.

10. 원근감 격자 도구 그룹으로 격자를 수정할 경우 눈금을 만듭니다.

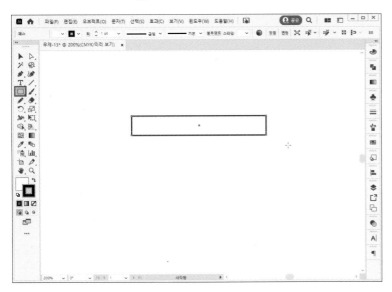

01 [파일]–[새로 만들기] 메뉴를 실행하여 작업할 아트보드를 만듭니다. 도구 패널에서 사각형 도구를 선택하고 아트보드에 드래그하여 직사각형을 만듭니다.

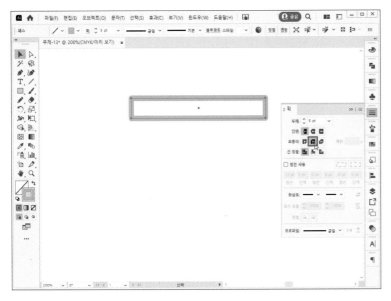

02 견본 패널에서 선 색을 회색으로 지정하고, 획 패널에서 선의 두께를 설정합니다. 그리고 모퉁이 항목에서 둥근 연결 아이콘을 클릭하여 모서리를 둥글게 표현합니다.

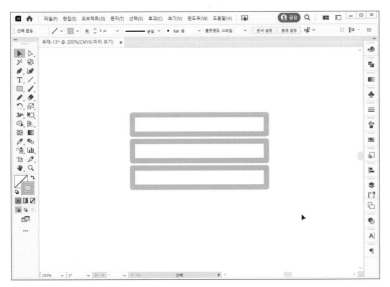

03 사각형이 선택된 상태에서 Alt + Shift 키를 누른 채 아래로 드래그하여 하나를 더 복사한 후, 바로 [오브젝트]–[변형]–[변형 반복] 명령을 실행하여 하나를 더 복사합니다.

PlusTip

변형 반복 기능은 바로 전에 움직인 명령에 대한 반복 명령으로 오브젝트가 선택되어 있는 상태에서 사용 가능하고, Ctrl + D 단축키를 이용하여 일정한 간격이나 각도로 오브젝트를 복사할 때 유용하게 사용할 수 있는 기능입니다.

04 다시 사각형 도구를 선택하고 오브젝트 왼쪽에 직사각형을 만듭니다.

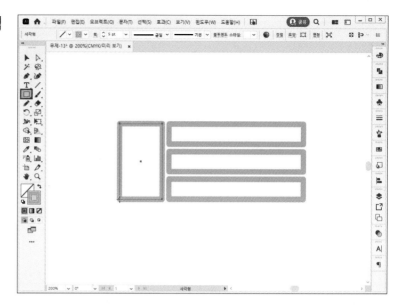

05 도구 패널에서 자유 변형 도구를 클릭하여 원근 왜곡을 선택하고, 테두리 상자 모서리를 드래그하여 모양을 변형시켜줍니다.

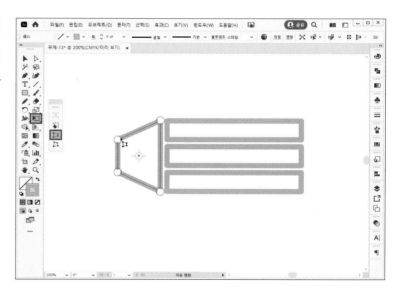

06 다시 다각형 도구를 선택하고 도큐먼트에 클릭한 다음, 면수를 설정하여 삼각형을 만듭니다.

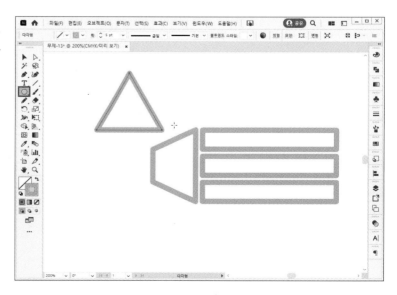

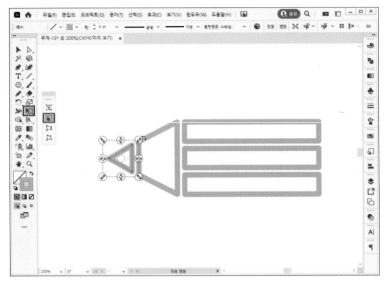

07 자유 변형 도구 또는 테두리 상자를 이용하여 Shift 키를 누른 채 회전시키고 크기를 조절하여 연필 모양을 만듭니다.

Plus Tip

테두리 상자를 사용하여 오브젝트를 회전할 경우 Shift 키를 누른 채 회전하면 45° 각도로 정확하게 회전됩니다.

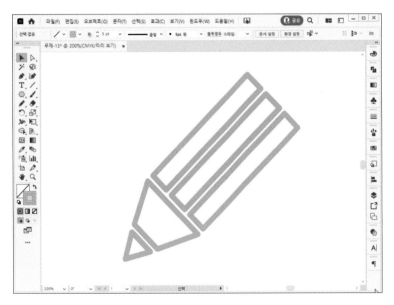

08 완료된 모든 오브젝트를 선택한 후, Shift 키를 누른 채 회전시켜 완성합니다.

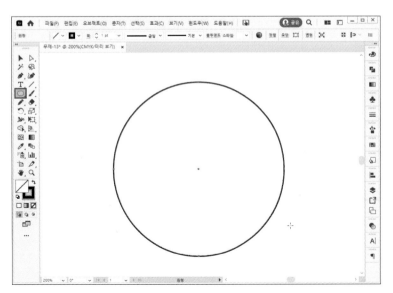

09 이번에는 지구본 모양을 만들어 보겠습니다. 먼저 원형 도구를 선택하고 Shift 키를 누른 채 드래그하여 정원을 그려줍니다.

Plus Tip

정사각형이나 정원을 그리고자 할 경우에는 키보드의 Shift 키를 누르고 드래그하고, Alt 키를 동시에 눌러주면 마우스로 클릭한 부분을 중심축으로 오브젝트가 만들어집니다.

10 마찬가지로 앞서 적용하였던 선 색 회색과, 선의 두께, 모서리 모양을 지정하고, 단면 항목에서는 둥근 단면을 지정합니다.

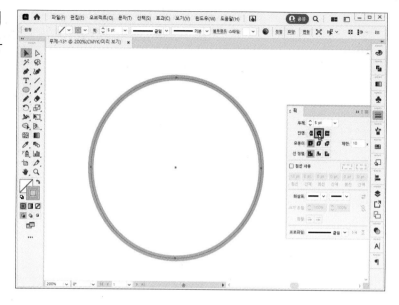

11 하나의 원을 더 만들기 위해서 원이 선택된 상태에서 크기 조절 도구를 더블클릭하여 100%보다 낮은 값을 입력하고, 선과 효과 크기 조절 항목을 해제한 상태로 복사를 눌러 원을 복사합니다.

PlusTip

선과 효과 크기 조절 항목을 체크하고 조절하면 테두리의 두께도 함께 조절되고, 체크하지 않으면 두께는 그대로 유지된 채 크기만 조절됩니다.

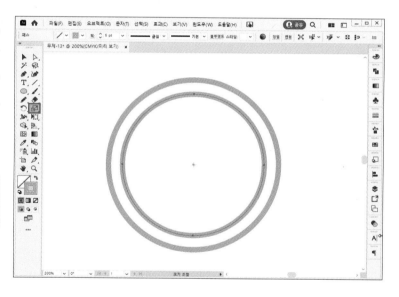

12 도구 패널에서 고정점 추가 도구를 선택하고, 큰 원의 오른쪽 하단에 고정점을 추가합니다.

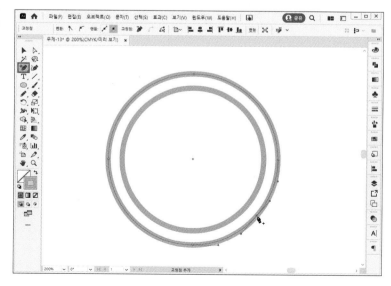

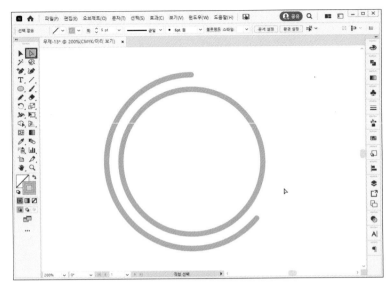

13 그런 다음 직접 선택 도구를 사용하여 추가한 고정점 위쪽에 있는 고정점 하나만을 선택하고, Delete 키를 눌러 일부분을 삭제합니다.

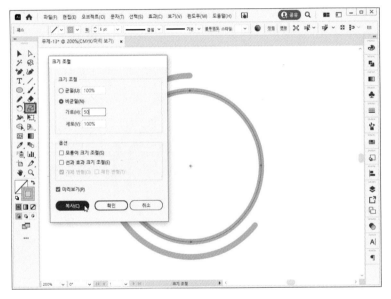

14 작은 원이 선택된 상태에서 다시 크기 조절 도구를 더블클릭하여 비균일 항목에서 가로 값을 설정한 후, 복사 버튼을 클릭합니다.

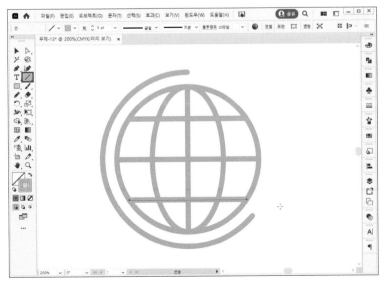

15 그리고 선분 도구를 선택하고 Shift 키를 누른 채 드래그하여 수직선을 여러 개 그려줍니다.

Plus Tip

직선을 그릴 때 Shift 키를 누른 채 드래그하면 정확하게 수평, 수직, 45˚ 각도로 곧은 직선을 그릴 수 있습니다.

16 이번에는 사각형 도구를 선택하고, 지구본 하단에 직사각형을 만듭니다.

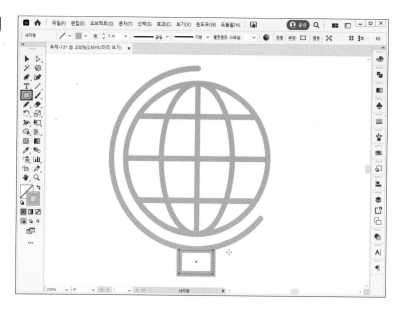

17 이어서 자유 변형 도구의 원근 왜곡 도구를 사용하여 모양을 변형시켜주어 지구본 모양을 완성합니다.

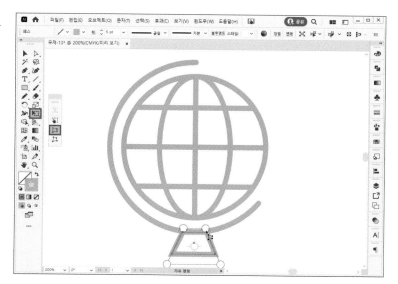

18 이제 마지막으로 헤드셋 모양을 만들어 보겠습니다. 먼저 원형 도구를 선택하고 Shift 키를 누른 채 드래그하여 정원을 만들어 줍니다.

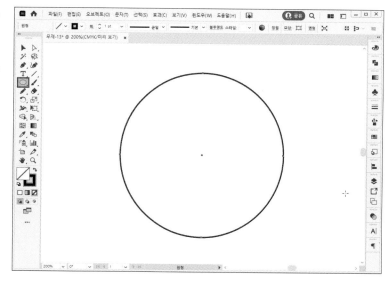

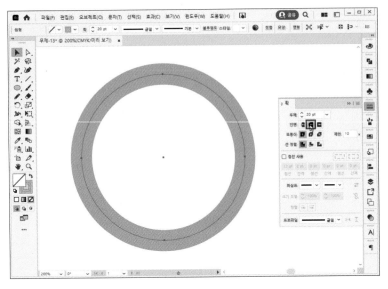

19 이전 작업과 마찬가지로 선 색을 적용하고, 획 패널에서 선의 두께를 두껍게 설정한 후 단면 모양을 둥근 단면으로 지정합니다.

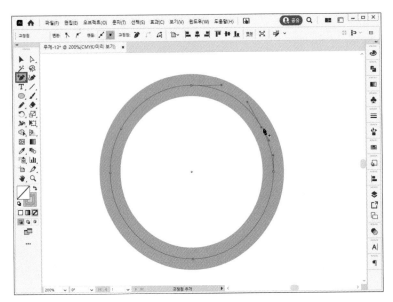

20 도구 패널에서 고정점 추가 도구를 선택하고, 패스 양쪽에 포인트를 두 개 추가합니다.

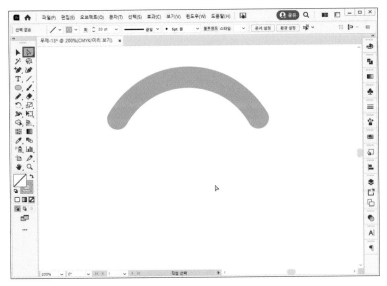

21 그런 다음 직접 선택 도구를 사용하여 하단의 필요 없는 포인트들을 삭제합니다.

22 오브젝트를 선택하고 [오브젝트]-[패스]-[윤곽 선] 명령을 실행하여 선을 면으로 바꿔주고, 선 색과 선의 두께를 적용합니다.

PlusTip

윤곽 선은 선을 면으로 변환시켜주는 기능으로, 알아두시면 유용하게 사용할 수 있는 기능입니다.

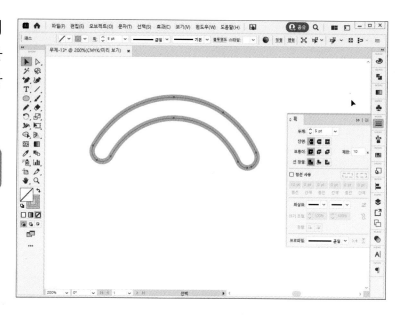

23 원형 도구를 사용하여 정원을 하나 더 겹쳐 그려주고, 선 색과 선의 두께, 둥근 단면 모양을 설정합니다.

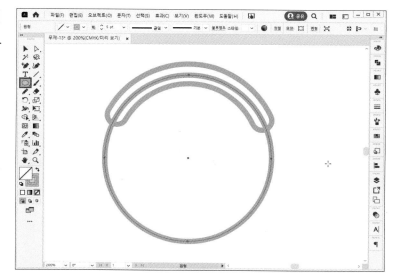

24 위와 동일한 방법으로 고정점 추가 도구를 사용하여 패스에 고정점을 여러 개 추가합니다.

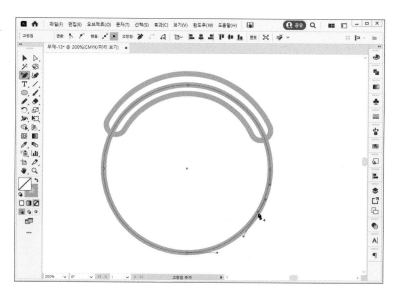

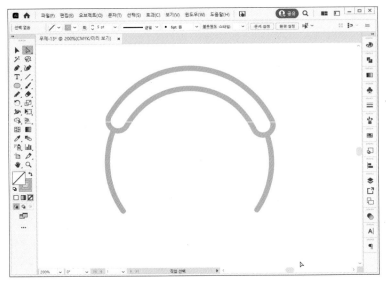

25 그런 다음 삭제하고자 하는 고정점 만을 선택하여 Delete 키를 눌러줍니다.

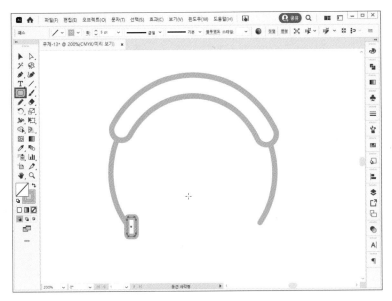

26 이번에는 둥근 사각형 도구를 선택하고 아트보드에 클릭하여 모서리 둥글기 정도를 설정한 후, 원하는 크기만큼 드래그하여 직접 그려줍니다. 또는 사각형 도구를 사용하여 직사각형을 그린 후 모퉁이 위젯을 사용하여도 됩니다.

Plus Tip

대화상자에서 설정한 가로, 세로 크기로 도형이 만들어지므로, 만들어진 오브젝트는 삭제하고 원하는 크기만큼 직접 드래그 하여 도형을 활용합니다.

27 다시 모서리 둥글기 정도를 조절한 후 도형을 하나 더 겹쳐 그려줍니다.

28 선택 도구로 두 개의 오브젝트만을 선택한 후 반사 도구를 선택합니다. 그리고 Alt 키를 누른 채 중심축이 될 부분을 클릭하면 대화상자가 나타납니다.

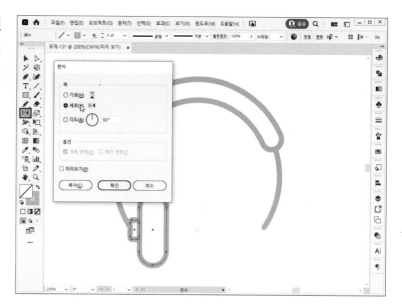

29 축에서 세로 항목을 체크하고 복사를 눌러 하나를 더 반사 복사합니다.

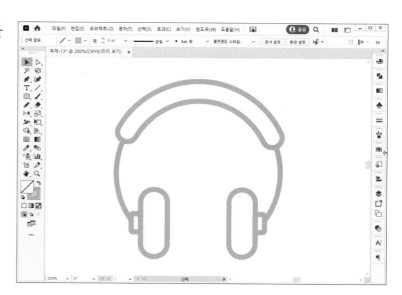

30 마지막으로 전체적으로 오브젝트를 정렬하여 모든 작업을 완성합니다.

1

펜 도구를 사용하여 오브젝트를 직접 그려보세요.

힌트 • 펜 도구와 원형 도구를 사용한 형태 제작, 폭 도구를 사용한 두께 설정

▲ 완성파일 : 섹션05〉완성〉기초01.ai

2

다양한 도형 도구와 변형 도구들을 사용하여 꽃 모양을 만들어 보세요.

힌트 • 원형 도구와 선분 도구, 직접 선택 도구를 사용한 꽃잎 모양 제작, 회전 도구을 사용한 꽃잎 회전, 나선형 도구와 폭 도구를 사용한 잎 모양 제작

▲ 완성파일 : 섹션05〉완성〉기초02.ai

3

도형 도구와 변형 도구들을 사용하여 오브젝트를 직접 만들어 보세요.

힌트 • 원형 도구, 펜 도구, 직접 선택 도구를 사용한 형태 제작, 회전 도구를 사용한 눈 제작, 반사 도구로 날개와 귀 반사

▲ 완성파일 : 섹션05〉완성〉기초03.ai

심화문제

1) 도형 도구를 사용하여 입체적인 건물 오브젝트를 만들어 보세요.

힌트 • 원근감 격자 도구를 활용한 소점 변경과 원근감 표현, 사각형 도형과 원근감 선택 도구를 사용한 건물 모양과 창문 제작

▲ 완성파일 : 섹션05〉완성〉심화01.ai

2) 다양한 도형 도구들을 사용하여 간단한 아이콘을 만들어 보세요.

힌트 • 원형 도구, 선분 도구, 펜 도구, 둥근 사각형 도구, 나선형 도구, 사각형 도구 및 모퉁이 위젯 등을 활용한 모양 제작, 자유 변형 도구와 반사 도구 등을 사용한 오브젝트 변형

▲ 완성파일 : 섹션05〉완성〉심화02.ai

3) 앞서 학습한 도구들을 사용하여 입체적인 오브젝트를 직접 만들어 보세요.

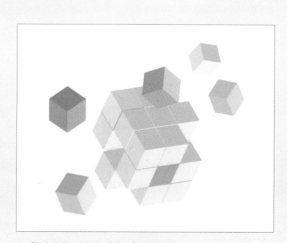

힌트 • 사각형 도구와 회전 도구, [오브젝트] – [변형] – [테두리 상자 재설정], 반사 도구를 활용한 큐브 모양 만들기, Alt 키를 사용한 큐브 복사와 테두리 상자를 이용한 회전 및 각각의 색상 적용

▲ 완성파일 : 섹션05〉완성〉심화03.ai

06 문자 입력과 활용하기

일러스트레이터는 문자의 입력과 편집을 위한 여러 가지 기능들을 제공합니다. 문자 도구와 문자 패널 이외에 메뉴를 제공하여 문자를 이용한 타이포 디자인과 전문 편집 프로그램 못지않은 다양한 기능을 적용할 수 있습니다.

Preview

▦ 학습내용

실습 01. 문자 입력 및 수정하기
실습 02. 특정 영역 안쪽에 문자 입력하기
실습 03. 패스를 따라 흐르는 문자 입력하기
실습 04. 문자 손질 도구를 사용한 타이포그래피 표현하기

실습 05. 이미지를 둘러싼 글 상자 만들기
실습 06. 문자 스타일 등록 및 활용하기
실습 07. 문자를 활용한 상징물 만들기
실습 08. 엠블럼 만들기

문자 도구를 선택하고 아트보드에 클릭하여
원하는 문자를 입력할 수 있습니다.

문자 도구를 선택하고
아트보드에 클릭하여
원하는 문자를 입력할 수
있습니다.

▲ 완성파일 : 섹션06〉완성〉실습01.ai

▲ 완성파일 : 섹션06〉완성〉실습02.ai

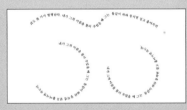

▲ 완성파일 : 섹션06〉완성〉실습03.ai

▲ 완성파일 : 섹션06〉완성〉실습04.ai

▲ 완성파일 : 섹션06〉완성〉실습05.ai

▲ 완성파일 : 섹션06〉완성〉실습06.ai

▲ 완성파일 : 섹션06〉완성〉실습07.ai

◀ 완성파일 : 섹션06〉완성〉실습08.ai

✓ 체크포인트

- 문자 도구를 사용하여 문자 입력 후 수정하는 방법에 대해 학습합니다.
- 영역 문자 도구 사용법을 익힙니다.
- 패스 상의 문자 도구 사용법을 익힙니다.
- 문자 손질 도구를 사용하여 문자를 회전시키거나 크기를 조절합니다.
- 비트맵 이미지를 불러와 이미지를 둘러싸는 글 상자를 만들어 봅니다.
- 문자 스타일 등록과 패널 사용법을 익힙니다.
- 윤곽선 만들기 기능을 활용하여 오브젝트를 만들어 봅니다.
- 다양한 문자 도구를 활용하여 엠블럼을 직접 제작해 봅니다.

01 [파일]-[새로 만들기] 메뉴를 실행하여 작업할 아트보드를 만듭니다. 도구 패널에서 문자 도구를 선택하고 아트보드에 마우스를 클릭하면 자리표시자 텍스트가 입력됩니다.

강의 노트 문자 도구는 아트보드에 가로 방향으로 문자를 입력하는 도구입니다.

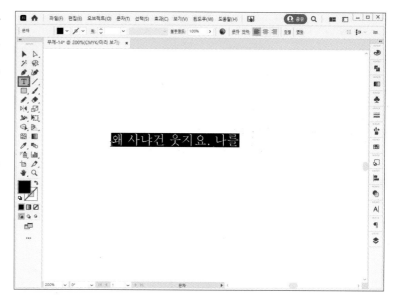

02 그 상태에서 원하는 문자를 입력하고 Enter 키를 눌러 줄을 변경한 후 나머지 문장을 입력합니다.

강의 노트 문자 도구는 아트보드에 가로 방향으로 문자를 입력하는 도구입니다. 최신버전에서는 문자 도구를 사용하면 기본적으로 자리표시자 텍스트가 입력됩니다. 자리표시자 텍스트가 입력되지 않도록 하기 위해서는 [편집] - [환경 설정] - [문자] 대화상자에서 '새 유형의 개체를 자리표시자 텍스트로 채우기' 항목의 체크를 해제하면 됩니다.

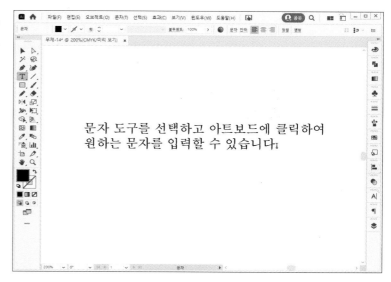

03 입력된 문자를 수정하려면 문자 도구로 드래그하여 블록을 지정한 다음 변경할 문자를 입력하면 됩니다.

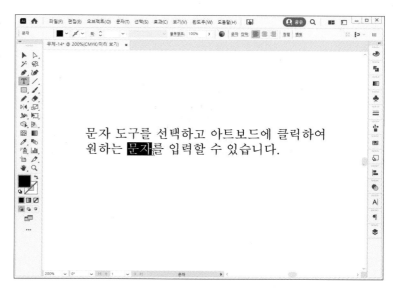

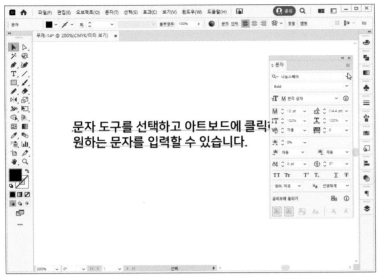

04 문자의 글꼴이나 크기, 행간, 자간 등을 조절하고자 할 경우에는 제어 패널이나 [윈도우] 메뉴에서 문자 패널을 불러와 각각 조절하면 됩니다.

PlusTip

문자의 크기를 조절할 경우 블록이 지정된 상태에서 수치를 직접 입력해도 되지만 Alt + ↑ , ↓ 키를 눌러 크기를 빠르게 조절할 수 있습니다. 행간과 자간 역시 블록이 지정된 상태에서 Alt + ↑ , ↓ , Alt + ← , → 단축키 사용이 가능합니다.

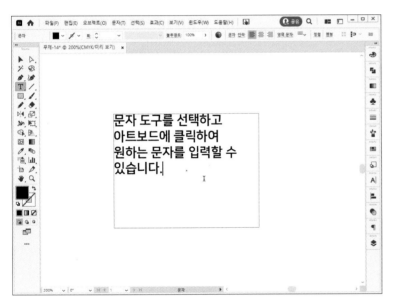

05 이번에는 문자 도구로 문자를 입력할 영역을 임의적으로 드래그하여 박스를 만들고 입력하면 설정된 영역 안쪽으로만 문자가 입력됩니다.

PlusTip

일정 영역이나 특정 오브젝트 안쪽 영역에 문자를 입력할 경우 문자가 영역을 넘치면 + 모양의 빨간색 아이콘이 표시되는데 이때는 문자의 영역을 넓혀주어야 합니다.

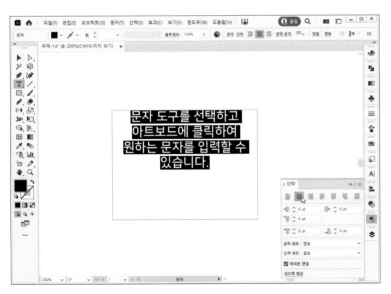

06 입력된 문장을 정렬시키고자 할 경우에는 [윈도우] 메뉴에서 단락 패널을 불러와 왼쪽 정렬, 가운데 정렬, 오른쪽 정렬 등 다양한 정렬 기능을 적용할 수 있습니다.

Power Upgrade

문자 패널

문자의 속성을 조절할 수 있는 패널로써 글꼴, 스타일, 크기, 행간, 자간 등을 설정합니다.

1. **글꼴 군 설정** : 글꼴의 종류를 선택합니다.
2. **글꼴 스타일 설정** : 각 글꼴에 따른 스타일(굵기, 기울임)을 선택합니다.
3. **글꼴 높이 참조 설정** : 패널의 크기에는 글꼴의 테두리 상자(전각 상자)의 높이도 포함되므로 폰트의 실제 크기는 이 크기보다 작습니다. 글꼴 높이 참조를 글꼴의 대문자 높이, x 높이 및 ICF 상자에 설정할 수도 있습니다.
4. **글꼴 크기 설정** : 글꼴의 크기를 조절합니다.
5. **행간 설정** : 행과 행 사이의 간격(행간)을 조절합니다.
6. **세로 크기 조절** : 문자의 세로 길이(폭)를 조절합니다.
7. **가로 크기 조절** : 문자의 가로 길이(폭)를 조절합니다.
8. **두 문자 사이의 커닝 설정** : 커서가 위치한 좌우에 있는 문자 사이의 간격을 조절합니다.
9. **선택한 문자의 자간 설정** : 문자들 사이의 간격(자간)을 조절합니다.
10. **기준선 이동 설정** : 문자의 기준선인 베이스라인을 기준으로 문자를 상하로 조절합니다.
11. **문자 회전** : 선택된 문자를 회전시킬 수 있습니다.
12. **모두 대문자** : 영문 문자를 모두 큰대문자로 표현합니다.
13. **작은 대문자** : 영문 문자를 모두 작은 대문자로 표현합니다.
14. **위 첨자** : 위 첨자를 표현합니다.
15. **아래 첨자** : 아래 첨자를 표현합니다.
16. **밑줄** : 문자에 밑줄을 그어줍니다.
17. **취소선** : 문자 가운데에 수평선을 그어줍니다.
18. **언어** : 글꼴을 지원하는 국가를 선택합니다.
19. **앤티 앨리어싱 방법 설정** : 문자 외곽을 표현하는 방식을 선택합니다.
20. **글리프에 물리기** : 최신 버전에서 새롭게 추가된 기능으로 윤곽선 또는 안내선을 만들 필요 없이 개체를 그리거나 크기를 조절 또는 이동할 때 간단하게 물리기 옵션을 선택하여 텍스트와 정밀하게 배열할 수 있습니다. 단, 이 기능을 사용하려면 [보기] > [글리프에 물리기]와 [보기] > [특수 문자 안내선]이 활성화되어 있어야 합니다.

– **기준선** : 기준선에 물립니다.

– X–높이 : 소문자 글리프의 높이에 물립니다.

– 글리프 테두리 : 글리프의 위쪽, 아래쪽, 왼쪽 및 오른쪽 테두리에 물립니다.

– 근접 안내선 : 기준선, x 높이 및 글리프 테두리 근처에 생성된 안내선에 물립니다.

– 각진 안내선, 고정점 : 각진 안내선은 각진 선분이 있는 글리프를 선택하거나 텍스트 프레임을 회전시킬 때 나타나는 각도 안내선에 물리고, 고정점은 글리프 기준점에 그리거나 스냅합니다.

Power Upgrade

단락 패널

문장의 정렬 기준과 들여쓰기, 단락의 여백 등을 조절할 수 있는 패널입니다.

1. **왼쪽 정렬** : 문장을 왼쪽 정렬합니다.
2. **가운데 정렬** : 문장을 중앙 정렬합니다.
3. **오른쪽 정렬** : 문장을 오른쪽 정렬합니다.
4. **양쪽 정렬(마지막 행 왼쪽 정렬)** : 단락 끝부분의 여백을 왼쪽 정렬합니다.
5. **양쪽 정렬(마지막 행 가운데 정렬)** : 단락 끝부분의 여백을 중앙 정렬합니다.
6. **양쪽 정렬(마지막 행 오른쪽 정렬)** : 단락 끝부분의 여백을 오른쪽 정렬합니다.
7. **강제 정렬** : 단락 끝부분의 여백을 양쪽 혼합 정렬합니다.
8. **왼쪽 들여쓰기** : 문장의 왼쪽 여백을 조절합니다.
9. **오른쪽 들여쓰기** : 문장의 오른쪽 여백을 조절합니다.
10. **첫 번째 행 왼쪽 들여쓰기** : 문장의 첫 줄 들여쓰기를 조절합니다.
11. **단락 앞 공백** : 문단의 위쪽 여백을 조절합니다.
12. **단락 뒤 공백** : 문단의 아래쪽 여백을 조절합니다.
13. **하이픈 연결** : 영문의 경우 특정 단어가 길어서 아래 행으로 넘어갈 경우 자동으로 하이픈 표시를 하여 연결해줍니다.

시각적 글꼴 찾아보기

문자 패널의 새로운 탭인 더 보기를 통해 원하는 글꼴을 필터링하여 검색할 수 있습니다.

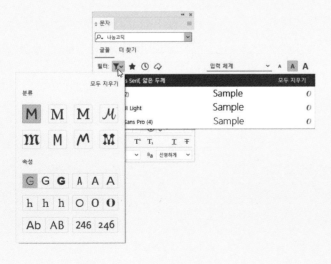

실습 ⓶ 특정 영역 안쪽에 문자 입력하기

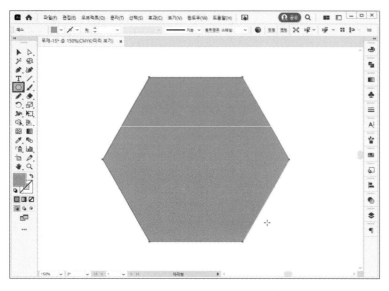

01 [파일]-[새로 만들기] 메뉴를 실행하여 작업할 아트보드를 만듭니다. 문자를 입력하기 위해서 다각형 도구를 선택하고, 아트보드에 드래그하여 육각형 모양을 만든 후 색상 패널에서 면 색을 적용합니다.

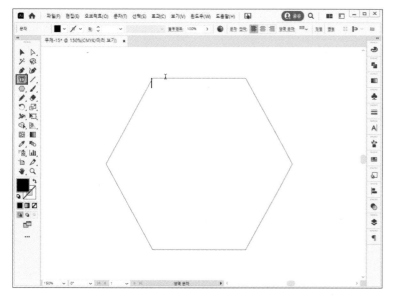

02 이어서 영역 문자 도구를 선택하고 도형의 외곽선을 클릭하면 오브젝트가 외곽선만 보인 채 클릭한 부분에 커서가 깜빡입니다.

강의노트 영역 문자 도구는 오브젝트 영역 안쪽에 문자를 입력할 수 있는 도구입니다.

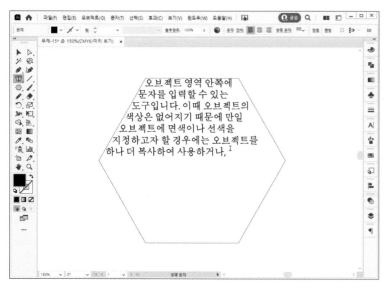

03 문자를 입력하면 오브젝트 영역 안쪽으로만 자동으로 줄 바꿈 되면서 문자가 입력됩니다.

04 영역 문자 도구를 사용할 경우 기존의 오브젝트에 적용되었던 색상이 없어지기 때문에 만일 오브젝트에 면 색이나 선 색을 적용하고자 할 경우에는 오브젝트를 하나 더 복사하여 겹쳐 사용하거나, 직접 선택 도구로 도형만 선택하여 색상을 적용합니다.

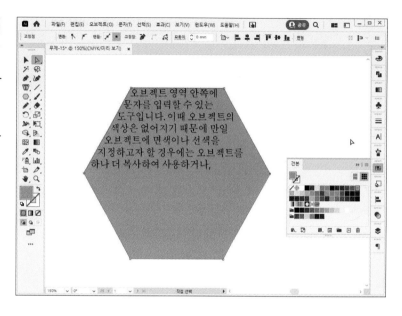

05 문자 색상은 블록을 지정하거나, 선택 도구로 선택하여 원하는 색상으로 적용하면 됩니다.

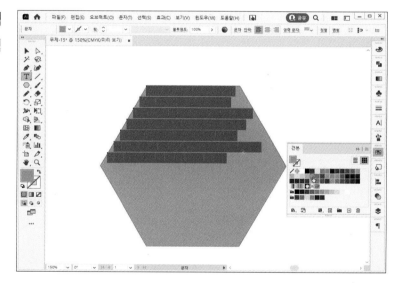

06 영역 문자 도구를 더블클릭하면 대화 상자가 나타나는데 여기서 '간격 삽입' 옵션을 조절하면 입력된 문장과 오브젝트 사이가 벌어지는 것을 볼 수 있습니다.

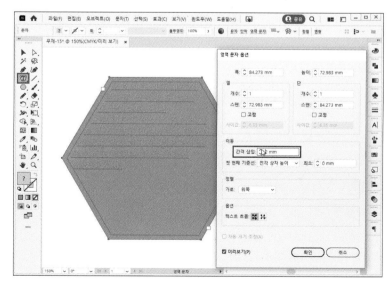

영역 문자 옵션

오브젝트 안쪽에 문자를 입력한 후 영역 문자 도구를 더블클릭하면 대화상자가 나타나 다양한 옵션을 이용하여 표현할 수 있습니다.

1. **폭, 높이** : 글 상자의 가로, 세로 크기를 설정합니다.
2. **열** : 글 상자를 줄로 나누어 줄의 수와 각 줄의 높이를 설정합니다.
3. **단** : 글 상자를 칸으로 나누어 칸의 수와 각 칸의 너비, 단 사이의 간격을 조절합니다.
4. **이동** : 열 및 자동으로 설정되는 여백을 지정합니다.
5. **옵션** : 글이 입력되는 방향을 설정합니다.

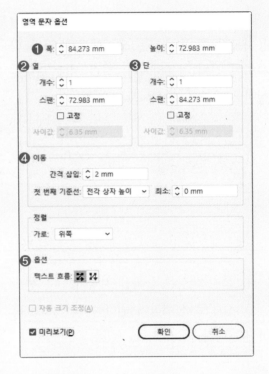

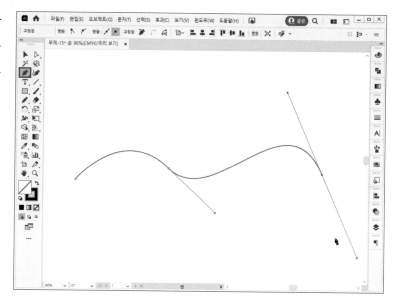

실습 03 패스를 따라 흐르는 문자 입력하기

01 [파일]-[새로 만들기] 메뉴를 실행하여 작업할 아트보드를 만듭니다. 도구 패널에서 펜 도구를 선택하고 곡선을 그려줍니다.

02 도구 패널에서 패스 상의 문자 도구를 선택하고 곡선 위에 클릭하면 커서가 깜빡거리는데 이때 문자를 입력하면 선을 따라 내용이 입력됩니다.

 패스 상의 문자 도구는 오브젝트의 외곽선을 따라 문자를 입력합니다. 입력된 문자의 방향을 수정하려면 중간 조절점을 오브젝트 안쪽으로 드래그하여 방향을 변경할 수 있습니다.

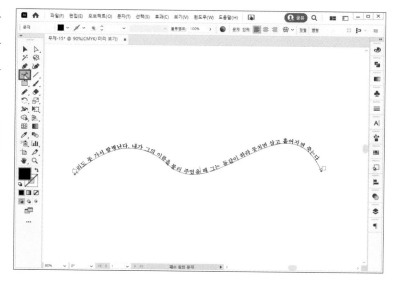

03 도구 패널에서 원형 도구를 선택하고, Shift 키를 누른 채 도큐먼트에 드래그하여 정원을 만듭니다.

Plus Tip

정사각형이나 정원을 그리고자 할 경우에는 키보드의 Shift 키를 누르고 드래그하고, Alt 키를 동시에 눌러주면 마우스로 클릭한 부분을 중심축으로 오브젝트가 만들어집니다.

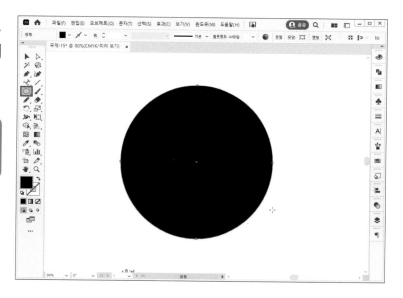

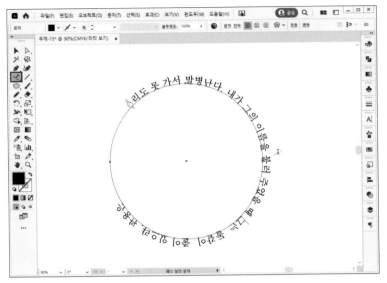

04 도구 패널에서 패스 상의 문자 도구를 선택하고, 오브젝트 외곽을 클릭하여 문자를 입력합니다.

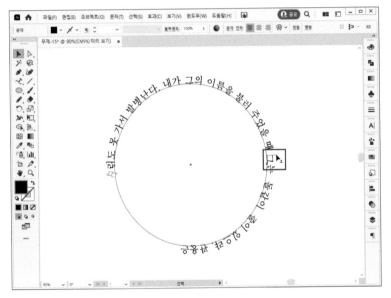

05 선택 도구로 입력된 문자를 선택하면 끝점을 나타내는 조절선이 보입니다. 이 조절선을 드래그하여 위치를 조절할 수 있습니다.

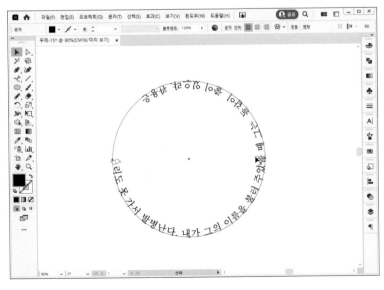

06 또한 끝점 조절선을 원 안쪽으로 드래그하여 이동시키면 문자의 방향이 변경됩니다.

01 [파일]−[새로 만들기] 메뉴를 실행하여 작업할 아트보드를 만듭니다. 도구 패널에서 문자 도구를 선택하고, 아트보드에 마우스를 클릭하여 문자를 입력합니다.

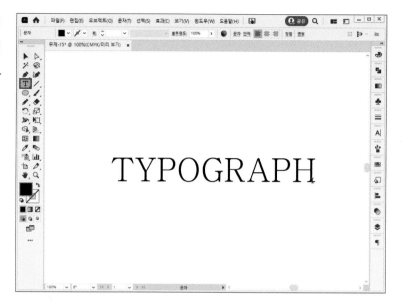

02 [윈도우] 메뉴에서 문자 패널을 불러온 후 글꼴과 크기를 조절하고, 색상 패널에서 색상을 회색으로 적용합니다.

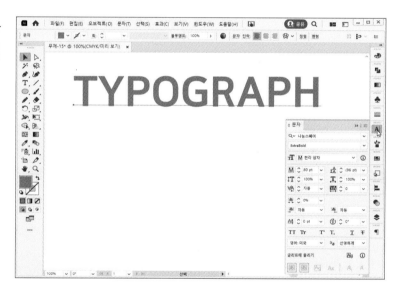

03 도구 패널에서 문자 손질 도구를 선택하고 수정하고자 하는 문자 하나를 클릭하면, 클릭한 문자만 사각형 박스가 표시되면서 활성화됩니다.

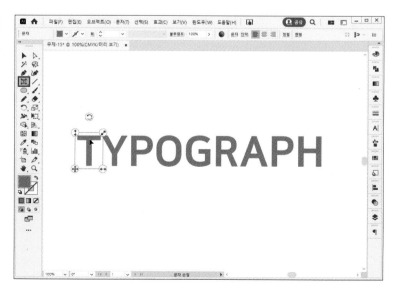

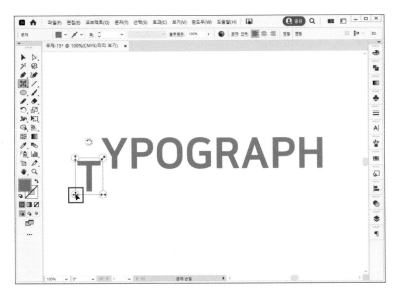

04 왼쪽 하단 모서리의 십자 모양 화살표을 드래그하면 상하좌우로 문자를 자유롭게 이동시킬 수 있습니다.

강의노트 문자 손질 도구는 CC에서부터 새롭게 추가된 기능으로, 문자를 작성한 후 한 문자의 위치를 수정하거나 회전 등의 변화를 주고자 할 경우 사용하는 도구입니다. 기존에는 오브젝트화시켜 수정하곤 하였는데, 이 도구를 사용하게 되면 문자 상태 그대로 내용을 수정할 수 있습니다.

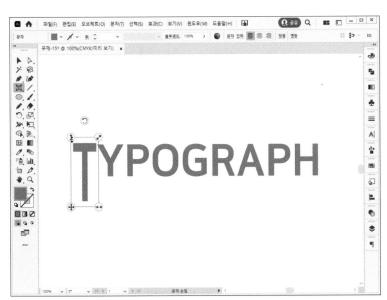

05 왼쪽 상단과 오른쪽 하단의 모서리는 장평을 조절할 수 있으며, 오른쪽 상단 모서리는 문자의 크기를 조절할 수 있습니다.

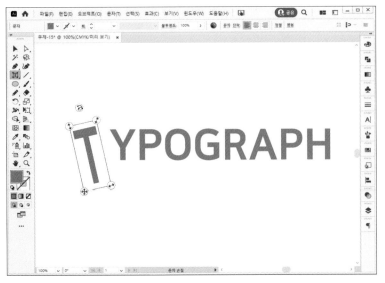

06 또한 사각 박스 바깥쪽의 원을 드래그하여 문자를 회전할 수 있어 타이포그래피가 달리 보이도록 디자인할 수 있습니다.

07 각각 원하는 글자를 문자 손질 도구를 사용하여 다양한 크기와 모양으로 표현하고, 색상을 적용해 봅니다.

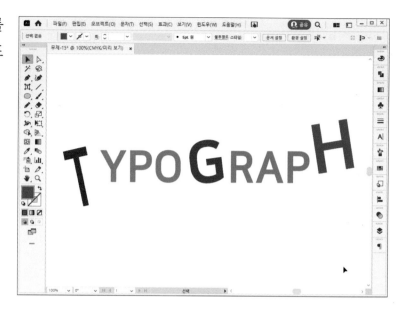

Power Upgrade

세로 문자 도구

1. **세로 문자 도구** : 문자를 세로 방향으로 입력할 수 있는 도구입니다.

2. **세로 영역 문자 도구** : 영역 문자 도구와 동일하게 오브젝트의 안쪽에 문자를 입력하는 도구로써 세로 방향으로 입력하게 됩니다.

3. **패스 상의 세로 문자 도구** : 패스 상의 문자 도구와 비슷한 기능으로 오브젝트의 외곽선을 따라서 세로로 문자를 입력합니다.

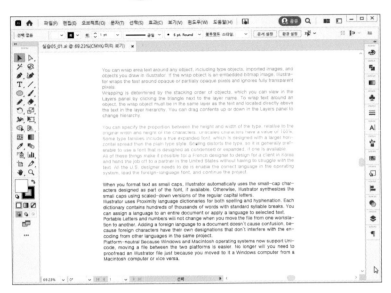

01 [파일]-[열기] 메뉴를 실행하여 '섹션 06〉샘플〉실습05_01.ai' 파일을 불러옵니다. 이미지를 둘러싼 글 상자를 표현해 보겠습니다.

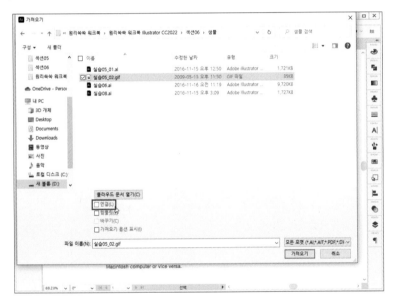

02 먼저 배경이 투명하게 저장된 꽃 이미지를 불러오기 위해서 [파일]-[가져오기] 메뉴를 실행하여 '섹션06〉샘플〉실습05_02.gif' 파일을 선택하고, 하단의 연결 항목을 해제하여 불러옵니다.

> **강의 노트** 가져오기 기능은 *.ai 형식이 아닌 외부 파일 형식으로 저장된 이미지를 불러올 때 사용하는 명령으로, 연결 항목을 체크한 상태로 가져오면 현재 작업 중인 아트보드에 포함되지 않으므로 적은 용량으로 저장할 수는 있지만, 장소를 옮기게 되면 링크 걸린 이미지를 같이 저장하여 일러스트 파일과 함께 가지고 다녀야 합니다.

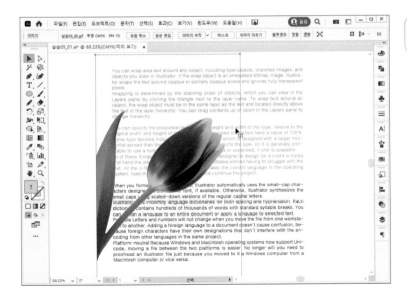

03 글 상자 위에 마우스를 클릭하면 배경이 투명한 꽃 이미지가 놓이게 됩니다.

04 이미지가 선택된 상태에서 [오브젝트]–[텍스트 흐름]–[만들기] 메뉴를 실행하여 이미지 주위로 문자들이 둘러싸게 합니다.

PLUS TIP

비트맵 이미지뿐만 아니라 벡터 오브젝트도 텍스트 흐름 기능을 적용할 수 있으며, 이때 글 상자 위쪽에 위치시킨 후 명령을 적용해야 합니다.

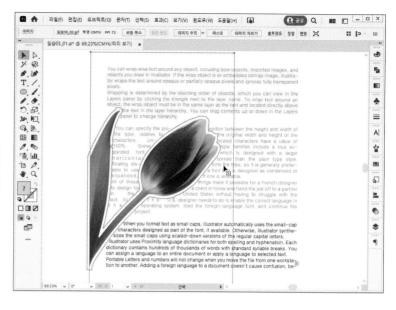

05 명령을 적용 후 간격을 조절하고자 할 경우에는 [오브젝트]–[텍스트 흐름]–[텍스트 흐름 옵션] 대화상자를 불러와 수정할 수 있습니다.

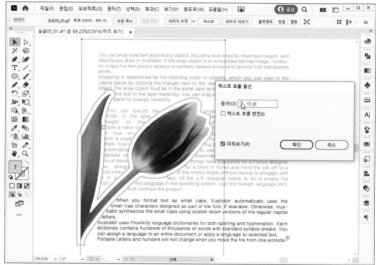

Power Upgrade

텍스트 흐름 옵션

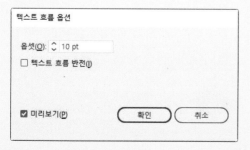

1. **옵셋** : 문자와 오브젝트 사이의 여백 값을 설정합니다.
2. **텍스트 흐름 반전** : 이 항목을 체크하면 문자를 오브젝트 안에서 흐르도록 만듭니다.

실습 06 문자 스타일 등록 및 활용하기

01 [파일]-[열기] 메뉴를 선택하여 '섹션 06〉샘플〉실습06.ai' 파일을 불러옵니다.

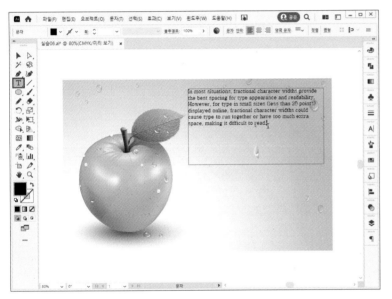

02 도구 패널에서 문자 도구를 선택하고, 오른쪽 빈 영역에 마우스를 드래그하여 영역을 만든 후 원하는 문장을 입력합니다.

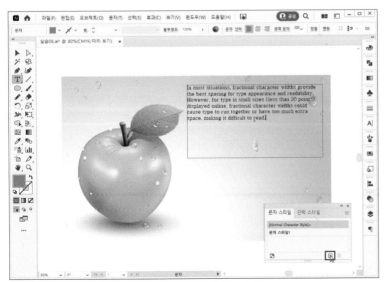

03 [윈도우]-[문자] 메뉴에서 문자 스타일 패널을 불러온 후 하단의 새 스타일 만들기 아이콘을 클릭하여 새로운 스타일을 추가합니다.

강의 노트 문자 스타일은 문자 스타일을 반복 사용하거나 자주 사용하는 스타일을 저장시켜 빠르게 사용할 수 있는 패널입니다.

04 나타난 대화상자에서 이름을 입력하고, 왼쪽 탭에서 기본 문자 포맷 메뉴를 선택하여 원하는 폰트와 크기 등을 지정합니다.

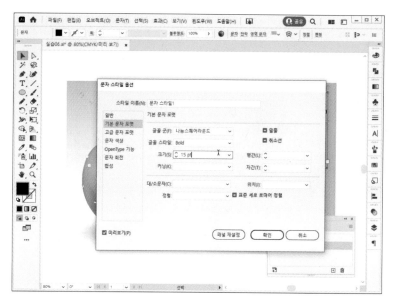

05 계속하여 문자 색상 메뉴에서 색상을 지정한 후, 확인 버튼을 클릭하여 스타일을 저장합니다.

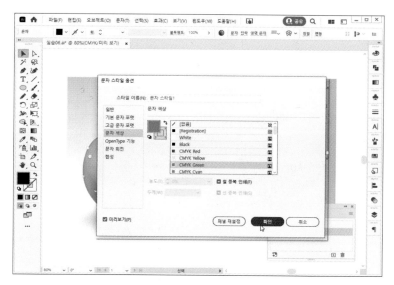

06 앞서 입력해 놓았던 문자 단락을 선택하고, 문자 스타일 패널에서 등록된 스타일을 클릭하여 적용합니다.

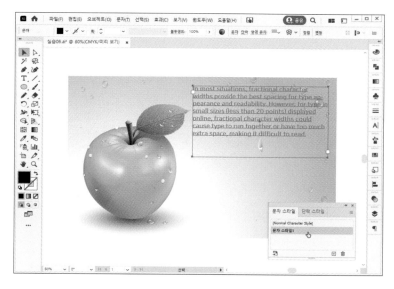

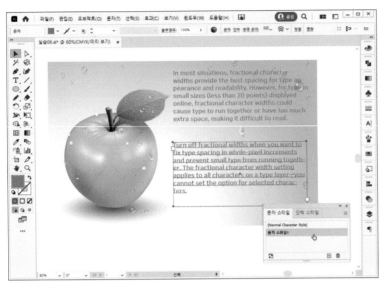

07 이렇게 한 번 등록시켜 놓은 스타일은 다른 단락에도 중복적으로 적용이 가능합니다.

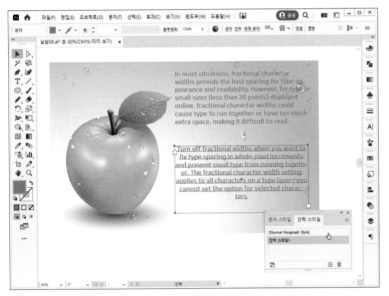

08 위와 동일한 방법으로 [윈도우]-[문자]-[단락 스타일] 패널을 불러와 단락에 관한 사항 또한 단락 스타일로 저장한 후 중복 사용이 가능합니다.

실습 07 문자를 활용한 상징물 만들기

01 [파일]-[새로 만들기] 메뉴를 실행하여 작업할 아트보드를 만듭니다. 먼저 연필 모양을 만들기 위해서 도구 패널에서 선분 도구를 선택하고 Shift 키를 누른 채 세로로 드래그하여 직선을 그립니다.

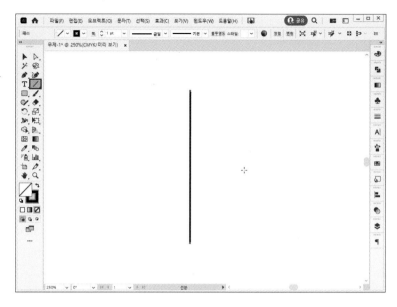

02 색상 패널에서 회색을 적용하고, 획 패널에서 선의 두께를 지정한 후, 단면 모양을 둥근 단면으로 적용합니다.

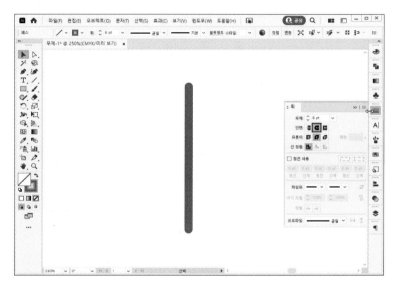

03 선택 도구를 사용하여 직선을 선택한 후, Alt + Shift 키를 누른 채 옆으로 드래그하여 하나를 더 복사합니다.

PlusTip

오브젝트를 일시적으로 복사하고자 할 경우 Alt 키를 이용하면 되고, 복사하는 도중에 Shift 키를 동시에 눌러주면 정확히 수평, 수직, 45° 각도로 복사됩니다.

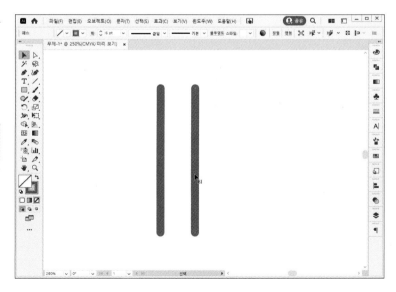

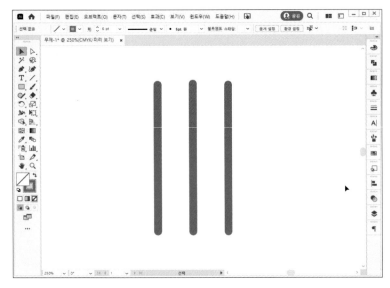

04 계속하여 Ctrl + D 를 눌러 반복 복사하여 간격이 일정한 세 개의 직선을 만듭니다.

PⅬᵤₛTɪᴘ

변형 반복(Ctrl + D)은 바로 전에 움직인 명령에 대한 반복 명령으로, 오브젝트가 선택되어 있는 상태에서 사용 가능합니다. 일정한 간격이나 각도로 오브젝트를 복사할 때 유용하게 사용할 수 있는 기능입니다.

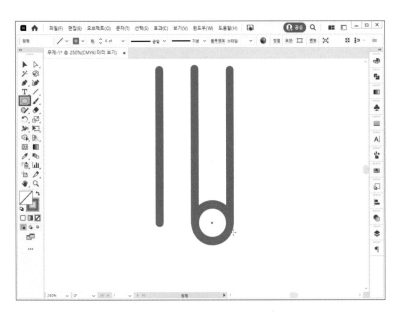

05 원형 도구를 선택하고, Shift 키를 누른 채 드래그하여 선과 선 사이에 정원을 만듭니다.

PⅬᵤₛTɪᴘ

정사각형이나 정원을 그리고자 할 경우에는 키보드의 Shift 키를 누르고 드래그하고, Alt 키를 동시에 눌러주면 마우스로 클릭한 부분을 중심축으로 오브젝트가 만들어집니다.

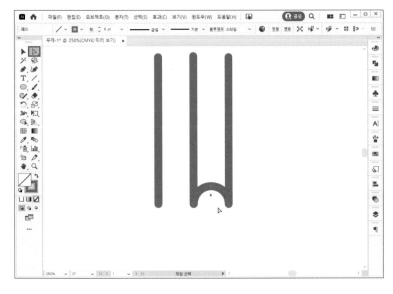

06 그런 다음 직접 선택 도구를 선택하고, 원 하단의 고정점 하나를 선택하여 Delete 키로 삭제합니다.

07 반원을 선택 도구로 선택 후, Alt + Shift 키를 누른 채 옆으로 드래그하여 하나를 더 복사합니다.

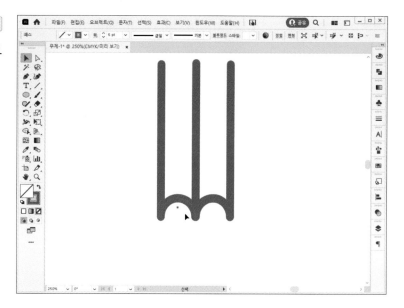

08 도구 패널에서 펜 도구를 선택하고, 원의 끝 포인트에서부터 시작하여 뾰족하게 직선을 그려줍니다.

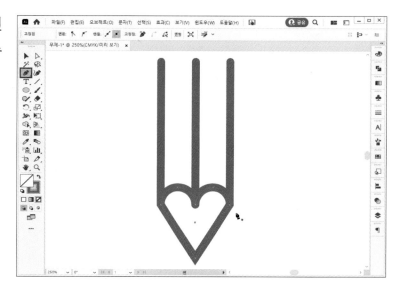

09 획 패널에서 모퉁이 모양을 둥근 연결로 지정하여 뾰족한 부분을 둥그렇게 수정합니다.

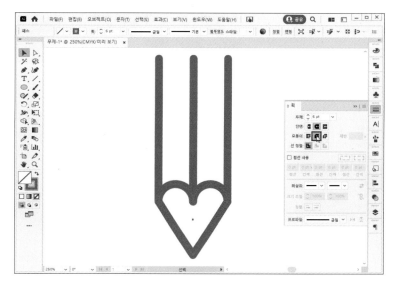

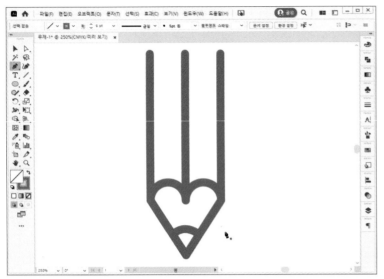

10 다시 곡선을 하나 더 그려 양쪽 끝 모양을 둥근 단면으로 적용하여 선 바깥으로 삐져나가지 않게 처리합니다.

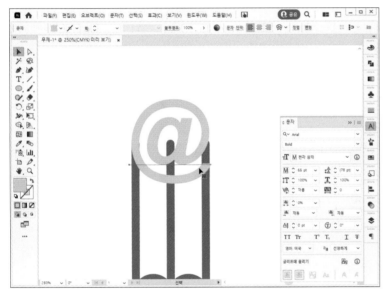

11 이제 골뱅이 모양을 만들기 위해서 문자 도구를 선택하고, 아트보드에 클릭하여 '@'를 입력한 후 문자 패널에서 글꼴과 크기를 지정하고 색상을 적용합니다.

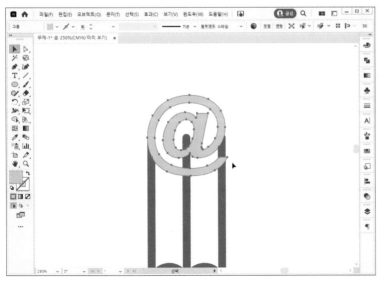

12 입력된 문자를 선택 도구로 선택하고, [문자]-[윤곽선 만들기] 메뉴를 실행하여 문자를 오브젝트화 시켜줍니다.

 강의 노트 모든 그래픽 프로그램은 문자와 이미지와는 별개의 의미를 가지게 됩니다. 일러스트레이터에서도 마찬가지로 문자를 자유롭게 변형시켜 사용하고자 할 경우에는 윤곽선 만들기 (Ctrl + Shift + O) 명령을 실행하여 오브젝트화시켜 주면 됩니다.

13 모양을 수정하기 위해서 직접 선택 도구를 선택하고 삭제하고자 하는 포인트를 선택하고, Delete 키를 눌러 삭제하고 모양을 수정합니다.

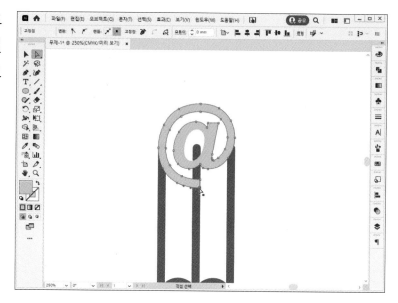

14 계속하여 중앙의 직선 또한 직접 선택 도구로 상단의 포인트를 이동시켜 모양을 수정하고 연필 모양을 완성합니다.

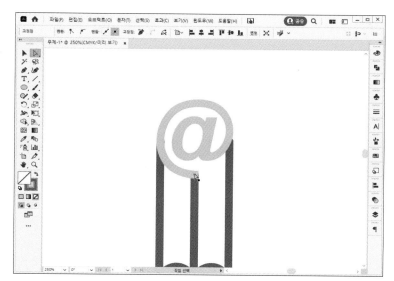

15 문자 도구를 선택하고 아트보드에 클릭하여 문장을 입력한 후, 문자 패널에서 글꼴과 크기, 그리고 색상을 각각 지정합니다.

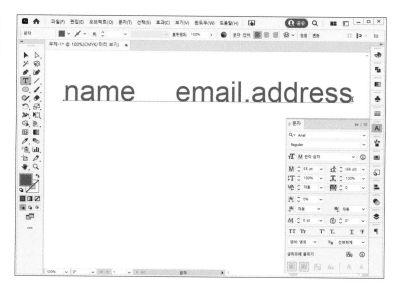

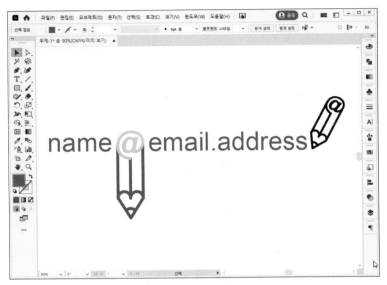

16 앞서 제작하였던 오브젝트를 이동시켜 적절히 배치하고, 하나를 더 복사하여 활용해 봅니다.

Power Upgrade

문자 윤곽선 만들기

모든 그래픽 프로그램은 문자와 이미지와는 별개의 의미를 가지게 됩니다. 일러스트레이터에서도 마찬가지로 문자를 자유롭게 변형시켜 활용하고자 할 경우에는 윤곽선 만들기 명령을 실행하여 오브젝트로 변환시켜준 뒤 사용하면 됩니다.

 →  →

01 [파일]−[열기] 메뉴를 실행하여 '섹션 06〉샘플〉실습08.ai' 파일을 불러옵니다. 운동화 오브젝트를 활용하여 엠블럼을 제작해 보겠습니다.

02 원형 도구를 선택한 다음, Alt + Shift 키를 누른 채 드래그하여 운동화를 중심으로 정원을 만듭니다.

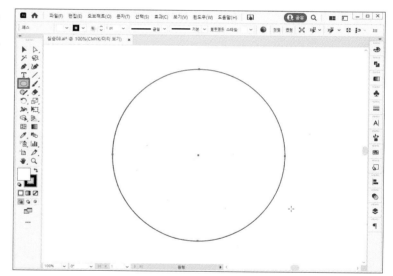

03 [오브젝트]−[정돈]−[맨 뒤로 보내기] 명령을 실행하여 운동화가 보이도록 뒤로 보내주고, 색상 패널에서 면 색을 적용합니다.

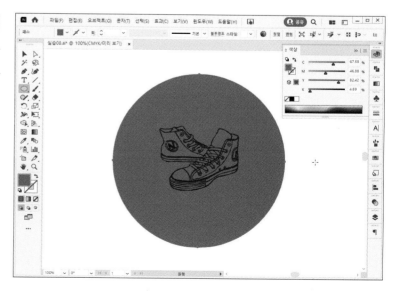

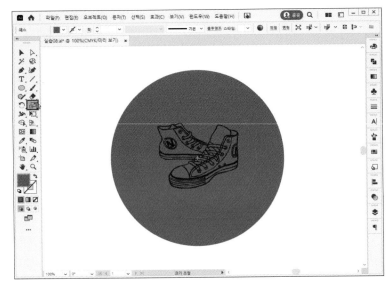

04 원이 선택된 상태에서 도구 패널의 크기 조절 도구를 더블클릭하여 대화상자를 불러온 후, 100%보다 적은 값을 입력하고 복사 버튼을 눌러 하나를 더 복사합니다.

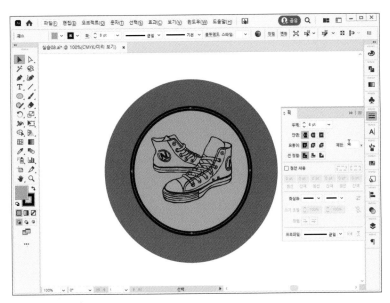

05 복사된 원에 선 색과 면 색을 각각 적용하고, 획 패널에서 선의 두께를 조절합니다.

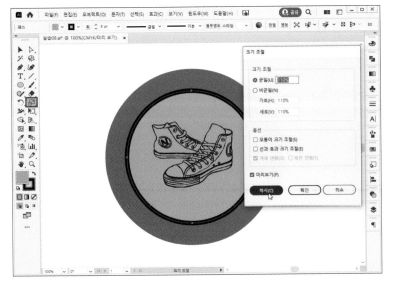

06 이제 원을 따라 흐르는 문구를 입력해 보겠습니다. 안쪽의 원을 선택하고 크기 조절 도구를 더블클릭합니다. 대화상자에서 100%보다 큰 값을 입력하고 복사 버튼을 눌러 하나를 더 복사합니다.

07 그런 다음 패스 상의 문자 도구를 선택하고 원의 패스 위에 마우스를 클릭하면 커서가 깜빡입니다.

PlusTip

패스 상의 문자 도구는 오브젝트의 외곽선을 따라 문자를 입력할 수 있는 도구입니다.

08 문장을 입력하고 문자 패널에서 글꼴과 크기 등을 조절한 후 색상을 흰색으로 적용합니다.

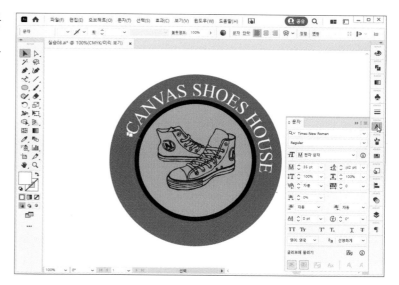

09 문자의 위치가 잘 맞지 않을 경우에는 원을 따라 흐른 문자이므로 Alt 와 Shift 키를 동시에 누른 상태에서 테두리 상자를 이용하여 원의 크기를 조절하거나, 회전시켜 위치를 맞춰주면 됩니다.

 강의노트 테두리 상자가 활성화 되어 있지 않은 경우에는 [보기] - [테두리 상자 표시]를 실행하면 되거나, 도구 패널에서 자유 변형 도구를 사용하면 됩니다.

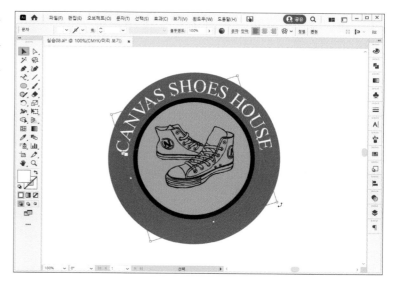

10 이번에는 반대 방향의 문자를 입력하기 위해서 다시 안쪽 원을 선택하고, 크기 조절 도구로 확대 복사합니다.

11 마찬가지로 패스 상의 문자 도구를 선택하고, 원의 패스 위에 마우스를 클릭하여 문장을 입력합니다.

12 문자의 흐르는 방향이 다르므로 선택 도구를 선택하고, 중간 조절선을 원 안쪽으로 드래그하면 방향이 바뀝니다.

13 위와 동일한 방법으로 테두리 상자와 문자 패널을 이용하여 글꼴과 크기 및 위치를 조절하고, 색상 패널에서 색상을 적용합니다.

14 마지막으로 원 안쪽의 문장을 각각 입력한 후 문자 패널에서 글꼴과 크기 등을 조절하고, 색상 패널에서 색상을 적용하여 엠블럼을 완성합니다.

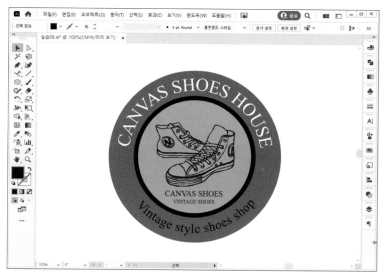

1

문자 입력 도구를 사용하여 한자를 입력해 보세요.

힌트 ・둥근 사각형 도구와 크기 조절 도구를 사용한 사각형 모양 제작, 문
자 도구로 한글 입력 후 키보드의 한자키를 이용한 한자 입력

▲ 완성파일 : 섹션06〉완성〉기초01.ai

2

문자 입력 후 타이포그래피 형식으로 꾸며 보세요.

힌트 ・문자 도구, 문자 손질 도구를 사용한 문자 변형, 펜 도구를 사용한 하
트 제작, 윤곽선 만들기 적용 후 하트 모양으로 대체

▲ 완성파일 : 섹션06〉완성〉기초02.ai

3

문자를 이용하여 상징적인 오브젝트를 만들어 보세요.

힌트 ・문자 도구, 기울이기 도구, 윤곽선 만들기 기능을 사용한 문자 오브
젝트 표현, 펜 도구를 사용한 오브젝트 제작

▲ 완성파일 : 섹션06〉완성〉기초03.ai

1) 문자를 이용하여 재미난 타이포그래피를 표현해 보세요.

▲ 완성파일 : 섹션06〉완성〉심화01.ai

힌트 • 문자 도구와 문자 패널을 사용한 문장 입력, 윤곽선 만들기 기능을 활용한 문자 모양 수정, 펜 도구와 반사 도구, 자유 변형 도구를 사용한 나무 모양과 구름 제작

2) 다양한 도형 도구와 문자 도구들을 사용하여 엠블럼을 제작해 보세요.

▲ 완성파일 : 섹션06〉완성〉심화02.ai

힌트 • 별모양 도구, 원형 도구, 다각형 도구를 사용한 도형 제작, 크기 조절 도구와 획 패널을 응용한 다양한 크기의 원 제작, 패스 상의 문자 도구를 사용한 둥근 모양의 문장 입력

3) 앞서 학습한 도구들을 사용하여 다이어그램을 만들어 보세요.

▲ 완성파일 : 섹션06〉완성〉심화03.ai

힌트 • 사각형 도구, 반사 도구, 자유 변형 도구, 기울이기 도구 등을 사용한 모양 제작, 문자 도구와 영역 문자 도구를 사용한 문장 입력

S·e·c·t·i·o·n
07
다양한 채색 방법과 블렌드 도구 익히기

일러스트레이터에서 망 도구와 그라디언트 도구를 이용하면 두 가지 이상의 색상을 부드럽게 연결하여 현실감 있게 표현하는 작업을 가능하게 합니다. 블렌드 기능 또한 오브젝트의 색상과 형태를 자동으로 만들어 주는 기능으로 자연스러운 색상과 오브젝트의 변형 효과를 이용하여 사실적이고 특수한 효과를 표현할 수 있습니다.

Preview

학습내용

실습 01. 망 도구 사용하기
실습 02. 그레이디언트 색상 적용하기
실습 03. 블렌드 기능 사용하기
실습 04. 그레이디언트를 활용한 로고 만들기

실습 05. 블렌드 기능 활용하기
실습 06. 투명도와 망 오브젝트를 활용한 배경 만들기
실습 07. 입체적인 이모티콘 만들기

▲ 완성파일 : 섹션07〉완성〉실습01.ai

▲ 완성파일 : 섹션07〉완성〉실습02.ai

▲ 완성파일 : 섹션07〉완성〉실습03.ai

▲ 완성파일 : 섹션07〉완성〉실습04.ai

▲ 완성파일 : 섹션07〉완성〉실습05.ai

▲ 완성파일 : 섹션07〉완성〉실습06.ai

◀ 완성파일 : 섹션07〉완성〉실습07.ai

체크포인트

- 망 도구 사용법을 익힙니다.
- 그라디언트 도구와 패널 사용법을 익힙니다.
- 블렌드 기능을 학습합니다.
- 그레이디언트 색상과 혼합 모드에 대해 학습합니다.
- 블렌드 기능을 사용하여 녹특한 오브섹트를 표현합니다.
- 투명도와 망 도구를 사용하여 화려한 배경을 만들어 봅니다.
- 그레이디언트 색상과 불투명 마스크 기능을 사용하여 입체적인 오브젝트를 만들어 봅니다.

실습 01 망 도구 사용하기

01
[파일]—[열기] 메뉴를 실행하여 '섹션 07〉샘플〉실습01.ai' 파일을 불러옵니다. 도구 패널에서 망 도구를 선택하고 사과의 상단을 클릭하면 해당 지점에 망점이 생깁니다.

강의 노트 망 도구는 오브젝트에 그물모양의 망점들을 추가하여 각 점마다 색상을 적용할 수 있는 도구입니다. 그레이디언트 색상에 비해 표현은 다양하게 할 수 있지만, 표현이 쉽지 않고 용량이 커진다는 단점이 있습니다.

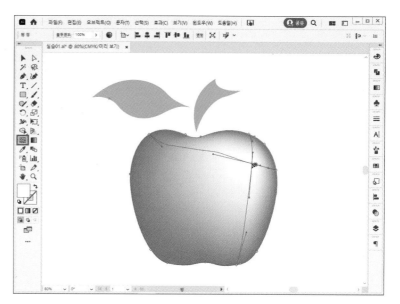

02
색상 패널에서 노란색 계열 색상을 클릭하면 현재 클릭한 지점의 망점 주변에 자연스러운 색 번짐 효과가 나타나 밝은 영역이 만들어집니다.

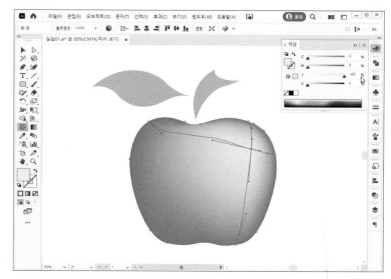

03
계속하여 다른 영역에도 망점을 추가하여 색상을 각각 적용하여 입체적으로 표현합니다.

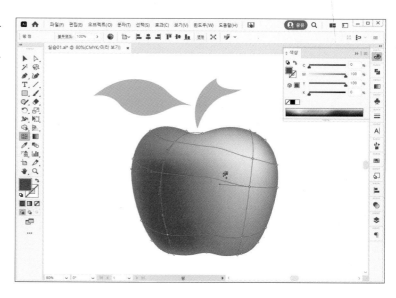

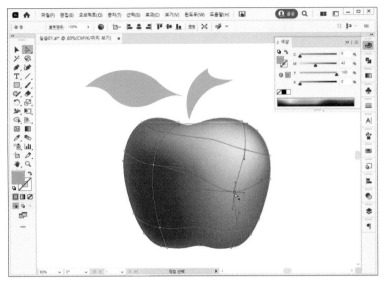

04 추가된 망점의 위치와 방향선을 망 도구 또는 직접 선택 도구를 사용하여 이동시키거나 각각 선택하여 색상을 변경할 수 있습니다.

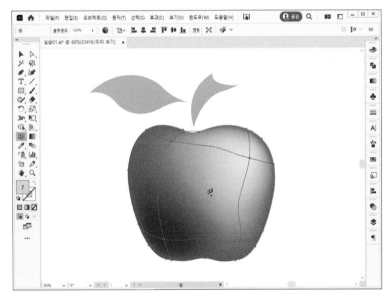

05 반대로 망점을 삭제하고자 할 경우에는 망 도구를 선택한 상태에서 Alt 키를 누른 채 삭제하고자 하는 망점을 클릭하면 됩니다.

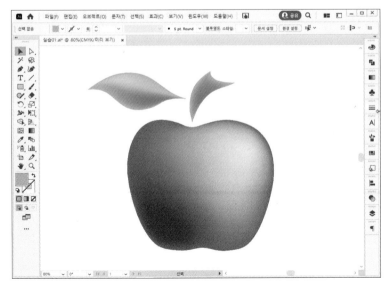

06 나머지 잎사귀 부분 또한 위와 동일한 방법으로 망점을 추가하여 입체적으로 표현해 봅니다.

Power Upgrade

규칙적인 망점 패턴을 사용하여 망 오브젝트 만들기

[오브젝트]–[그라디언트 망 만들기] 메뉴를 실행하여 규칙적인 망점을 추가
하여 오브젝트를 표현할 수 있습니다.

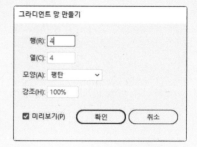

1. **행** : 가로 행의 개수를 설정합니다.
2. **열** : 세로 열의 개수를 설정합니다.
3. **모양** : 망점의 밝기 형태를 설정합니다.
4. **강조** : 밝기 정도를 설정합니다.

〈평탄〉

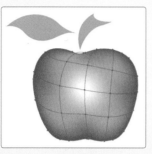

〈가운데로〉

〈가장자리로〉

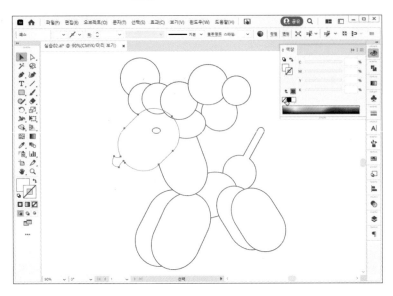

01 [파일]-[열기] 메뉴를 실행하여 '섹션 07〉샘플〉실습02.ai' 파일을 불러옵니다. 선택 도구로 얼굴 부분에 해당하는 도형을 클릭하여 선택하고, 색상 패널에서 선 색을 없애줍니다.

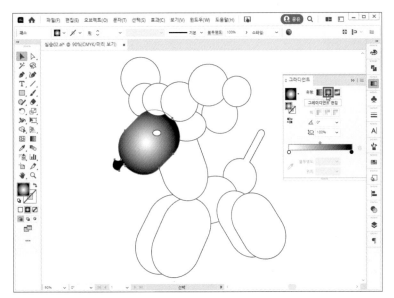

02 [윈도우] 메뉴에서 그라디언트 패널을 불러온 후 유형 항목에서 방사형을 선택하면 흰색과 검은색으로 연결되는 색상이 적용됩니다.

강의 노트 그라디언트 도구는 두 가지 이상의 색이 연속적으로 이어지는 효과를 적용할 수 있는 도구입니다. 그라디언트 패널에서 선형과 방사형 그레이디언트를 선택하여 적용할 수 있으며 도구를 이용하여 방향을 조절하여 사용 가능합니다.

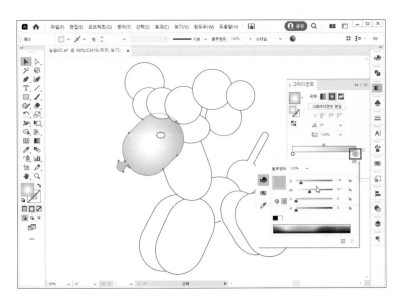

03 그라디언트 패널의 색상 슬라이더에서 검은색 슬라이더를 더블클릭하면 색상 패널이 열리고 원하는 색상을 적용합니다.

PlusTip

색상 패널에서 색상이 보이지 않을 경우에는 오른쪽 팝업 메뉴를 클릭하여 CMYK 모드를 선택하여 사용하면 됩니다.

04 만일 색상을 추가하고자 할 경우에는 색상 슬라이더 하단 부분에 마우스를 클릭하면 색상 슬라이더가 추가되고, 더블클릭하여 원하는 색상을 적용하면 됩니다.

PlusTip

색상 슬라이더에 마우스를 클릭하여 색상을 추가하거나 반대로 삭제하고자 하는 슬라이더를 아래쪽으로 드래그하여 삭제하면 여러 가지의 색상을 한꺼번에 적용할 수 있습니다.

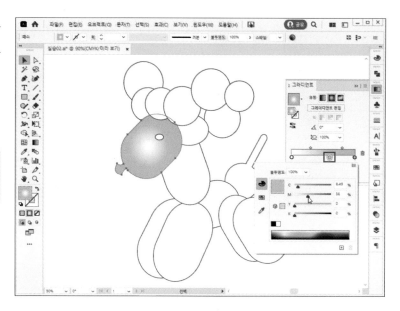

05 적용된 그레이디언트를 편집하기 위해서 그라디언트 도구를 선택하면 적용 방향과 위치 영역 등을 조절할 수 있는 조절점이 나타납니다. 중앙 조절점을 이동시켜 위치를 조절할 수 있습니다.

PlusTip

그라디언트 도구를 선택하면 그레이디언트의 적용 위치와 방향, 각 슬라이더의 색상과 위치를 세밀하게 조절할 수 있는 조절점이 나타납니다. 만일 조절점이 보이지 않는다면 [보기] 메뉴에서 그라디언트 주석자 표시를 선택하여 사용자가 원하는 환경을 만들어 사용합니다.

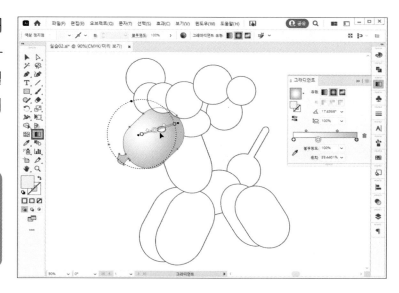

06 나머지 각각의 오브젝트를 선택하여 위와 동일한 색상으로 다양하게 그레이디언트 색상을 적용하여 완성합니다.

PlusTip

선택된 색상 슬라이더를 이동시켜 색상 간격을 조절하거나 그레이디언트 도구를 사용하여 임의적으로 드래그 하여 방향과 위치 등을 조절할 수 있습니다.

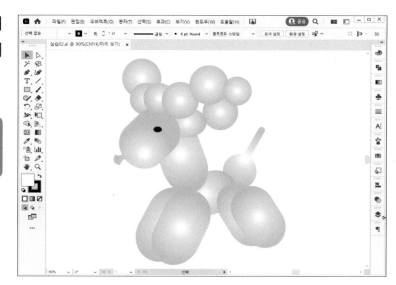

그라디언트 패널

1. **그라디언트** : 현재 선택된 그레이디언트를 썸네일로 보여줍니다.
2. **유형** : 그레이디언트의 종류(선형, 방사형, 자유형)를 선택합니다.
3. **획** : 테두리에 그레이디언트를 적용할 경우 모양을 선택합니다.
4. **각도** : 그레이디언트의 방향을 설정합니다.
5. **종횡비** : 원형 그레이디언트 적용 시 그레이디언트를 타원으로 적용합니다.
6. **그라디언트 반전** : 그레이디언트의 방향을 반전시킵니다.
7. **그라디언트 슬라이더** : 현재 선택된 그레이디언트를 보여주며, 색상을 편집합니다.
8. **불투명도** : 선택한 색상의 투명도를 설정합니다.
9. **위치** : 슬라이더의 위치를 수치로 설정합니다.

그레이디언트 주석자

그라디언트 도구를 선택하면 그레이디언트 적용 위치와 방향각 슬라이더의 색상과 위치를 세밀하게 조절할 수 있는 주석자가 나타납니다.

– 선형 그레이디언트

1. 좌측의 원형 조절점을 드래그하면 그레이디언트 적용 위치를 조절할 수 있습니다.
2. 우측 조절점 옆에 마우스를 가져가면 회전 조절점이 나타납니다. 이때 드래그하면 드래그 한 방향으로 그레이디언트 각도가 조절됩니다.
3. 주석자 위에 마우스를 놓으면 색상 슬라이더가 표시되고 슬라이더의 색상과 위치를 조절할 수 있습니다.

〈그레이디언트 위치 조절하기〉

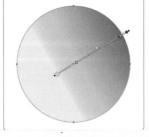
〈그레이디언트 회전시키기〉

〈색상 슬라이더 위치와 색상 변경〉

Power Upgrade

– 방사형 그레이디언트

1. 방사형 그레이디언트를 적용하고 그레이디언트 도구를 선택하면 원형 주석자가 나타납니다. 주석자을 드래그하여 위치와 적용 범위를 조절할 수 있습니다. 좌측 원형 조절점을 드래그하면 적용 범위를 정비례로 조절할 수 있습니다.

2. 상단 조절점을 드래그하면 타원 형태로 그레이디언트 범위를 조절할 수 있습니다.

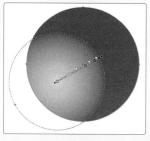 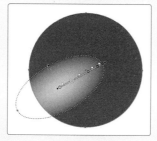

〈그레이디언트 위치 조절하기〉 〈색상 슬라이더 위치와 모양 변경〉

– 자유형 그레이디언트

기존의 선형 그레이디언트와 방사형 그레이디언트 이외에 자유형 그레이디언트가 추가되었습니다. 또한 [윈도우]–[그라디언트]를 실행하지 않고 그라디언트 도구를 더블클릭하여 패널을 빠르게 불러올 수도 있습니다.

1. **포인트 모드** : 색상 정지점 주변 영역을 음영 처리합니다.

① 하나 이상의 색상 정지점을 추가하려면 개체의 아무 곳이나 클릭합니다.

② 색상 정지점의 위치를 변경하려면 색상 정지점을 드래그하여 원하는 위치에 놓습니다.

③ 색상 정지점을 삭제하려면 색상 정지점을 개체 영역 밖으로 드래그하거나 그라디언트 패널에서 삭제키를 클릭합니다.

2. **선 모드** : 이 모드를 사용하여 선 주변 영역을 음영 처리합니다.

① 오브젝트의 아무 곳이나 클릭하여 선분의 시작점인 첫 번째 색상 정지점을 만듭니다.

② 클릭하여 다음 색상 정지점을 만듭니다. 첫 번째 색상 정지점과 두 번째 색상 정지점을 연결하는 직선이 추가됩니다.

③ 다시 클릭하여 색상 정지점을 더 만듭니다. 직선이 곡선으로 변합니다.

④ 만일 색상 정지점을 삭제하고자 할 경우에는 오브젝트 영역 밖으로 드래그하거나 그라디언트 패널에서 삭제를 클릭합니다.

실습 ③ 블렌드 기능 사용하기

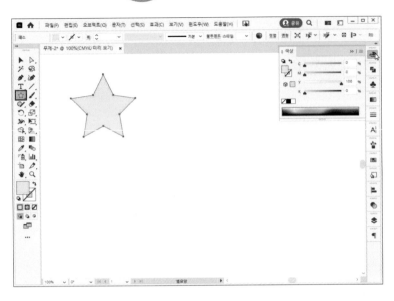

01 [파일]-[새로 만들기] 메뉴를 실행하여 작업할 아트보드를 만듭니다. 도구 패널에서 별모양 도구를 선택하고 별 모양을 그려준 뒤 면 색을 노란색으로 지정합니다.

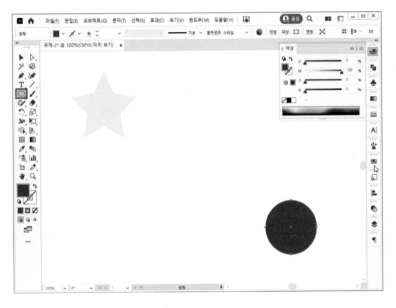

02 다시 원형 도구를 선택하고 **Shift** 키를 누른 채 드래그하여 분홍색 원을 그려줍니다.

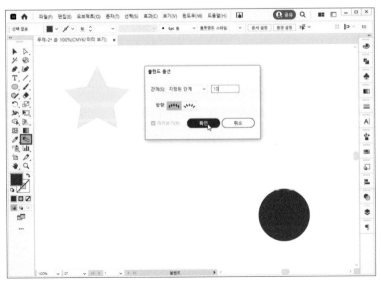

03 도구 패널에서 블렌드 도구를 더블클릭하여 대화상자를 불러옵니다. 간격 항목에서 지정된 단계를 '10'으로 입력하고 확인 버튼을 클릭합니다.

> **강의 노트** 블렌드 도구는 형태나 색상이 다른 두 오브젝트 사이에 변화되어 가는 과정을 만드는 도구로서, 면 오브젝트뿐만 아니라 선에도 블렌드 기능을 적용할 수 있습니다. 또한 블렌드 기능은 도구를 사용하여 표현하는 방법도 있지만, [오브젝트] - [블렌드] 메뉴를 활용하여 표현하는 방법도 있습니다.

04 별 오브젝트의 상단 고정점을 클릭하고 다시 원 상단 부분의 고정점을 클릭하여 두 오브젝트 사이에 중간단계를 생성합니다.

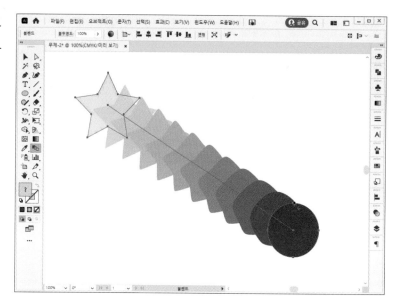

05 직접 선택 도구로 원을 선택하여 이동시킬 수 있고, 색상을 변경시킬 수도 있습니다.

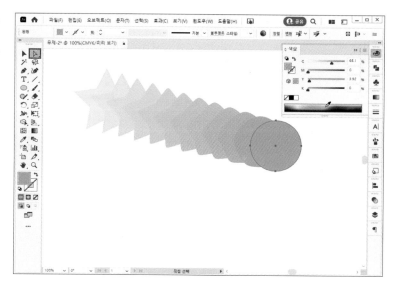

06 곡선의 블렌드 효과를 나타내기 위해서 펜 도구로 곡선 패스를 만듭니다.

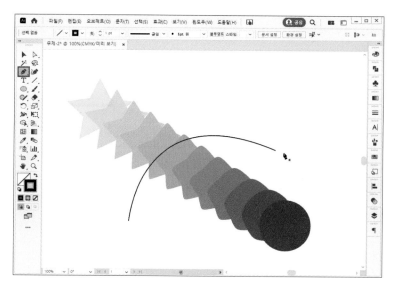

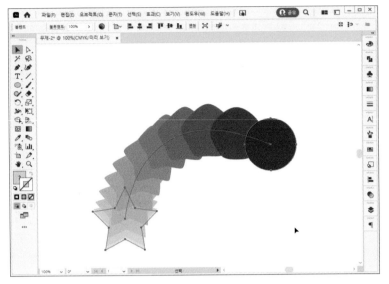

07 곡선과 블렌드 효과를 적용한 오브젝트를 동시에 선택하고, [오브젝트]-[블렌드]-[스파인 바꾸기] 명령을 실행하면 곡선의 패스를 따라 효과가 적용됩니다.

강의노트 블렌드 효과를 적용하면 일반적으로 직선 형태로 중간단계가 생성됩니다. 이때 스파인 바꾸기는 임의의 곡선을 그려 직선을 곡선의 행태로 대체하는 기능입니다.

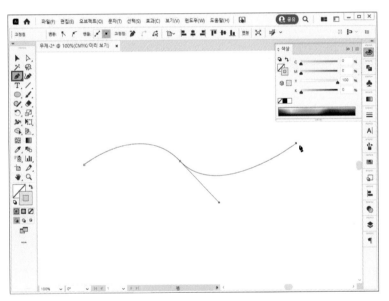

08 이번에는 선을 가지고 블렌드 효과를 적용해 보겠습니다. 먼저 펜 도구로 노란색 곡선을 만듭니다.

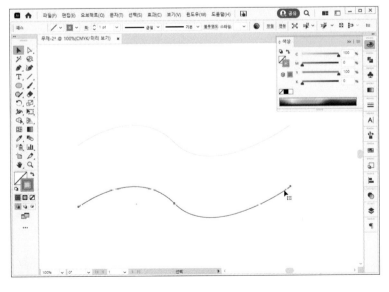

09 선택 도구를 사용하여 Alt 키를 누른 채 아래로 이동하여 하나의 선을 더 복사한 후 선 색을 초록색으로 변경합니다.

10 두 개의 선을 모두 선택한 후 [오브젝트]-[블렌드]-[블렌드 옵션] 메뉴를 실행하여 간격 항목에서 지정된 단계 값을 설정합니다.

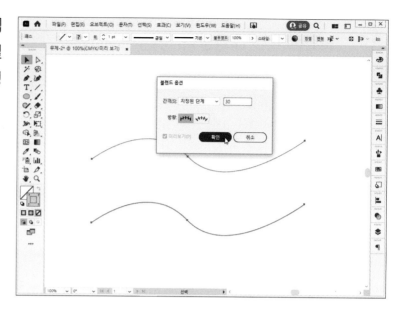

11 그런 다음 다시 [오브젝트]-[블렌드]-[만들기] 명령을 실행하여 두 개의 선 사이에 여러 개의 선을 추가합니다.

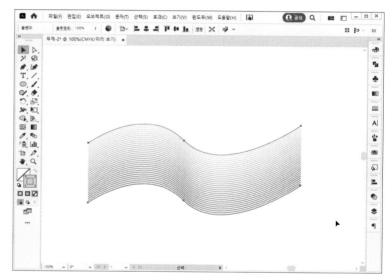

12 직접 선택 도구를 사용하여 선 색을 변경하거나 곡선 모양을 수정하여 다양한 형태로 표현할 수 있습니다.

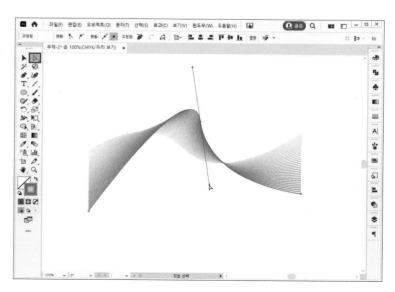

블렌드 옵션 대화상자

1. **간격** : 두 오브젝트가 블렌드 될 때의 중간에 생성되는 간격을 지정하는 방식입니다.

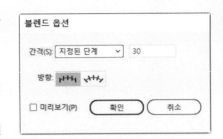

ⓐ **매끄러운 색상** : 자연스러운 색상의 변화가 있는 개체를 만듭니다.

ⓑ **지정된 단계** : 두 오브젝트 사이에 만들어지는 개체의 개수를 지정할 수 있습니다.

ⓒ **지정된 거리** : 두 오브젝트 사이에 만들어지는 개체의 간격을 지정할 수 있습니다.

2. **방향** : 두 오브젝트를 블렌드 한 후 두 오브젝트 사이에 연결된 패스를 곡선 형태로 변형시켰을 경우에 사용하는 옵션입니다.

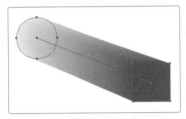

〈매끄러운 색상〉

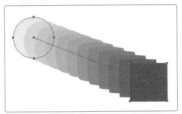

〈지정된 단계〉

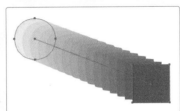

〈지정된 거리〉

실습 ④ 그레이디언트를 활용한 로고 만들기

01 [파일]-[새로 만들기] 메뉴를 실행하여 작업할 아트보드를 만듭니다. 도구 패널에서 원형 도구를 선택하고, **Shift** 키를 누른 채 드래그하여 정원을 만듭니다.

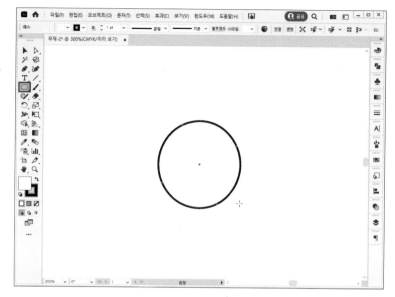

02 그라디언트 패널에서 선형 그라디언트를 적용하면 마지막으로 사용하였던 그레이디언트 색상이 적용됩니다. 왼쪽 색상 슬라이더를 더블클릭하여 파란색 계열로 색상을 적용합니다.

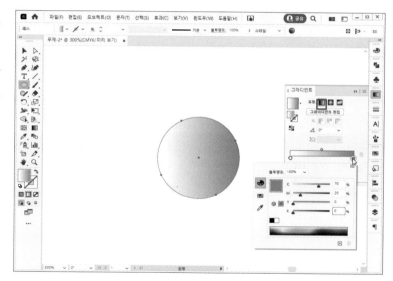

03 반대편 색상 슬라이더 역시 더블클릭하여 진한 파란색 계열을 적용하고, 중간에 색상 슬라이더를 하나 더 추가한 후 마찬가지 방법으로 색상을 변경합니다.

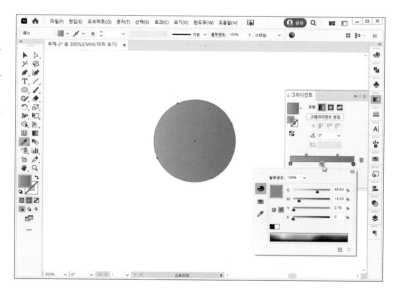

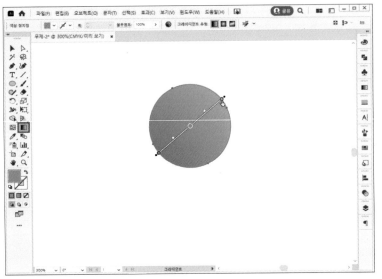

04 이제 그라디언트 도구를 선택하고 사선 방향으로 드래그하여 색상의 위치를 변경시킵니다.

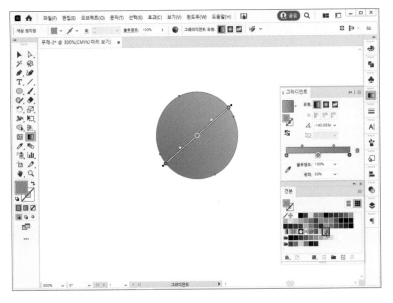

05 나머지 도형에도 동일한 그레이디언트 색상을 적용하기 위해서 앞서 제작해 놓은 그레이디언트 색상을 견본 패널로 드래그하여 저장시켜 놓습니다.

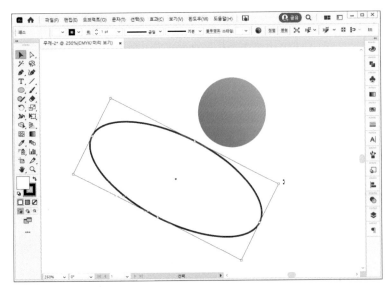

06 원형 도구를 선택하고 타원형을 그린 후, 테두리 상자나 자유 변형 도구를 사용하여 회전시켜줍니다.

07 견본 패널에서 앞서 저장시켜 놓은 그 레이디언트 색상을 적용하고, 그라디 언트 도구를 사용하여 적용 범위와 색상 위치 를 바꿔줍니다.

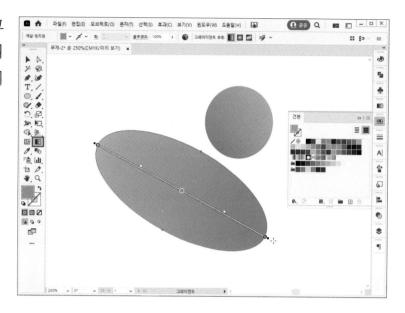

08 그리고 [윈도우] 메뉴에서 투명도 패널 을 불러온 후, 혼합 모드에서 곱하기를 적용합니다.

강의 노트 투명도 패널은 오브젝트에 투명도를 적용하거나 오브젝트들 과의 색상 혼합으로 다양한 효과를 표현할 수 있는 기능입 니다.

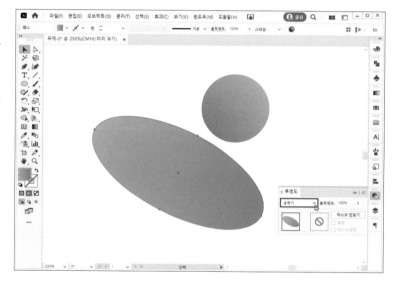

09 앞서 완성한 타원형을 선택 도구로 Alt 키를 누른 채 복사한 후, 테두리 상자를 사용하여 회전 및 크기를 조절합니다.

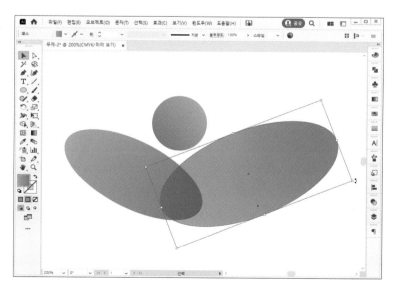

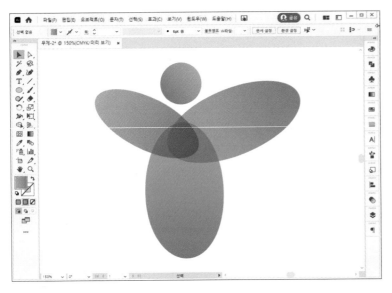

10 나머지 타원형 또한 위와 동일한 방법으로 복사하여 모양을 수정한 후, 그 라디언트 도구를 사용하여 색상 방향을 바꿔 줍니다.

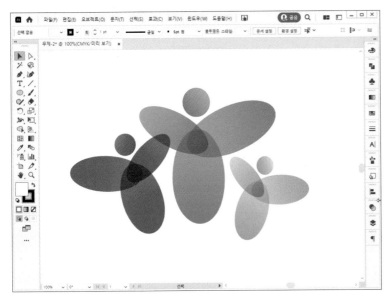

11 두 개의 모양 또한 앞서 작업한 오브젝트를 복사하여 그레이디언트 색상을 각각 변경합니다.

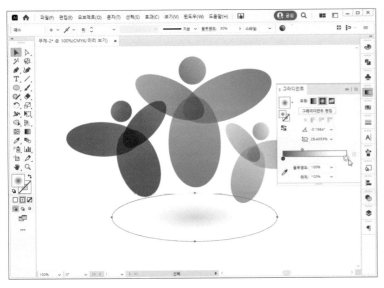

12 마지막으로 원형 도구를 사용하여 하단에 타원형을 그린 후, 흰색과 회색으로 방사형 그라디언트 색상을 적용하여 그림자를 완성합니다.

Power Upgrade

투명도 패널

1. **혼합 모드** : 색상을 혼합하여 오브젝트를 합성합니다.

2. **불투명도** : 투명도를 설정합니다.

3. **원본 창** : 마스크가 적용 중인 오브젝트를 보여줍니다.

4. **마스크 창** : 마스크의 투명도를 미리보기로 확인합니다.

5. **마스크 만들기/해제하기** : 마스크를 적용하거나 해제합니다.

6. **클립** : 불투명 마스크의 효과를 증폭시켜 줍니다.

7. **마스크 반전** : 마스크 영역을 반대로 적용합니다.

8. **링크** : 오브젝트와 마스크에 링크를 설정하여 오브젝트 이동 시 마스크가 함께 이동됩니다.

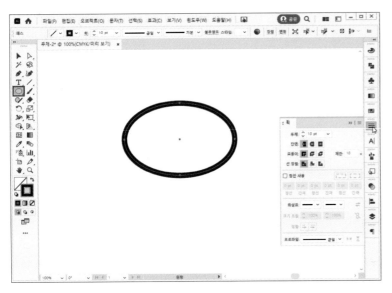

01 [파일]-[새로 만들기] 메뉴를 실행하여 작업할 아트보드를 만듭니다. 원형 도구를 선택하고 타원형을 그린 후, 견본 패널에서 선 색을 지정하고 또한 획 패널에서 선의 두께를 두껍게 지정합니다.

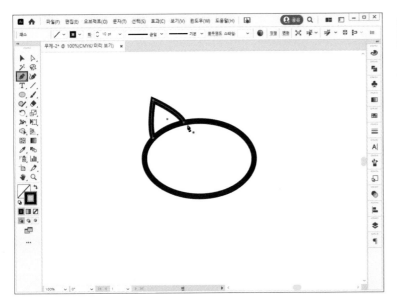

02 다시 펜 도구를 선택하여 귀 모양을 그려주고, 앞서 지정하였던 선 색과 선의 두께를 적용합니다.

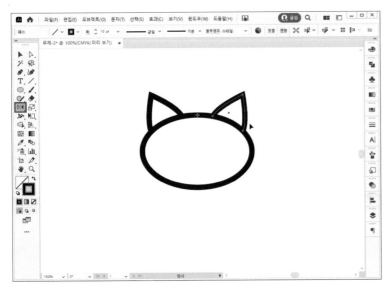

03 선택 도구로 귀를 선택한 후 반사 도구를 선택하고, Alt 키를 누른 채 중심축을 클릭하여 오른쪽에 반사합니다.

04 몸 부분을 만들기 위해서 다시 원형 도구를 선택하고, Shift 키를 누른 채 드래그하여 정원을 만듭니다.

PlusTip

정사각형이나 정원을 그리고자 할 경우에는 키보드의 Shift 키를 누르고 드래그하고 Alt 키를 동시에 눌러주면 마우스로 클릭한 부분을 중심축으로 오브젝트가 만들어집니다.

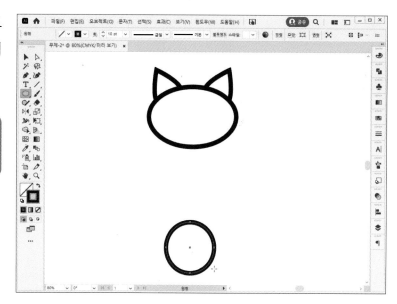

05 직접 선택 도구를 사용하여 상단의 고정점을 Shift 키를 누른 채 드래그하여 모양을 수정합니다.

PlusTip

고정점이나 오브젝트를 이동할 때 Shift 키를 같이 눌러주면 수평, 수직, 45° 방향으로 정확하게 이동됩니다.

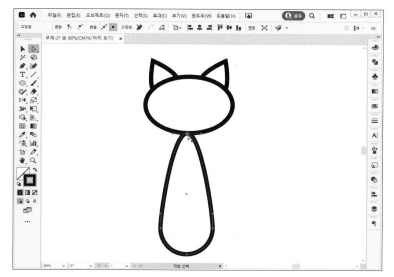

06 계속하여 고정점 도구로 이동시킨 고정점을 클릭하여 직선 모양으로 수정합니다.

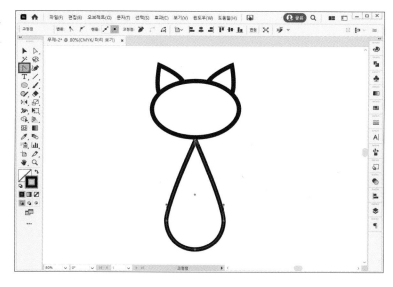

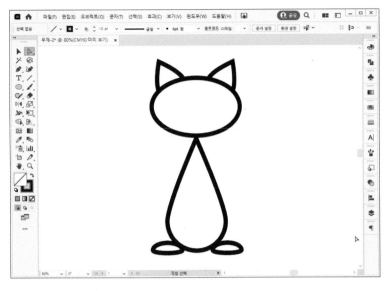

07 다시 원형 도구를 사용하여 타원형을 그리고, 직접 선택 도구로 모양을 수정하여 양쪽 발을 만듭니다.

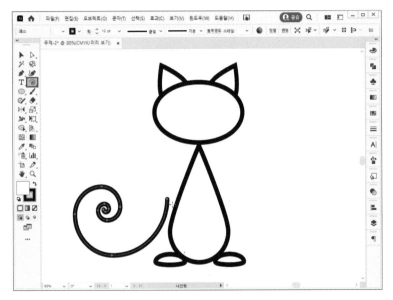

08 꼬리 부분을 만들기 위해서 도구 패널에서 나선형 도구를 선택합니다. 화면에 클릭하여 나타난 대화상자에서 감소 값을 설정하고, 확인 버튼을 눌러 나선형 모양을 만듭니다.

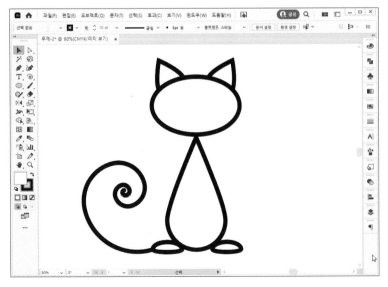

09 테두리 상자를 사용하여 회전시키거나 크기를 조절하여 고양이 모양을 완성합니다.

10 이제 선에 블렌드 효과를 적용하기 위해서 모든 오브젝트를 선택합니다. 그리고 크기 조절 도구를 더블클릭하여 균일 항목을 100%로 설정한 후 복사 버튼을 클릭합니다.

PlusTip

원본과 동일한 오브젝트를 만들기 위해서 크기 조절 없이 100% 그대로 제자리에 하나를 더 붙여넣기 합니다.

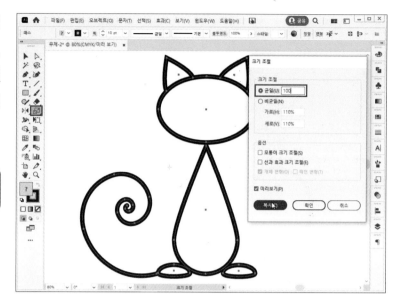

11 계속하여 선이 선택된 상태에서 선 색을 흰색으로 적용하고, 획 패널에서 선의 두께를 얇게 지정합니다.

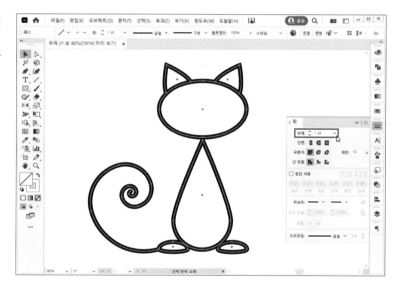

12 선택 영역을 해제하고, 블렌드를 적용하기 위해서 오브젝트를 드래그하여 두 개만 선택합니다. 그런 다음 [오브젝트]-[블렌드]-[블렌드 옵션] 메뉴를 실행하여 매끄러운 색상을 지정합니다.

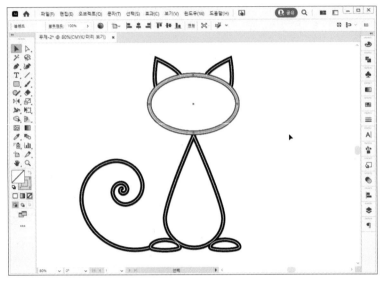

13 그런 다음 다시 [오브젝트]–[블렌드]–[만들기] 메뉴를 실행하여 블렌드 효과를 적용합니다.

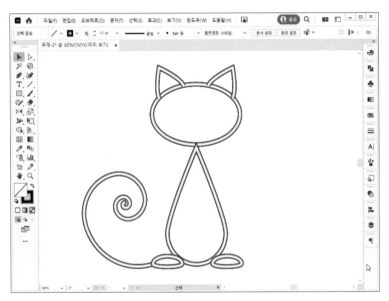

14 나머지 선들 또한 위와 동일한 방법으로 두 개씩 선택한 후, [오브젝트]–[블렌드]–[만들기]를 반복 실행하여 각각 블렌드 효과를 적용합니다.

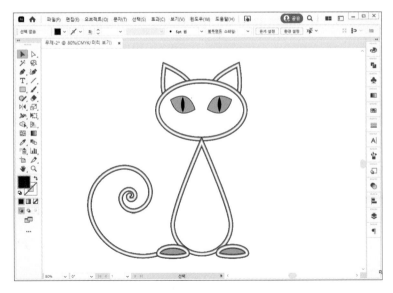

15 원형 도구와 고정점 도구를 사용하여 눈 모양을 그려주고, 테두리 상자로 회전 및 크기를 조절한 후 반사 도구로 반대편 눈 또한 반사시켜 줍니다.

16 도구 패널에서 다각형 도구를 선택하고 옵션을 설정하여 삼각형 모양을 그려주고, 테두리 상자 또는 자유 변형 도구를 사용하여 역삼각형 모양으로 표현합니다.

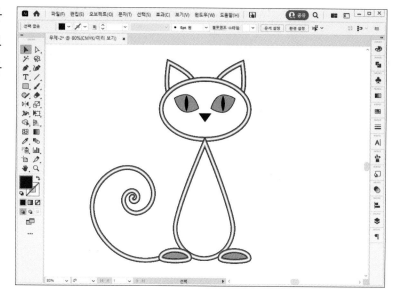

17 마지막으로 펜 도구로 한쪽 수염을 그려주고, 반사 도구를 사용하여 오브젝트를 완성합니다.

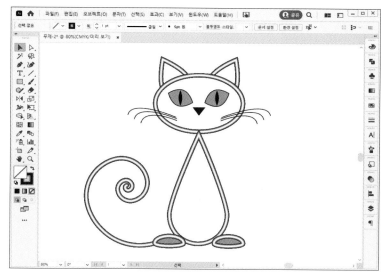

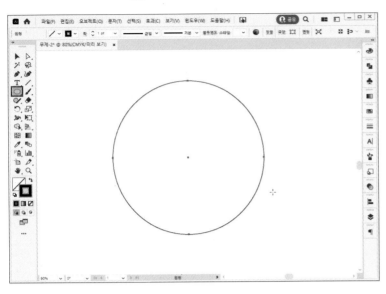

01 [파일]-[새로 만들기] 메뉴를 실행하여 작업할 아트보드를 만듭니다. 먼저 하트 모양을 만들기 위해서 도구 패널에서 원형 도구를 선택하고, Shift 키를 누른 채 드래그하여 정원을 만듭니다.

Plus**T**ip

정사각형이나 정원을 그리고자 할 경우에는 키보드의 Shift 키를 누르고 드래그하고, Alt 키를 동시에 눌러주면 마우스로 클릭한 부분을 중심축으로 오브젝트가 만들어집니다.

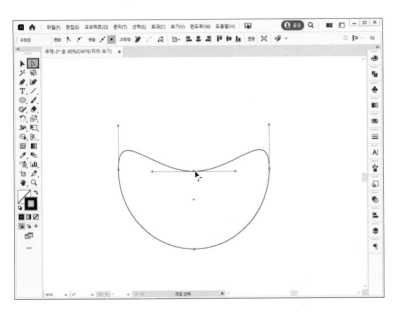

02 직접 선택 도구를 사용하여 상단의 고정점을 Shift 키를 누른 상태에서 아래쪽으로 이동시킵니다.

Plus**T**ip

고정점이나 오브젝트를 이동할 때 Shift 키를 같이 눌러주면 수평, 수직, 45˚ 방향으로 정확하게 이동됩니다.

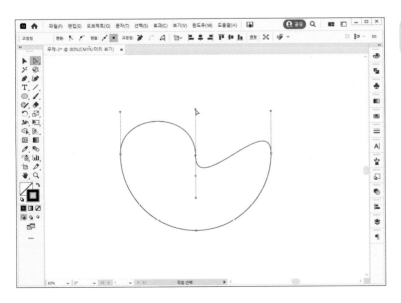

03 이동시킨 고정점에 연결된 방향선을 드래그하여 모양을 수정합니다.

04 계속하여 고정점 도구를 선택하고, 앞서 이동시켰던 반대쪽 방향선을 드래그하여 모양을 수정합니다.

PlusTip

고정점 도구는 고정점을 기준으로 반대편 방향선에는 영향을 주지 않고 드래그하는 방향선만 수정이 가능합니다.

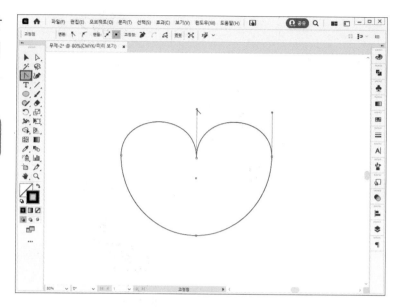

05 그리고 하단의 고정점 또한 고정점 도구가 선택된 상태에서 클릭하여 직선 모양으로 수정하여 대략적인 하트 모양을 만듭니다.

PlusTip

고정점 도구의 또 한 가지 기능은 곡선을 직선화하기도 하고, 반대로 직선을 곡선화시킬 수 있습니다.

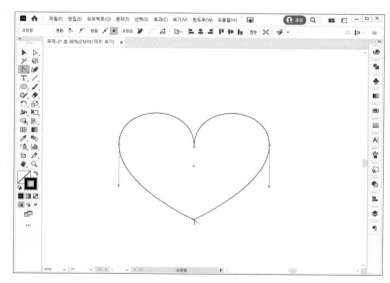

06 고정점 추가 도구와 직접 선택 도구, 고정점 도구 등을 사용하여 하트 모양을 완성하고, 색상 패널에서 면 색을 빨간색으로 적용합니다.

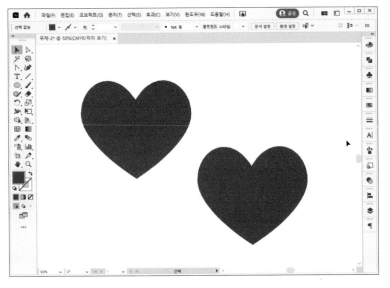

07 여러 개의 크기와 색상이 다른 하트 오브젝트를 활용해야 하므로 선택 도구를 선택하고, Alt 키를 누른 채 드래그하여 복사 후 사용할 수 있도록 합니다.

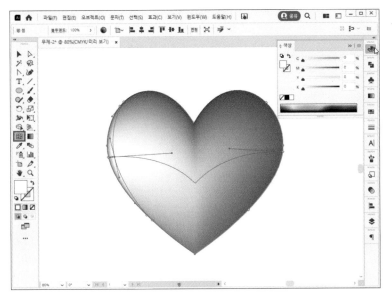

08 이제 색상을 적용하기 위해서 망 도구를 선택하고, 하트 모양 중간을 클릭하여 망 고정점을 추가한 후 흰색을 적용합니다.

Plus Tip

추가된 망 고정점을 편집하고자 할 경우에는 망 도구가 선택된 상태에서 고정점을 이동하거나 Alt 키를 누른 상태에서 망 고정점을 클릭하여 삭제할 수 있습니다.

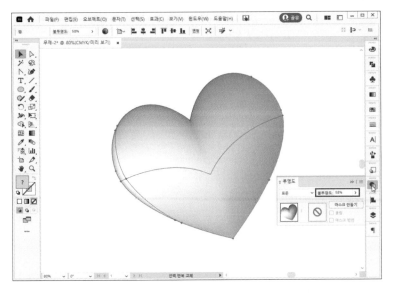

09 자유 변형 도구 또는 테두리 상자를 사용하여 조금 회전시켜 주고, [윈도우] 메뉴에서 투명도 패널을 불러온 후 불투명도 값을 조절하여 투명하게 처리해줍니다.

10 위와 동일한 방법으로 앞서 제작해 놓은 하트를 복사하여 각각 색상과 크기를 다르게 지정하여 여러 겹으로 겹쳐 표현합니다.

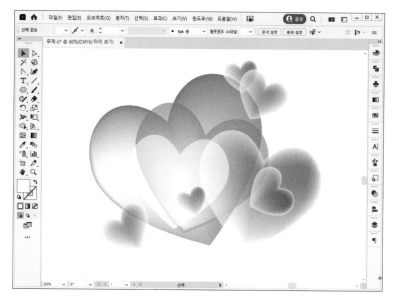

11 반짝이는 모양을 표현하기 위해서 별 모양 도구를 선택하고, 화면에 클릭하여 점 개수를 설정한 후 흰색 별 모양을 그려줍니다.

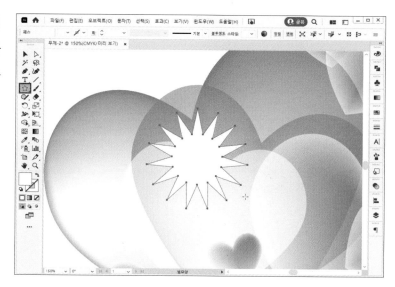

12 직접 선택 도구를 사용하여 고정점을 이동시켜 모양을 수정하거나 테두리 상자를 이용하여 크기를 조절합니다.

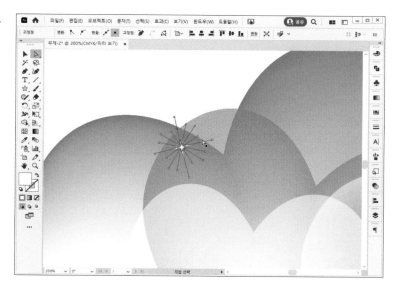

13 마지막으로 선택 도구로 여러 개 더 복사한 후, 크기를 조절하여 작업을 완성합니다.

MEMO

확장

오브젝트를 선택하고 [오브젝트]-[확장] 명령을 실행하여 대화상자에서 '그라디언트 망' 항목을 체크하면 선택한 오브젝트가 원형(방사형) 또는 사각형(선형) 그라디언트 모양의 망 오브젝트로 변환됩니다.

또한 망 오브젝트를 [오브젝트]-[패스]-[패스 이동] 명령을 실행하여 이동 값을 '0' 으로 적용하면 패스 오브젝트로 변환시킬 수 있습니다.

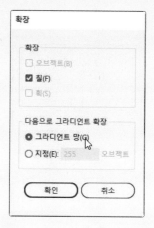

그라디언트로 칠한 오브젝트를 망 오브젝트로 변환

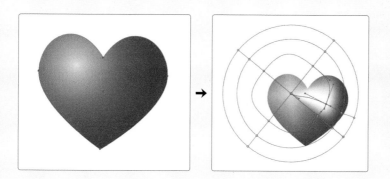

망 오브젝트를 패스 오브젝트로 다시 변환

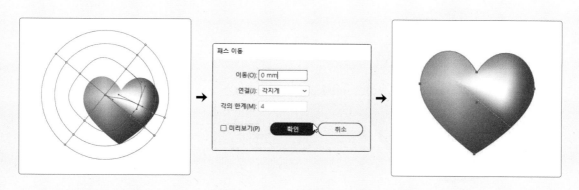

실습 (07) 입체적인 이모티콘 만들기

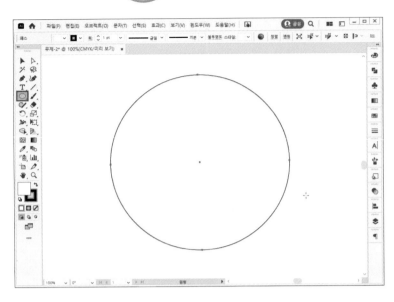

01 [파일]-[새로 만들기] 메뉴를 실행하여 작업할 아트보드를 만듭니다. 도구 패널에서 원형 도구를 선택하고, Shift 키를 누른 채 드래그하여 정원을 만듭니다.

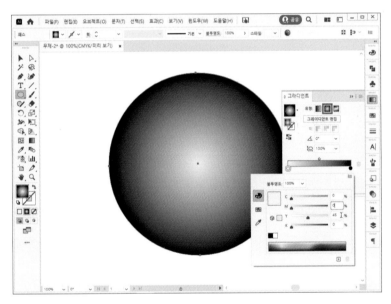

02 원이 선택된 상태에서 그라디언트 패널의 방사형 그라디언트를 선택합니다. 그리고 왼쪽 색상 슬라이드를 더블클릭하여 밝은 노란색 계열을 지정합니다.

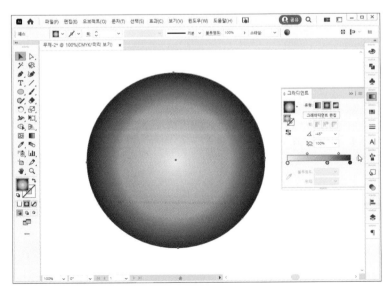

03 계속하여 색상 슬라이드에 마우스를 클릭하여 하나의 색을 더 추가한 후, 각각 색상을 달리 지정하여 나머지 색상까지 총 3단계의 그레이디언트 색상을 적용합니다.

04 도구 패널에서 그라디언트 도구를 선택하고, 원 위를 드래그하여 색상의 방향과 위치를 수정합니다.

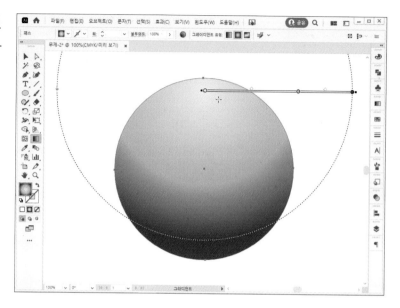

05 선택 도구로 작업한 원을 선택하고, [편집]-[복사], [편집]-[제자리에 붙이기] 메뉴를 연속적으로 실행하여 제자리에 하나 더 붙여넣기 합니다.

Plus**T**ip

제자리에 붙이기는 복사 명령으로 클립보드에 저장된 오브젝트를 가장 위쪽 제자리 위치에 붙여넣기 하는 기능입니다.

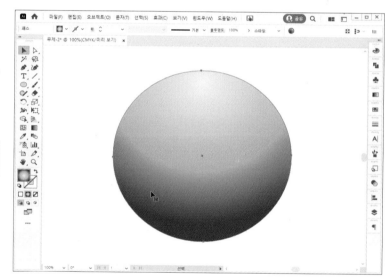

06 그런 다음 고정점 추가 도구를 선택하고 양쪽 패스에 고정점을 두 개 추가하고, 상단 중앙의 고정점만을 직접 선택 도구를 사용하여 삭제합니다.

Plus**T**ip

패스가 선택된 상태에서는 펜 도구를 사용하여 패스에 마우스를 올리면 포인트 추가 기능으로 사용할 수도 있습니다.

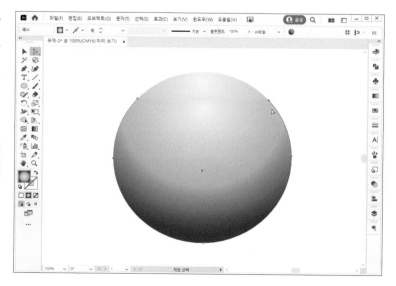

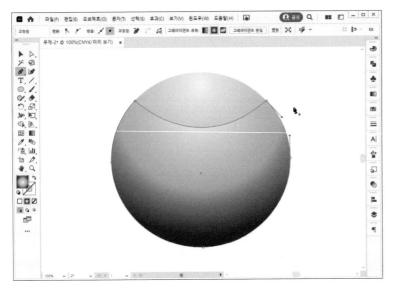

07 삭제된 패스를 연결하기 위해서 펜 도구를 선택하고, 양쪽 끝 고정점을 연결하여 곡선 모양으로 그려줍니다.

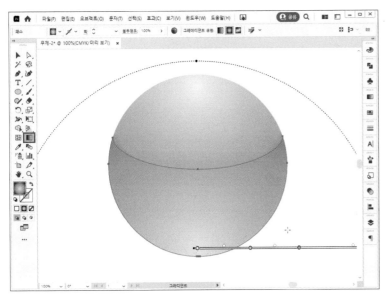

08 그라디언트 도구를 선택하고, 오브젝트에 드래그하여 그레이디언트 색상의 방향과 위치를 수정합니다.

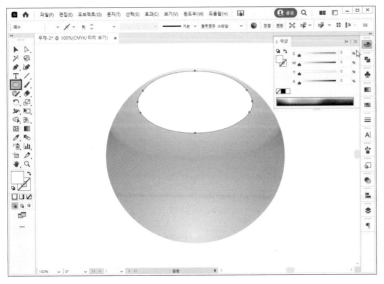

09 이제 상단의 밝은 부분을 표현하기 위해서 원형 도구를 선택하고, 흰색의 타원 모양을 만듭니다.

10 원을 선택한 후 [편집]-[복사] 메뉴를 실행하여 클립보드에 저장시켜 놓고, 투명도 패널에서 마스크 만들기 버튼을 클릭하여 마스크를 적용합니다.

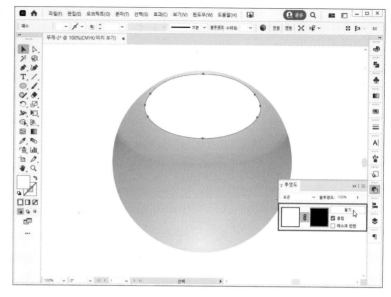

11 그런 다음 오른쪽 마스크 썸네일을 선택하고, [편집]-[제자리에 붙이기] 메뉴를 실행하여 원을 제자리 붙여넣기 합니다.

> **강의 노트** 투명도 마스크는 흑백 부분을 투명하게 가려주는 기능으로 꼭 흑백이 아니더라도 색의 명도에 따라 가려지는 정도가 틀리게 됩니다. 특히 오브젝트의 경계 부분을 자연스럽게 가리고자 할 때 유용하게 사용할 수 있는 기능입니다.

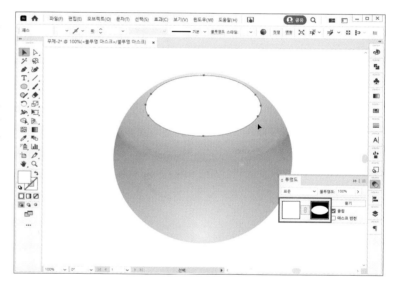

12 계속하여 그라디언트 패널에서 흰색과 검은색 두 단계의 그레이디언트 색상을 선형 유형으로 적용하면, 검은색 부분이 보이지 않는 것을 볼 수 있습니다.

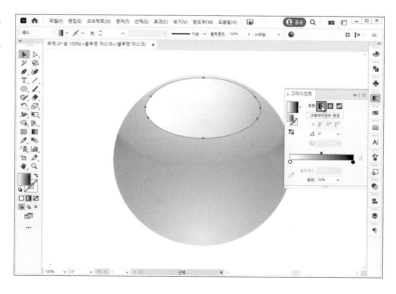

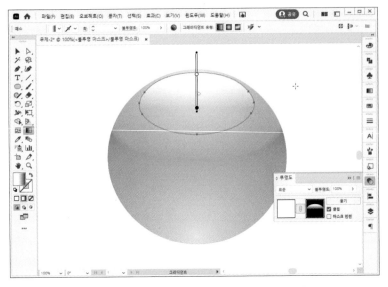

13 좀 더 자연스럽게 표현하기 위해서 그 라디언트 도구를 선택하고, 원 위를 드 래그하여 색상의 방향을 바꿔줍니다.

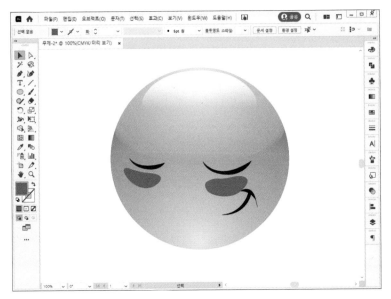

14 이제 펜 도구를 사용하여 눈과 입, 볼 터치 부분을 그려주고, 각각 면 색을 적용합니다.

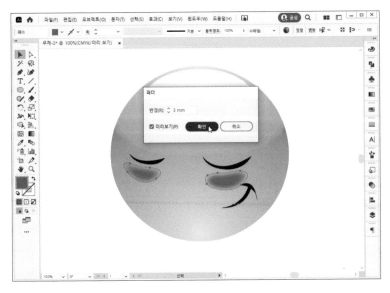

15 분홍색 오브젝트 두 개만을 Shift 키 를 사용하여 동시에 선택한 후, [효 과]-[스타일화]-[패더] 메뉴를 실행합니다.

16 대화상자에서 반경 값을 설정한 후, 하단의 미리보기 항목을 체크하여 퍼지는 정도 값을 조절하여 적당히 적용합니다.

강의노트 패더는 오브젝트의 테두리 부분을 부드럽게 퍼짐 효과를 적용할 수 있는 효과입니다.

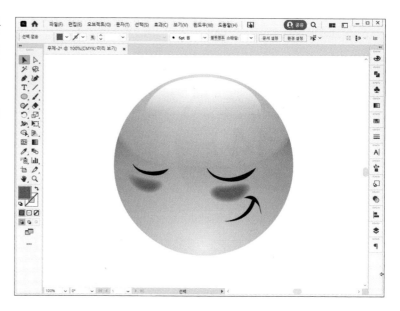

17 마지막으로 하단에 원형 도구를 사용하여 타원형을 그려주고, [오브젝트]-[정돈]-[맨 뒤로 보내기] 메뉴를 실행하여 뒤로 보내줍니다.

18 그라디언트 패널을 사용하여 그림자를 자연스럽게 표현하여 모든 작업을 완성합니다.

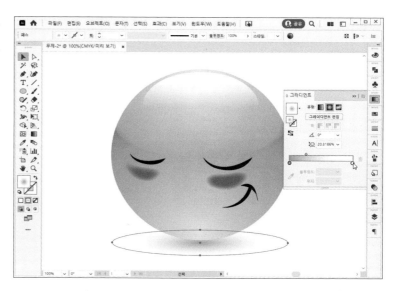

1

그레이디언트 색상을 이용하여 입체적인 공을 만들어 보세요.

힌트 • 원형 도구와 직접 선택 도구를 사용한 공 모양 제작, 그라디언트 도구와 패널을 사용한 입체감 표현, 투명도 패널의 불투명도 조절, 문자 도구 사용

▲ 완성파일 : 섹션07〉완성〉기초01.ai

2

망 기능을 사용하여 나비를 직접 만들어 보세요.

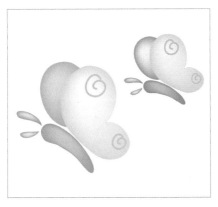

힌트 • 펜 도구, 나선형 도구, 직접 선택 도구를 사용한 모양 제작, 망 도구 사용으로 입체적 색상 표현

▲ 완성파일 : 섹션07〉완성〉기초02.ai

3

문자 도구와 그레이디언트 색상을 이용하여 입체적인 오브젝트를 만들어 보세요.

힌트 • 문자 도구로 글자 입력 후 윤곽선 만들기, 기울이기 도구로 세로로 기울이기, 펜 도구로 각각 입체적인 모양 그린 후 그라디언트 도구와 패널 사용하여 그레이디언트 색상 적용

▲ 완성파일 : 섹션07〉완성〉기초03.ai

심화문제

1) 그레이디언트 색상을 활용하여 입체적인 오브젝트를 만들어 보세요.

힌트 • 원형 도구로 공 모양 제작, 펜 도구로 원을 가로지르는 여러 개의 곡선 만들기, 전체 오브젝트 선택 후 패스파인더의 나누기 적용, 각각 선택 후 그라디언트 도구와 패널 사용하여 그레이디언트 색상 적용

▲ 완성파일 : 섹션07〉완성〉심화01.ai

2) 다양한 채색 기능을 활용하여 입체적인 오브젝트를 만들어 보세요.

힌트 • 원형 도구, 직접 선택 도구를 사용한 물방울 모양 제작, 펜 도구와 그라디언트 도구를 사용한 나뭇잎 모양 제작, 망 도구를 사용한 채색과 투명도 패널의 혼합 모드와 불투명도를 적용한 입체적 표현

▲ 완성파일 : 섹션07〉완성〉심화02.ai

3) 앞서 학습한 기능들을 사용하여 배경 이미지를 만들어 보세요.

▲ 완성파일 : 섹션07〉완성〉심화03.ai

힌트 • 반사 도구, 회전 도구, 블렌드 기능을 사용한 꽃 제작, 그라디언트 도구를 사용한 배경과 투명도 패널의 불투명도를 적용한 다양한 크기와 색상의 원 제작

08 패스파인더 기능 익히기

이번 시간에는 각종 도형 도구와 패스파인더 패널을 이용하여 심벌마크와 로고 타입 등을 제작해 보겠습니다. 로고나 심벌마크는 기업 이미지의 표상이 되므로 기업의 상징성과 소비자에게 인지도를 높일 수 있도록 제작되어야 합니다. 이러한 이유로 형태를 최대한 단순화시키고 다양한 애플리케이션에 적용할 수 있도록 도안되어야 하며, 이를 위해서는 기본적으로 여러 가지 모양의 도형과 패스파인더 기능을 사용하여 제작하면 훨씬 용이하게 작업할 수 있습니다.

Preview

학습내용

실습 01. 도형 구성 도구 사용하기
실습 02. 패스파인더를 활용한 아이콘 만들기
실습 03. 패스파인더를 활용한 입체적인 오브젝트 만들기

실습 04. 픽토그램 제작하기
실습 05. 혼합 모드를 활용한 비치발리볼 만들기

▲ 완성파일 : 섹션08〉완성〉실습01.ai

▲ 완성파일 : 섹션08〉완성〉실습02.ai

▲ 완성파일 : 섹션08〉완성〉실습03.ai

▲ 완성파일 : 섹션08〉완성〉실습04.ai

▲ 완성파일 : 섹션08〉완성〉실습05.ai

✔ 체크포인트

– 도형 구성 도구 사용법을 익힙니다.
– 여러 가지 도형과 패스파인더 기능을 사용하여 아이콘을 제작합니다.
– 패스파인더 기능을 사용하여 독특한 오브젝트를 만들어 봅니다.
– 여러 가지 도형과 변형 기능, 패스파인더를 활용하여 픽토그램을 제작해 봅니다.
– 혼합 모드를 사용하여 입체적인 공 모양을 만들어 봅니다.

실습 ①1 도형 구성 도구 사용하기

01 [파일]-[새로 만들기] 메뉴를 실행하여 작업할 아트보드를 만듭니다. 도구 패널에서 다각형 도구를 선택하고 화면에 클릭하여 삼각형을 만들고 원하는 색상을 적용합니다.

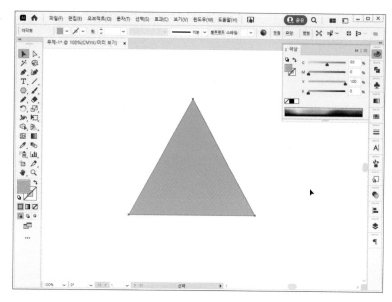

02 다시 원형 도구를 선택하고, Shift 키를 누른 채 삼각형 위쪽에 겹치도록 드래그하여 정원을 만들고 면 색을 적용합니다.

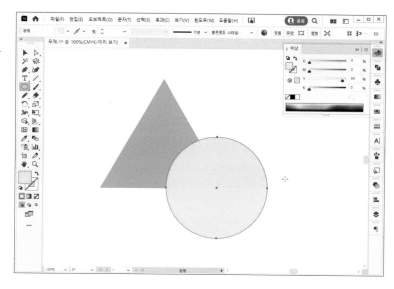

03 선택 도구를 사용하여 두 개의 오브젝트를 모두 선택한 후, 도구 패널에서 도형 구성 도구를 선택합니다. 그리고 중앙의 삼각형과 겹치는 부분을 포함하여 드래그합니다.

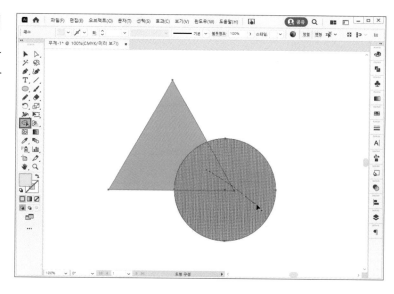

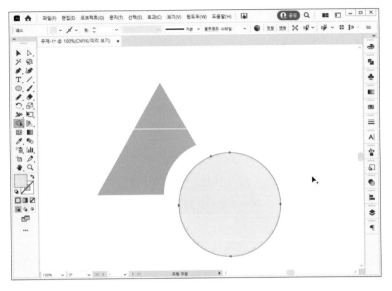

04 그러면 드래그한 부분이 하나의 오브 젝트로 합쳐지는 것을 볼 수 있습니다.

강의 노트 도형 구성 도구는 오브젝트를 합치고, 나누고, 겹치는 부분 등을 추출하는 기능으로, 패스파인더 패널의 모양 모드 기능 을 손쉽게 사용할 수 있는 기능입니다.

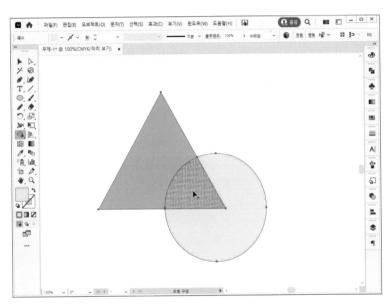

05 Ctrl + Z 키를 눌러 명령을 취소하 고, 이번에는 오브젝트가 선택된 상태 에서 Alt 키를 누른 채 빼고자 하는 부분을 클 릭하거나 드래그합니다.

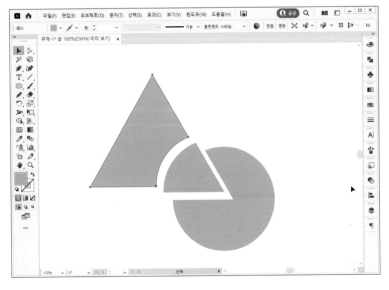

06 마찬가지로 오브젝트가 선택된 상태에 서 나누고자 하는 오브젝트를 클릭하 여 각각 분리할 수도 있습니다.

01 [파일]-[새로 만들기] 메뉴를 실행하여 작업할 아트보드를 만듭니다. 다양한 도형 도구와 패스파인더 기능을 사용하여 간단한 아이콘을 만들어 보겠습니다. 먼저 도구 패널에서 둥근 사각형 도구를 선택하고, 아트보드에 클릭하여 모서리 둥글기 정도를 설정합니다.

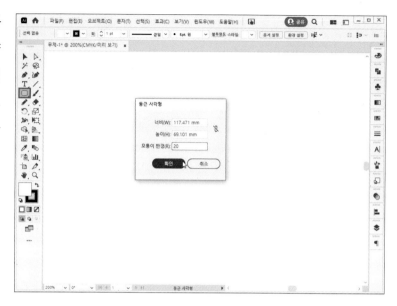

02 아트보드에 드래그하여 둥근 사각형을 그려주고, 견본 패널에서 면 색을 적용합니다.

PlusTip

사각형 도구로 직사각형을 그린 후, 모퉁이 위젯 기능을 사용하여 모양을 만들어도 됩니다.

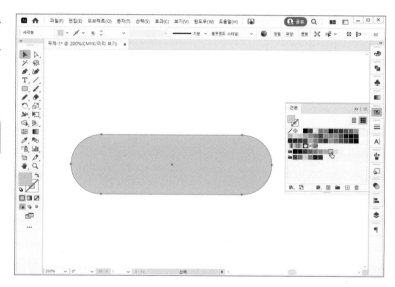

03 다시 원형 도구를 선택하고 **Shift** 키를 누른 채 드래그하여 정원을 그려주고 위와 동일한 색상을 적용합니다.

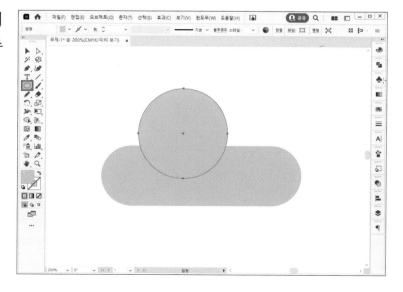

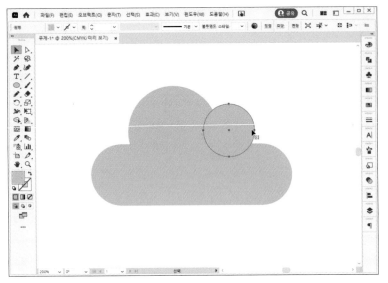

04 선택 도구를 사용하여 앞서 그려놓은 원을 선택하고, [Alt] 키를 누른 채 옆으로 드래그하여 하나를 더 복사한 후, 자유 변형 도구 또는 테두리 상자를 사용하여 크기를 축소합니다.

05 전체 오브젝트를 모두 선택하고, [윈도우] 메뉴에서 패스파인더 패널을 불러온 후, 합치기 아이콘을 클릭하여 하나로 합쳐 줍니다.

> **강의 노트** 패스파인더는 도형과 도형의 겹치는 부분을 어떻게 처리할 것인지에 대한 명령으로 각종 로고나 아이콘, 픽토그램, 캐릭터 등을 제작할 때 유용하게 사용할 수 있는 기능입니다.

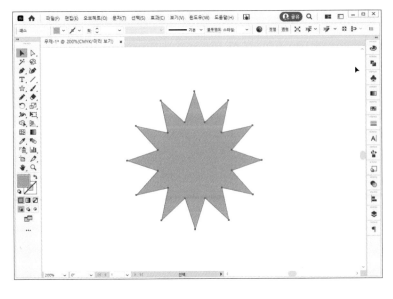

06 해 모양을 만들기 위해서 도구 패널에서 별모양 도구를 선택하고, 아트보드에 클릭하여 점 개수와 모양을 지정합니다.

07 그리고 원형 도구로 Alt + Shift 키를 누른 채 드래그하여 별 모양과 겹쳐 그려줍니다.

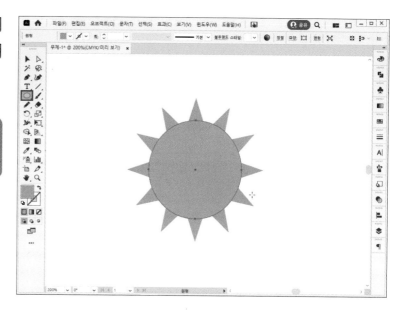

PlusTip

지금과 같은 경우 정확히 원의 중심을 클릭할 수 없으므로 안내선을 이용하거나 [보기] 메뉴에서 특수 문자 안내선을 체크하면 안내선과 중심점 등을 보여주어 정확히 작업할 수 있습니다.

08 두 개의 오브젝트를 선택하고, 패스파인더 패널에서 앞면 오브젝트 제외 아이콘을 클릭하여 중앙을 빼줍니다.

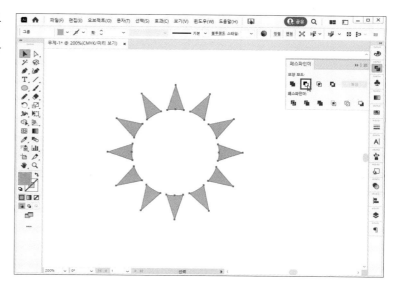

09 다시 중앙에 정원을 하나 더 만들어 해 모양을 완성하고, 앞서 제작해두었던 구름 모양과 겹치게 이동한 후, [오브젝트]-[정돈]-[맨 뒤로 보내기] 메뉴를 실행하여 뒤로 보내줍니다.

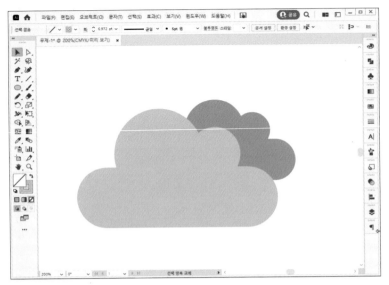

10 두 번째 아이콘은 앞서 제작했던 구름 모양을 선택 도구로 선택한 후, `Alt` 키를 누른 채 복사하여 색상과 크기를 조절하여 제작합니다.

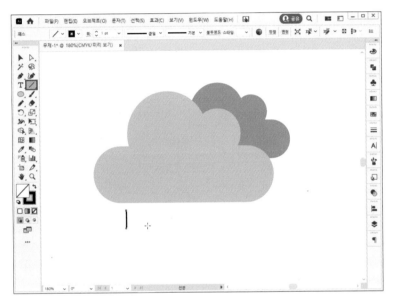

11 도구 패널에서 선분 도구를 선택하고, `Shift` 키를 누른 채 드래그하여 곧은 직선을 그립니다.

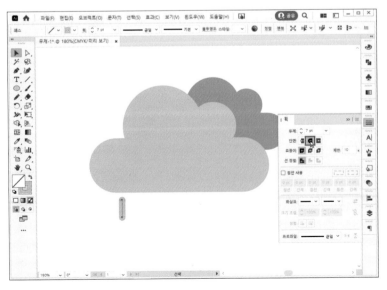

12 획 패널에서 선의 두께를 두껍게 지정하고, 단면 모양은 둥근 단면을 적용한 후, 색상 패널에서 선 색을 지정합니다.

13 선택 도구를 사용하여 여러 개 복사한 후, 직접 선택 도구로 모양을 수정하여 비가 내리는 듯한 모양을 만들어 줍니다.

14 계속하여 펜 도구로 번개 모양 역시 직접 그려주고, 선의 두께와 끝 모양을 지정합니다. 물론 [오브젝트]-[정돈]-[맨 뒤로 보내기] 명령을 실행하여 오브젝트를 각각 정리해 줍니다.

15 이번에는 눈 결정체 모양을 만들기 위해서 선분 도구를 선택하고, Shift 키를 누른 채 드래그하여 곧은 직선을 그립니다.

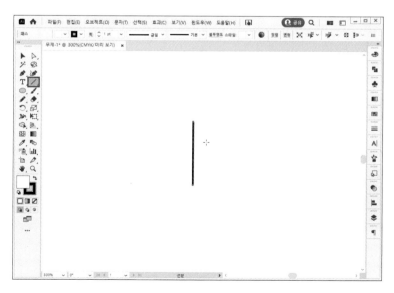

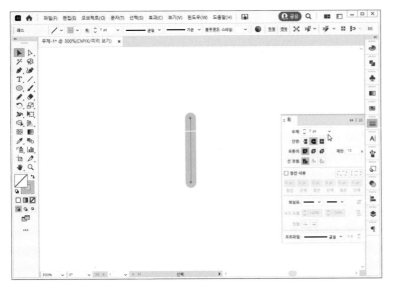

16 마찬가지로 획 패널에서 선의 두께와 끝 모양을 둥글게 지정하고, 색상 패널에서 선 색을 적용합니다.

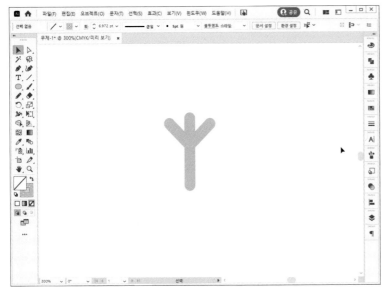

17 계속하여 선분 도구를 사용하여 Shift 키를 누른 상태에서 드래그하여 양쪽 사선을 만듭니다.

Plus**T**ip

선분 도구로 각각 그려도 되고, 한쪽 선을 그린 후 반사 도구를 사용하여 반사시켜 제작하여도 됩니다.

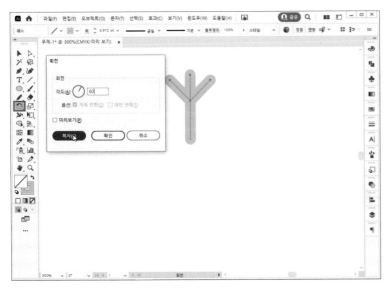

18 세 개의 선을 모두 선택한 후 도구 패널에서 회전 도구를 선택하고, Alt 키를 누른 채 중심점을 이동, 클릭하면 대화상자가 나타납니다.

19 회전시키고자 하는 개수에 해당하는 각도를 입력하고, 복사를 눌러주어 복사합니다.

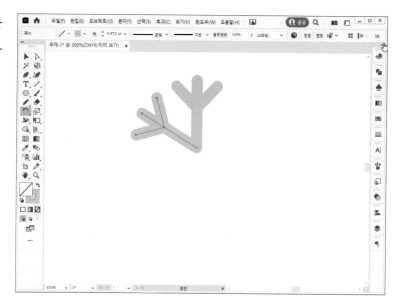

20 계속하여 오브젝트가 선택된 상태에서 [오브젝트]-[변형]-[변형 반복] 명령을 반복적으로 실행하여 눈 결정체 모양을 완성합니다.

Plus**T**ip

변형 반복 기능은 바로 전에 움직인 명령에 대한 반복 명령으로 오브젝트가 선택되어 있는 상태에서 Ctrl + D 를 눌러 단축키를 사용해도 됩니다.

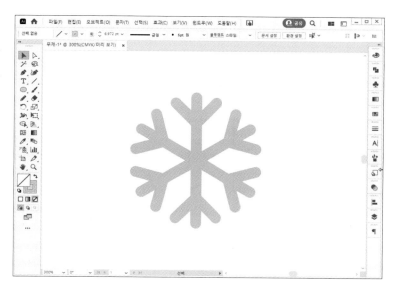

21 마지막으로 온도계를 만들어 보겠습니다. 둥근 사각형 도구를 사용하여 모서리가 둥근 사각형 형태를 그려줍니다.

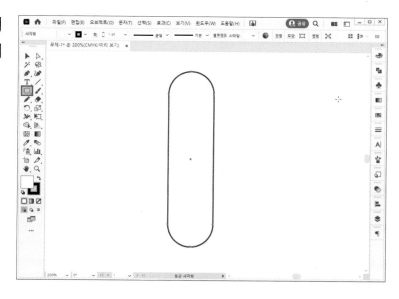

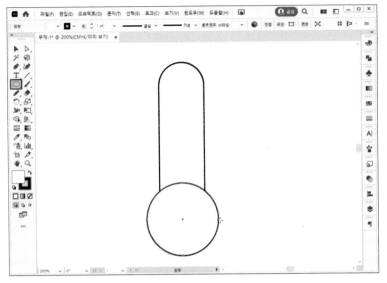

22 다시 원형 도구를 선택하고, [Shift] 키를 누른 채 드래그하여 정원을 겹치게 그려줍니다.

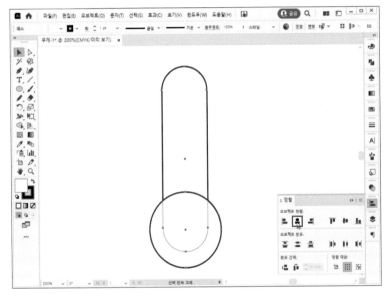

23 선택 도구로 두 개의 오브젝트를 선택한 후, 정렬 패널에서 가로 가운데 정렬 아이콘을 클릭하여 세로로 정렬시켜줍니다.

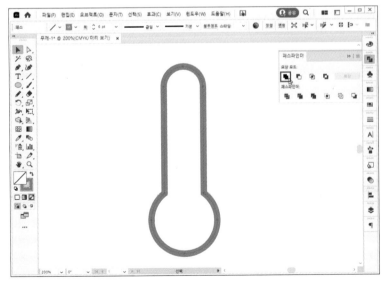

24 계속하여 두 오브젝트가 선택된 상태에서 패스파인더 패널에서 합치기를 눌러 하나로 합쳐주고, 선 색과 선의 두께를 지정합니다.

25 앞서 만들어 놓은 오브젝트를 선택하고 [편집]-[복사], [편집]-[제자리에 붙이기] 메뉴를 연속적으로 실행하여 하나를 더 복사한 후, 도구 패널에서 칠과 선 교체를 클릭하여 선 색을 면 색으로 전환한 후 색상을 변경합니다.

PlusTip

제자리 붙이기는 복사 명령으로 클립보드에 저장된 오브젝트를 가장 위쪽 제자리 위치에 붙여넣기 하는 기능입니다.

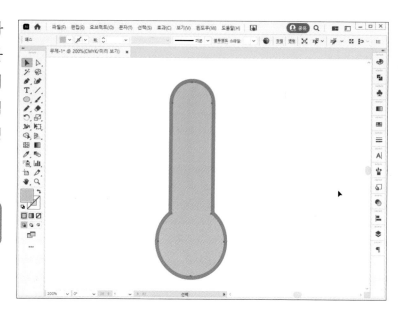

26 도구 패널에서 고정점 추가 도구를 선택하고, 패스 양쪽에 고정점 두 개를 추가합니다.

PlusTip

도구 패널에서 고정점 추가 도구를 사용하지 않고 펜 도구로 선택된 오브젝트의 패스에 마우스를 위치시키면 자동으로 고정점 추가 도구가 활성화되기도 합니다.

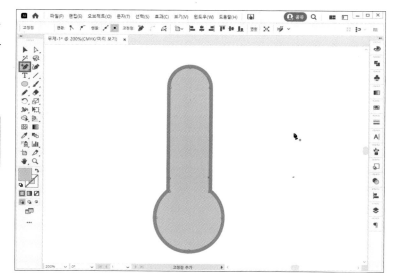

27 그런 다음 직접 선택 도구를 사용하여 상단의 필요 없는 고정점을 모두 지워주고, [오브젝트]-[정돈]-[맨 뒤로 보내기]를 실행하여 뒤로 보내줍니다.

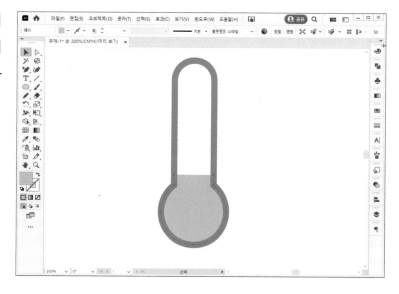

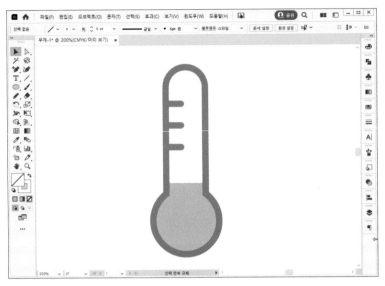

28 선분 도구를 사용하여 Shift 키를 누른 채 드래그하여 수평선을 그려주고, 색상과 두께를 지정한 후 두 개를 더 복사합니다.

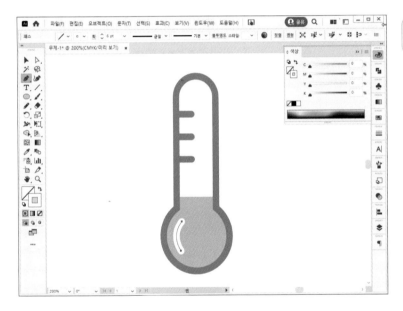

29 다시 펜 도구로 곡선을 그려주고, 색상과 두께를 지정합니다.

30 마지막으로 선택 도구로 모두 선택한 후, 자유 변형 도구 또는 테두리 상자를 이용하여 회전시켜줍니다.

Power Upgrade

패스파인더 패널

패스파인더 기능은 도형과 도형의 겹치는 부분을 어떻게 처리할 것인지에 대한 명령으로 각종 로고나 아이콘, 픽토 그램, 캐릭터 등을 제작할 때 매우 빈번히 사용되는 기능입니다.

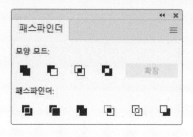 

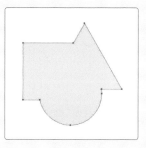

〈합치기〉

〈앞면 오브젝트 제외〉

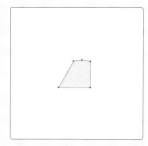

〈교차 영역〉

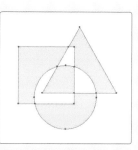

〈교차 영역 제외〉

〈나누기〉

〈동색 오브젝트 분리〉

〈병합 – 다른 색상〉

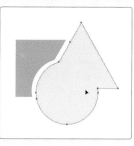

〈병합 – 동일 색상〉

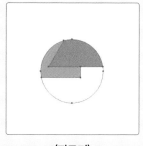

〈자르기〉

〈윤곽선〉

〈이면 오브젝트 제외〉

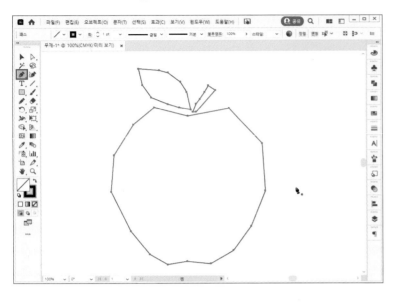

01 [파일]-[새로 만들기] 메뉴를 실행하여 작업할 아트보드를 만듭니다. 먼저 펜 도구를 선택하고 사과 모양을 만듭니다.

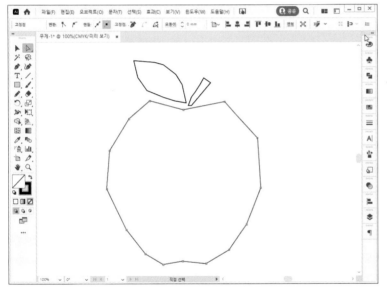

02 수정이 필요할 경우에는 직접 선택 도구를 사용하여 고정점을 이동하거나, 고정점 추가 도구, 고정점 삭제 도구 등을 사용하여 모양을 수정하면 됩니다.

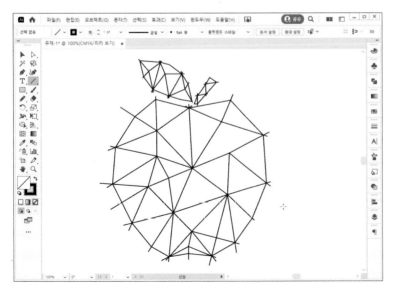

03 사과를 등분하기 위해서 선분 도구와 펜 도구를 사용하여 오브젝트를 가로지르는 직선들을 각각 그려줍니다.

04 선택 도구를 사용하여 전체 오브젝트를 선택하고, 패스파인더 패널에서 나누기 아이콘을 클릭한 후 [오브젝트]-[그룹 풀기] 메뉴를 실행합니다.

PlusTip

나누기 명령을 적용하면 모두 하나의 그룹으로 묶이게 됩니다. 그래서 개별적으로 선택하기 위해서 그룹 풀기 명령을 실행하는 것입니다.

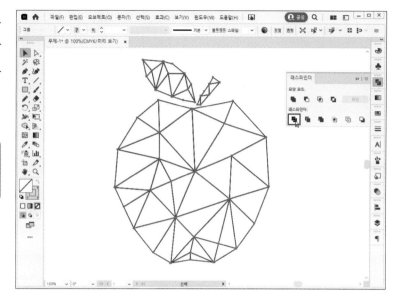

05 이제 선택 도구를 선택하고, 각각 분리된 오브젝트를 선택하여 색상 패널에서 면 색을 적용합니다.

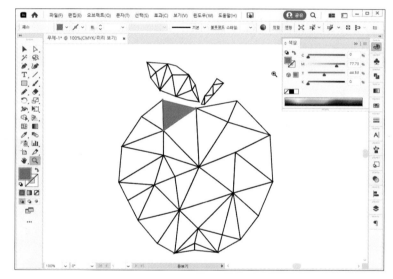

06 전체적으로 모두 각각 색상을 지정하여 입체적인 오브젝트를 완성합니다.

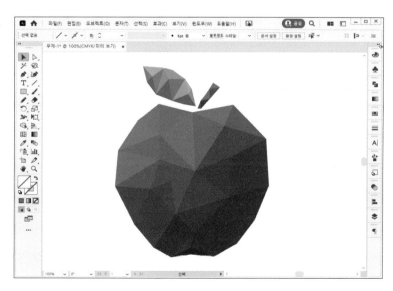

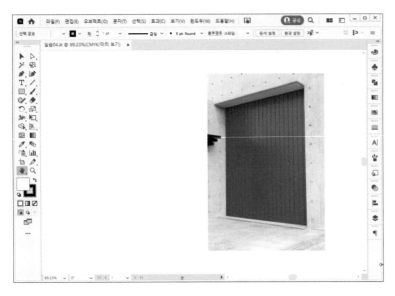

01 [파일]-[열기] 명령으로 "섹션08〉샘플 폴더 안의 실습04.ai" 파일을 불러옵니다. 이미지 위에 픽토그램을 제작하여 자연스럽게 합성해 보겠습니다.

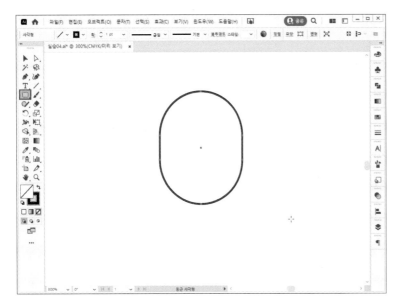

02 도구 패널에서 둥근 사각형 도구를 선택하고, 아트보드에 클릭하여 모서리 둥글기 정도 값을 조절하여 얼굴 형태를 그려주거나, 사각형 도구로 직사각형을 그린 후 모퉁이 위젯을 사용하여 둥글게 처리해줍니다.

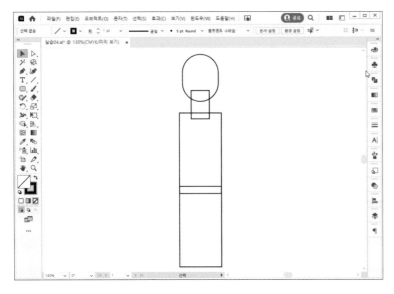

03 다시 사각형 도구를 선택하고, 목에 해당하는 직사각형과 상체 부분, 하체 부분을 각각 겹치게 그려줍니다.

04 전체 선택 도구를 사용하여 전체 오브 젝트를 선택하고, [윈도우] 메뉴에서 정렬 패널을 불러온 후 가로 가운데 정렬 아이 콘을 클릭하여 세로로 정렬합니다.

Plus**T**ip

정렬 패널은 여러 개의 오브젝트를 가로나 세로를 기준으로 가지런 히 정렬시키고자 할 때 사용하는 기능입니다.

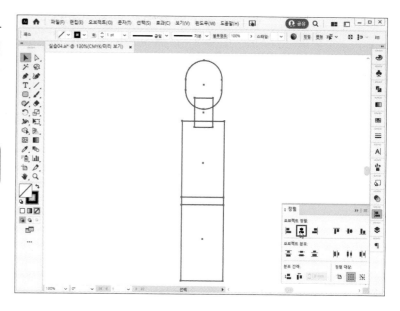

05 이제 상체 부분에 해당하는 사각형의 모양을 수정하기 위해서 도구 패널에 서 고정점 추가 도구를 선택하고, 상단 패스에 두 개의 포인트를 추가합니다.

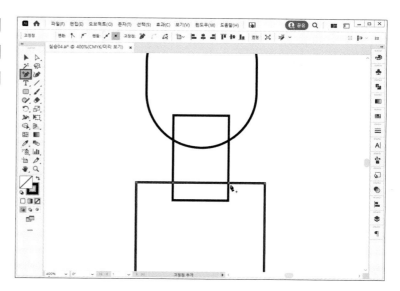

06 그런 다음 직접 선택 도구로 추가된 두 개의 포인트를 동시에 선택한 후, 위로 이동시켜 목 부분과 겹치게 수정합니다.

Plus**T**ip

두 개의 고정점을 동시에 선택하고자 할 경우에는 하나의 고정점을 선택한 다음, **Shift** 키를 누른 채 나머지 하나를 클릭하여 선택하면 됩니다.

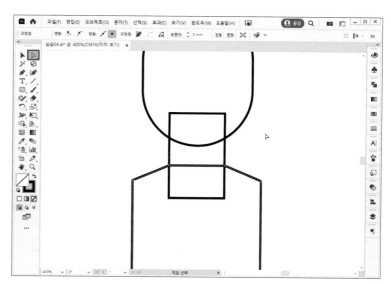

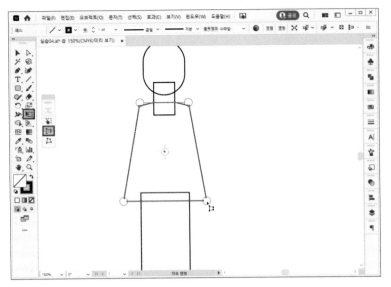

07 자유 변형 도구의 원근 왜곡을 선택하고, 하단 모양이 벌어지게 모양을 수정합니다.

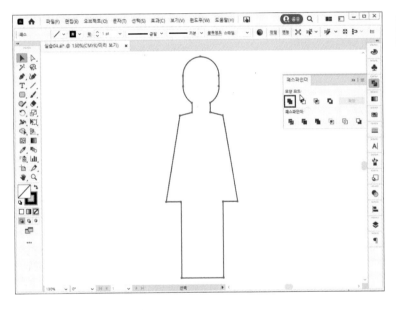

08 선택 도구로 전체 오브젝트를 선택하고, 패스파인더 패널에서 합치기를 클릭하여 모두 하나로 합쳐줍니다.

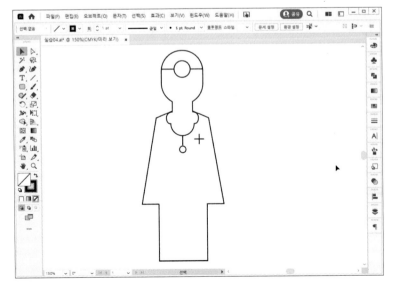

09 원형 도구를 사용하여 원을 그리고, 이 원을 이용하여 반원을 제작하는 등 선분 도구를 함께 사용하여 나머지 청진기 부분 등을 만들어 모양을 완성합니다.

10 제작한 오브젝트를 이미지 위쪽으로 이동시킨 후 색상 패널에서 흰색을 적용하고, 획 패널에서 선의 두께를 지정합니다.

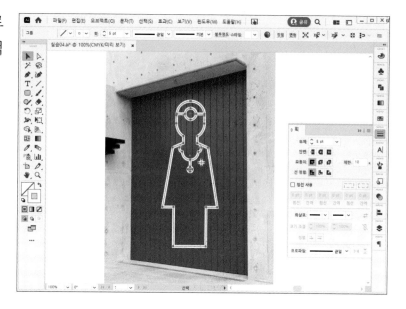

11 도구 패널에서 문자 도구를 선택하고, 마우스를 클릭하여 앞서 제작한 모양 하단에 내용을 입력한 후 문자 패널에서 글꼴과 크기를 지정합니다. 또한 문자 색상을 흰색으로 수정합니다.

12 펜 도구를 사용하여 하단의 화살표 또한 직접 그려주고, 선의 두께를 지정합니다.

13 이제 전체 오브젝트를 선택하고, 자유 변형 도구의 원근 왜곡 도구를 사용하여 원근감이 느껴지도록 모양을 변형시켜 작업을 완료합니다.

MEMO

01 [파일]-[새로 만들기] 메뉴를 실행하여 작업할 아트보드를 만듭니다. 원형 도구를 선택하고, Shift 키를 누른 채 드래그하여 정원을 만듭니다.

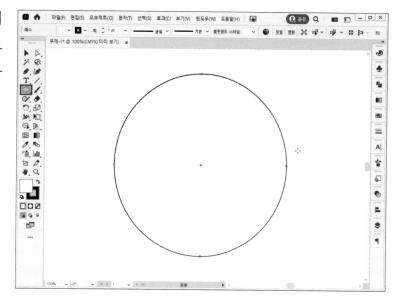

02 추후 하단의 명암 부분을 표현하기 위해서 원을 선택한 후, [편집]-[복사] 메뉴를 실행하여 클립보드에 저장시켜 둡니다.

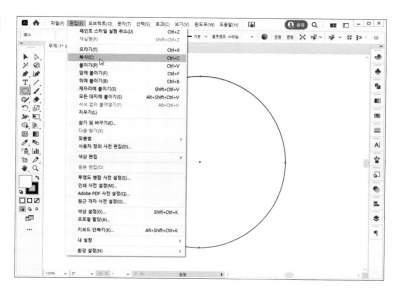

03 펜 도구를 사용하여 원을 등분시킬 곡선을 몇 개 그려줍니다.

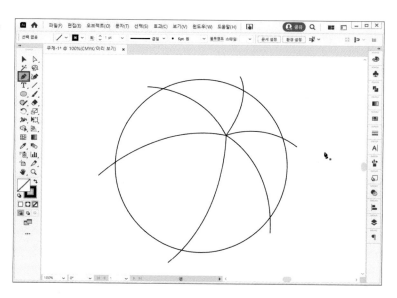

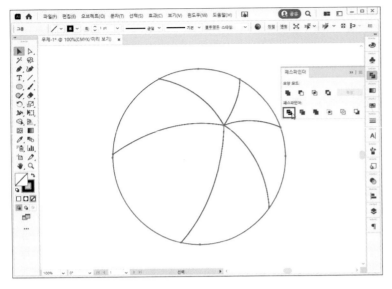

04 그런 다음 전체 오브젝트를 선택하고, 패스파인더 패널에서 나누기 아이콘을 클릭하고 연속적으로 [오브젝트]-[그룹 풀기] 명령을 실행합니다.

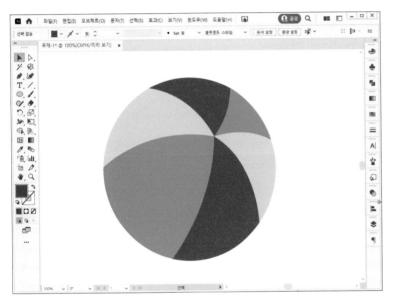

05 분리된 오브젝트를 선택하고, 색상 패널에서 각각 원하는 면 색을 지정합니다.

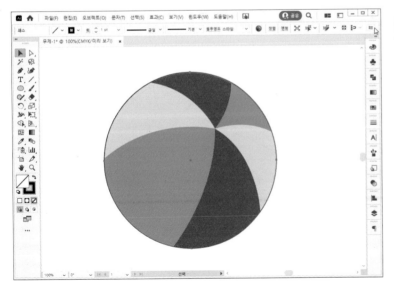

06 이제 명암 효과를 주기 위해서 앞서 클립보드에 저장시켜 두었던 원을 [편집]-[제자리에 붙이기] 명령을 실행하여 하나를 더 만듭니다.

07 그라디언트 패널에서 방사형 그라디언트 형식을 지정하고, 흰색과 검은색의 그레이디언트 색상을 적용합니다.

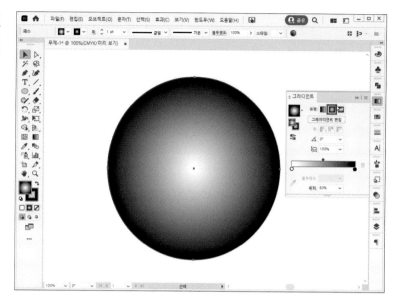

08 다시 그라디언트 도구를 사용하여 원 위를 드래그하여 색상 방향을 바꿔줍니다.

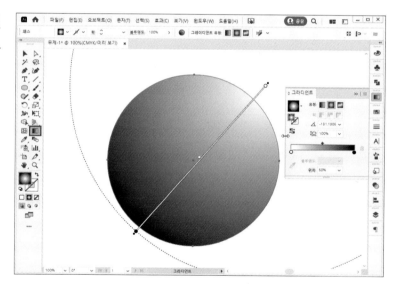

09 흰색 부분이 거의 보이지 않으므로 그라디언트 패널 또는 색상 바에서 흰색의 양이 많아지도록 슬라이드를 이동시켜 줍니다.

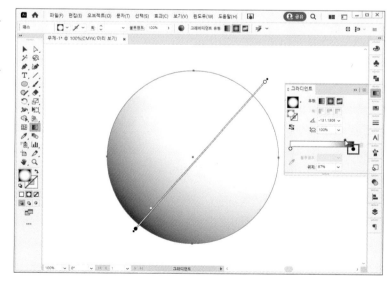

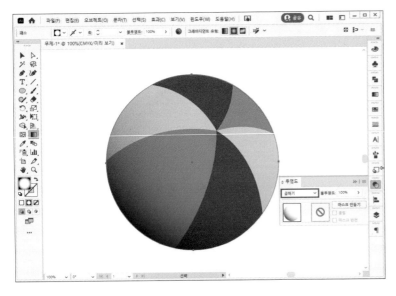

10 그런 다음 투명도 패널에서 혼합 모드를 곱하기로 적용하여 자연스럽게 합성합니다.

 강의 노트 투명도 패널은 오브젝트에 투명도를 적용하거나 혼합 모드를 적용하여 오브젝트들과의 색상 혼합으로 다양한 효과를 표현할 수 있는 기능입니다.

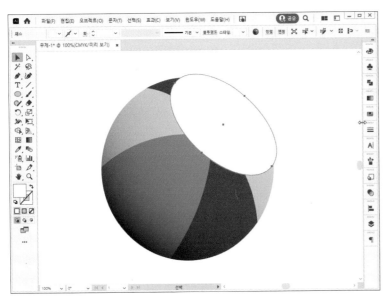

11 이번에는 밝은 하이라이트 부분을 표현하기 위해서 원형 도구를 사용하여 타원형을 그려주고 흰색을 적용합니다.

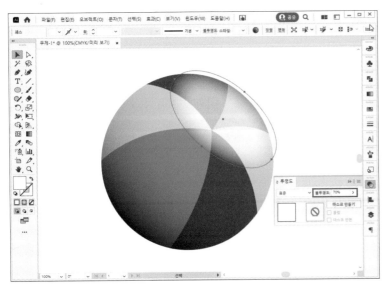

12 [효과]-[스타일화]-[패더] 메뉴를 실행하여 원의 테두리 부분이 자연스럽게 퍼지도록 효과를 적용하고, 투명도 패널에서 불투명도를 조절합니다.

13 마지막으로 다시 교차점에 타원형을 하나 그리고, 그라디언트 패널에서 방사형 그라디언트 형식을 선택한 후 각각 원하는 색상을 적용합니다.

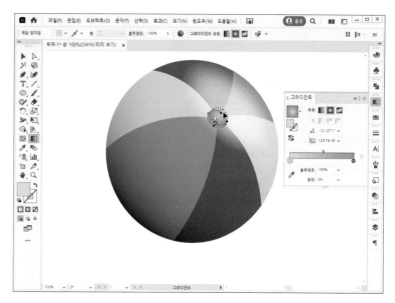

14 그리고 그라디언트 도구를 선택, 드래그하여 색상 방향을 조절합니다.

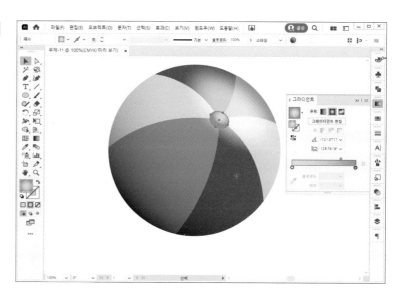

15 하단의 그림자 역시 타원형을 그린 후 그레이디언트 색상을 적용하고, [오브젝트]-[정돈]-[맨 뒤로 보내기] 명령을 실행하여 작업을 완성합니다.

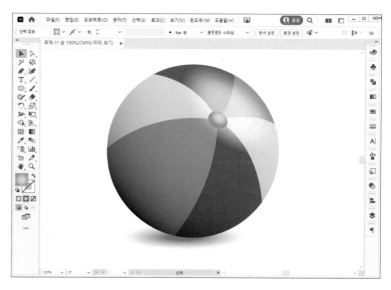

1

도형 도구들을 사용하여 간단한 픽토그램을 만들어 보세요.

힌트 • 원형 도구, 둥근 사각형 도구를 사용한 모양 제작과 패스파인더 기능 활용

▲ 완성파일 : 섹션08〉완성〉기초01.ai

2

패스파인더 기능을 사용하여 간단한 상징물을 만들어 보세요.

힌트 • 원형 도구, 둥근 사각형 도구, 사각형 도구 및 모퉁이 위젯 등을 사용한 모양 만들기와 패스파인더의 합치기와 앞면 오브젝트 제외 기능 활용

▲ 완성파일 : 섹션08〉완성〉기초02.ai

3

도형 도구와 패스파인더 기능을 사용하여 재미난 모양을 만들어 보세요.

힌트 • 원형 도구와 패스파인더를 사용한 모양 제작, 폭 도구를 사용한 선의 두께 표현, 별모양 도구와 [효과] – [왜곡과 변형] – [오목과 볼록] 효과를 사용한 오브젝트 제작

▲ 완성파일 : 섹션08〉완성〉기초03.ai

1) 도형과 패스파인더를 사용하여 열기구를 만들어 보세요.

▲ 완성파일 : 섹션08〉완성〉심화01.ai

힌트 • 원형 도구로 타원형 제작 후 직접 선택 도구로 포인트 삭제하여 반원 제작, 여러 개 복사하여 각각 폭 조절, 반사 도구로 반대편 모양 완성, 둥근 사각형 도구와 선분 도구로 나머지 모양 제작, 원형 도구와 패스파인더 기능으로 구름 모양 제작 후 투명도 패널에서 불투명도 지정

2) 다양한 도형과 패스파인더 기능을 사용하여 아이콘을 만들어 보세요.

▲ 완성파일 : 섹션08〉완성〉심화02.ai

힌트 • 둥근 사각형 도구와 사각형 도구, 원형 도구 등을 사용한 모양 제작, 펜 도구를 사용한 곡선 표현과 [오브젝트] – [패스] – [윤곽 선] 명령으로 선을 면으로 변환시킨 후 활용, 폭 도구와 패스파인더 패널 활용

3) 앞서 학습한 기능들을 사용하여 입체적인 아이콘을 만들어 보세요.

▲ 완성파일 : 섹션08〉완성〉심화03.ai

힌트 • 펜 도구와 선분 도구, 원형 도구, 패스파인더 기능을 사용한 다양한 모양 제작, 문자 도구로 숫자 입력

09 브러쉬 도구 활용하기

페인트브러쉬 도구는 회화적인 느낌의 이미지를 자유롭게 드로잉하여 표현할 때 유용하게 사용되며, 선에 독특한 페인팅 효과와 패턴, 그리고 직접 제작한 오브젝트를 대입하여 회화적이고 화려한 효과를 적용할 수 있습니다. 이 단원에서는 드로잉에 관련된 도구들과 다양한 자르기 도구 사용법까지 학습하겠습니다.

Preview

■■ 학습내용

실습 01. 물방울 브러쉬 도구를 사용한 채색하기
실습 02. 다양한 자르기 도구 사용하기
실습 03. 페인트브러쉬 도구 사용법 익히기
실습 04. 브러쉬 등록 및 활용하기
실습 05. 브러쉬를 활용한 오브젝트 꾸미기

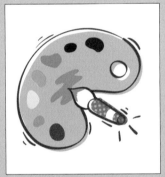
▲ 완성파일 : 섹션09〉완성〉실습01.ai

▲ 완성파일 : 섹션09〉완성〉실습02.ai

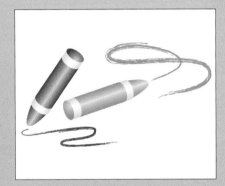
▲ 완성파일 : 섹션09〉완성〉실습03.ai

▲ 완성파일 : 섹션09〉완성〉실습04.ai

▲ 완성파일 : 섹션09〉완성〉실습05.ai

✔ 체크포인트

- 물방울 브러쉬 도구 사용법을 익힙니다.
- 지우개 도구, 가위 도구, 칼 도구 사용법을 익힙니다.
- 페인트브러쉬 도구와 브러쉬 패널에 대해서 알아봅니다.
- 원하는 브러쉬 모양을 직접 등록하고 활용해 봅니다.
- 레이어와 브러쉬 기능을 활용하여 오브젝트를 꾸며 봅니다.

실습 01 물방울 브러쉬 도구를 사용한 채색하기

01 [파일]–[열기] 메뉴를 실행하여 '섹션 09>샘플>실습01.ai' 파일을 불러옵니다. 도구 패널에서 물방울 브러쉬 도구를 더블 클릭하여 브러쉬의 크기를 조절합니다.

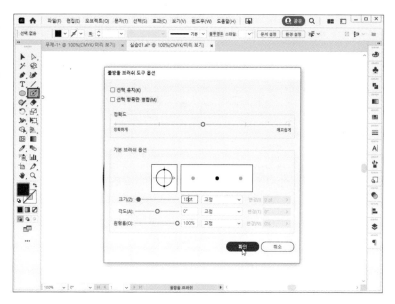

02 색상 패널에서 원하는 색상을 지정하고 팔레트 위에 마우스를 드래그하여 색칠하듯이 모양을 만듭니다.

 강의 노트 물방울 브러쉬 도구는 마우스를 채색하듯이 자유롭게 드래그하여 면 속성의 오브젝트를 나타낼 수 있는 도구로, 동일한 색상으로 채색이 될 경우에는 기존 오브젝트와 합쳐지게 되고, 다른 색상일 경우에는 개별적으로 나타냅니다.

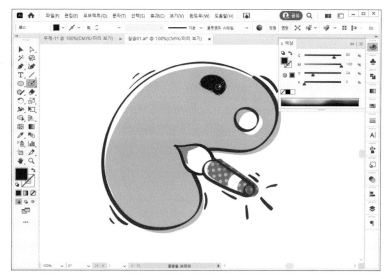

03 다양한 색상을 이용하여 여러 개의 물감 모양을 만들어 봅니다.

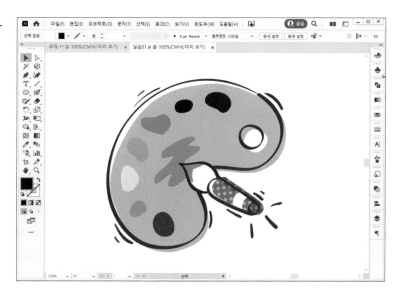

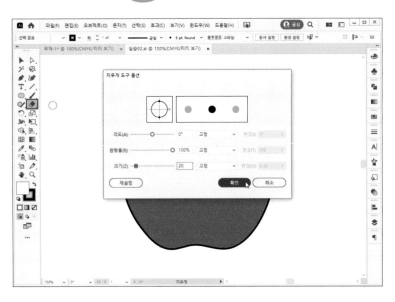

01 [파일]-[열기] 메뉴를 실행하여 '섹션 09〉샘플〉실습02.ai' 파일을 불러옵니다. 도구 패널의 지우개 도구 위에서 마우스를 더블클릭하여 나타난 대화상자에서 브러쉬의 크기를 조절합니다.

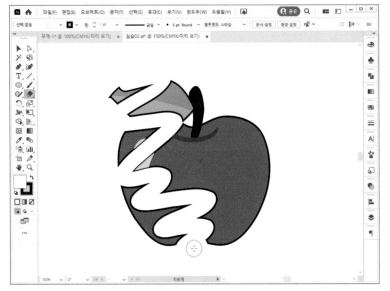

02 사과를 선택하고 마우스를 자유롭게 드래그하면 마우스가 지나간 부분이 삭제되는 것을 볼 수 있습니다.

> **강의 노트**
> 지우개 도구는 오브젝트의 면과 선에 관계없이 무조건 삭제할 수 있는 도구로서, 해당 도구를 더블클릭하여 원하는 브러쉬 크기를 지정한 후 마우스를 자유롭게 드래그하여 삭제합니다.

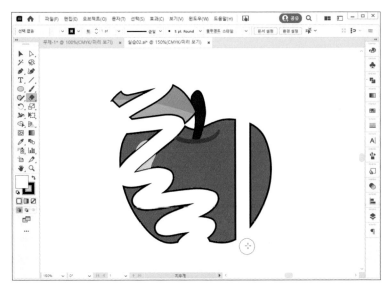

03 마우스를 드래그할 때 Shift 키를 누른 채 드래그하면 정확하게 수직, 수평, 45° 방향으로 지울 수 있습니다.

04 동일한 오브젝트를 가지고 이번에는 가위 도구를 선택한 후 패스를 클릭합니다.

> **강의 노트** 가위 도구는 오브젝트를 자르는 도구로서, 패스에 고정점을 추가하여 연결되지 않는 열린 패스로 잘라줍니다.

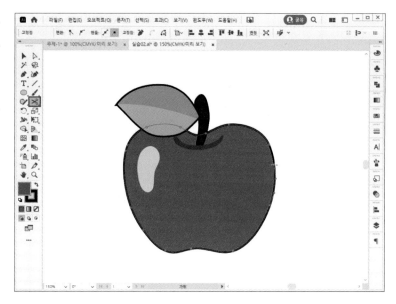

05 반대쪽 패스에도 마우스를 클릭하여 고정점을 추가한 다음 이동시켜 보면 두 개의 열린 패스로 분리됩니다.

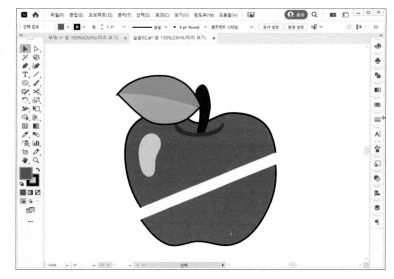

06 Ctrl + Z 키를 눌러 다시 명령을 취소하고, 이번에는 칼 도구를 선택하고 마우스를 자유롭게 드래그해 봅니다.

> **강의 노트** 칼 도구는 가위 도구와 비슷한 기능이지만 마우스를 자유롭게 드래그하여 닫힌 패스로 오브젝트를 나눠줍니다.

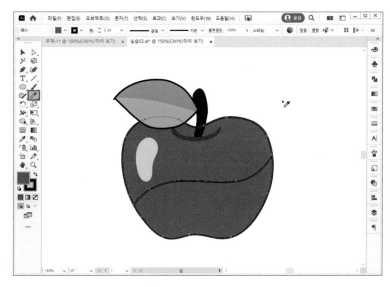

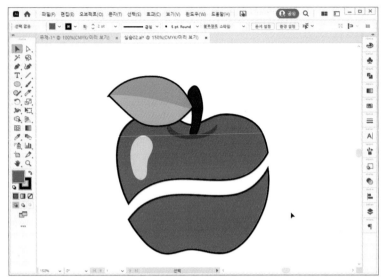

07 잘린 오브젝트를 이동시켜 보면 드래그한 부분이 닫힌 패스로 분리되는 것을 볼 수 있습니다.

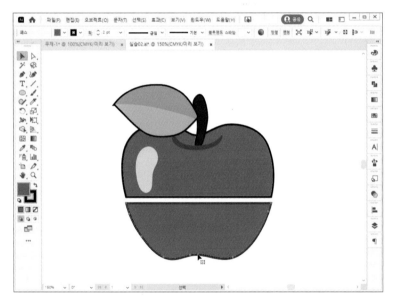

08 칼 도구 사용 시 `Alt` + `Shift` 키를 누른 상태에서 드래그하면 수직, 수평, 45° 방향으로 정확하게 자를 수 있습니다.

실습 ③ 페인트브러쉬 도구 사용법 익히기

01 [파일]-[열기] 메뉴를 선택하여 '섹션 09>샘플>실습03.ai' 파일을 불러옵니다. [윈도우] 메뉴에서 브러쉬 패널을 불러온 후 패널 하단의 브러쉬 라이브러리 메뉴 아이콘을 클릭합니다.

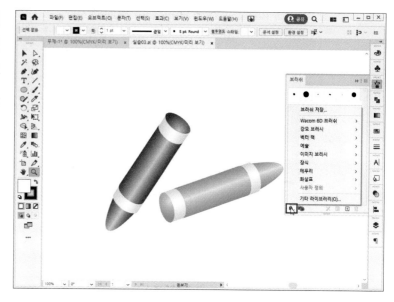

02 예술 브러쉬에서 예술_분필목탄연필 패널을 불러와 분필-스크리블을 선택하면 브러쉬 패널에 추가됩니다.

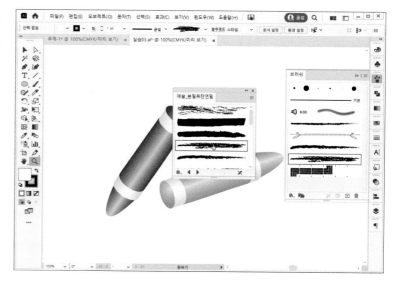

03 도구 패널에서 페인트브러쉬 도구를 선택하고, 색상 패널에서 선 색을 지정한 후 마우스를 자유롭게 드래그하여 브러쉬 효과를 적용합니다.

 강의노트 페인트브러쉬 도구는 브러쉬 패널에서 브러쉬의 종류를 지정한 후 마우스로 자유롭게 드래그하여 독특한 외곽선을 그릴 수 있는 도구입니다. 다양한 모양의 브러쉬가 저장되어 있는 브러쉬 라이브러리에서 원하는 브러쉬 종류를 불러와 사용이 가능하며, 직접 등록하여 사용할 수도 있습니다.

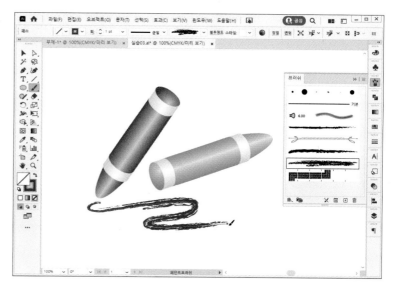

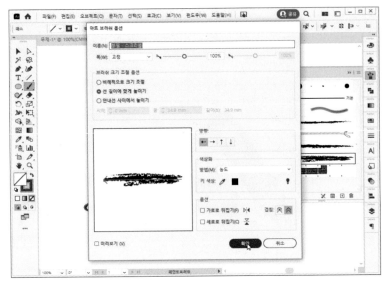

04 오브젝트가 선택된 상태에서 브러쉬 패널의 해당 브러쉬를 더블클릭하여 방향을 바꿔줄 수도 있습니다.

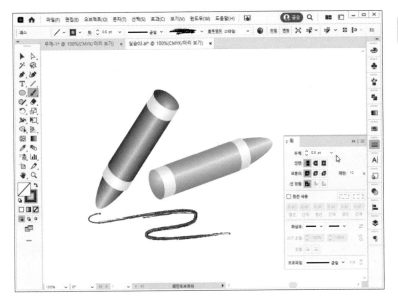

05 선의 두께가 너무 두껍거나 얇을 경우 에는 획 패널에서 선의 두께를 조절해 줍니다.

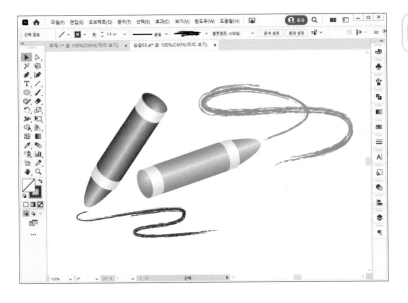

06 브러쉬 라이브러리에서 다양한 브러쉬 를 불러와 활용 가능합니다.

Power Upgrade

페인트브러쉬 도구 옵션 대화상자

1. **정확도** : 마우스 또는 타블렛 펜의 감도를 조절할 수 있는 항목입니다.
2. **매끄럽게** : 곡선의 부드러움 정도를 조절하는 기능입니다.
3. **새 브러시 획 칠** : 이 항목을 체크하였을 경우 브러쉬로 그려지는 오브젝트의 내부에 면 색이 적용됩니다.
4. **선택 유지** : 이 항목을 체크하였을 경우 드로잉이 끝난 오브젝트가 선택된 상태로 표시됩니다.
5. **선택 패스 편집** : 이 항목을 체크하였을 경우 열린 패스를 그렸을 때 시작점과 끝점을 브러쉬 도구로 연결할 수 있습니다.

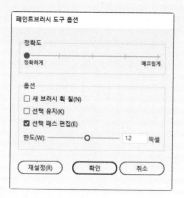

브러쉬 패널

1. **브러쉬 라이브러리 메뉴** : 일러스트레이터에서 제공하는 기본 브러쉬 라이브러리를 불러와 사용할 수 있습니다.
2. **라이브러리 패널** : 라이브러리 패널을 불러옵니다.
3. **브러쉬 선 제거** : 선택한 개체의 브러쉬 적용을 해제합니다.
4. **선택한 오브젝트의 옵션** : 선택한 개체에 적용한 브러쉬의 옵션을 설정합니다.
5. **새 브러쉬** : 새로운 브러쉬를 만듭니다.
6. **브러쉬 삭제** : 선택한 브러쉬를 삭제합니다.

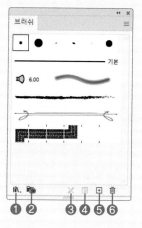

Power Upgrade

종류별 브러쉬 옵션 대화상자

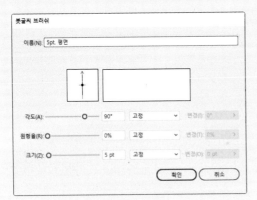

〈붓글씨 브러쉬〉

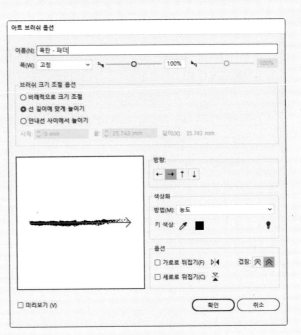

〈아트 브러쉬〉

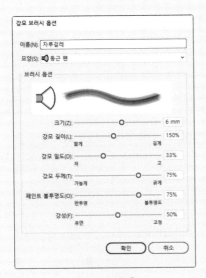

〈강모 브러쉬〉

〈산포 브러쉬〉

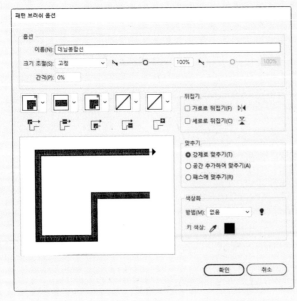

〈패턴 브러쉬〉

01 [파일]-[새로 만들기] 메뉴를 실행하여 작업할 새로운 아트보드를 만듭니다. 도구 패널에서 물방울 브러쉬 도구를 선택하고, 도구 패널에 더블클릭하여 브러쉬의 크기를 조절합니다.

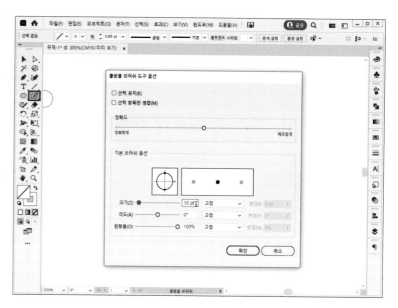

02 색상 패널에서 파란색 계열을 선택하고, 마우스를 자유롭게 드래그하여 구름 모양을 만들어 줍니다.

PlusTip

물방울 브러쉬 도구 사용 시 동일한 색상으로 드래그하면 오브젝트가 하나로 합쳐지며 그려집니다.

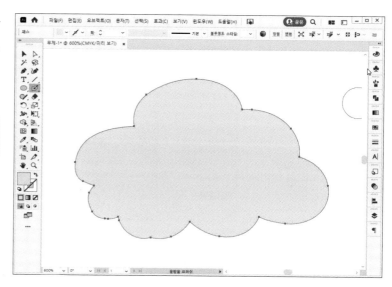

03 선택 도구를 사용하여 오브젝트를 선택하고, 크기 조절 도구를 더블클릭하여 100%보다 낮은 값을 입력한 후 복사를 누릅니다.

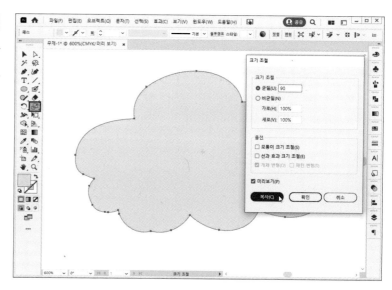

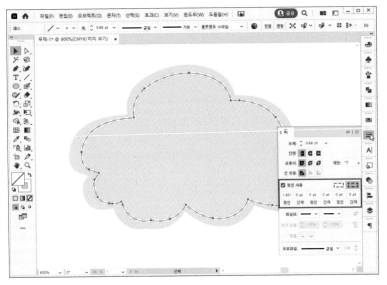

04 축소 복사된 오브젝트에 면 색을 없애고 선 색을 흰색으로 지정한 후, 획 패널에서 점선 사용 항목을 체크한 후 점선 값을 직접 입력하여 모양을 만들어 줍니다.

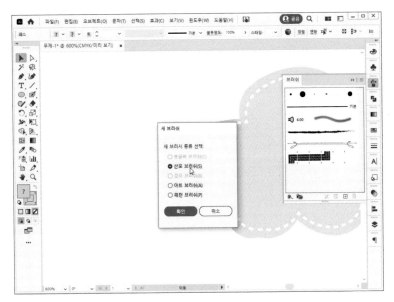

05 선택 도구로 구름 오브젝트를 선택하고, 브러쉬 패널로 드래그하면 나타난 대화상자에서 산포 브러쉬를 지정합니다.

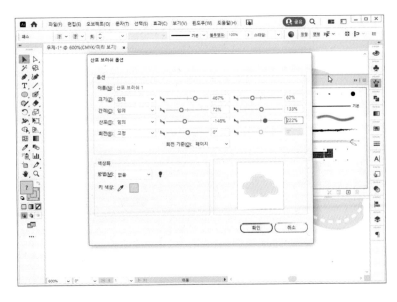

06 그러면 다시 산포 브러쉬 옵션 대화상자가 나타나는데 여기서 크기와 산포 등의 옵션을 임의로 설정하고, 다양한 옵션을 조절한 후 확인 버튼을 클릭합니다.

07 브러쉬 패널에 등록된 구름 모양의 브러쉬를 지정하고, 도구 패널에서 페인트브러쉬 도구를 선택한 후 자유롭게 드래그하여 아트보드에 뿌려줍니다.

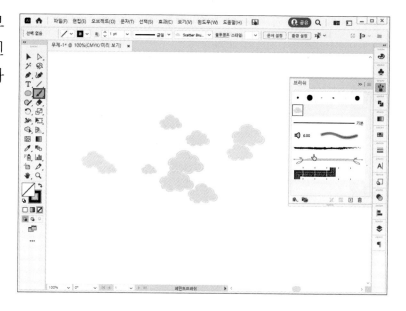

08 적용된 브러쉬 효과를 수정하고자 할 경우에는 브러쉬 패널에서 해당 브러쉬를 더블클릭하여 대화상자에서 옵션을 조절할 수 있습니다.

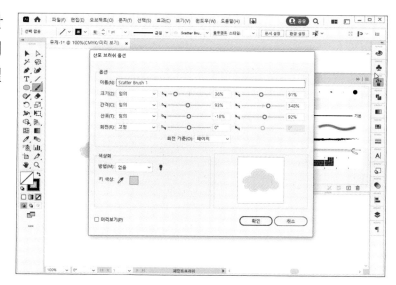

09 원형 도구와 펜 도구, 패스파인더 패널 등을 사용하여 새싹 모양을 제작한 후 다양한 크기로 배치해 놓습니다.

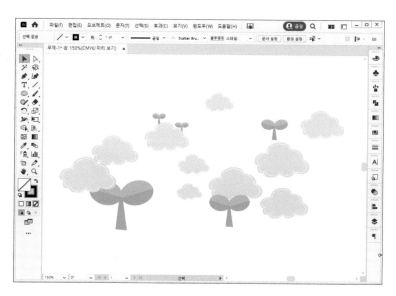

실습 05 브러쉬를 활용한 오브젝트 꾸미기

01 [파일]-[열기] 메뉴를 실행하여 '섹션 09〉샘플〉실습05.ai' 파일을 불러옵니다. 비트맵 형식의 꽃 이미지 위에 브러쉬를 사용하여 직접 그려주고, 다양한 효과를 적용해 보겠습니다.

02 꽃 모양을 그리기에 앞서 먼저 [윈도우] 메뉴에서 레이어 패널을 불러옵니다. 눈 아이콘 옆의 잠금 반복 교체 부분을 클릭하여 꽃 이미지가 움직이지 않도록 잠궈 줍니다. 그리고 패널 하단의 새 레이어 만들기 아이콘을 클릭하여 새로운 레이어를 추가합니다.

> **강의노트** 레이어는 작업하기 위한 낱장의 투명 종이라고 생각하면 됩니다. 사실 일러스트레이터에서 간단한 그림을 그릴 때는 굳이 레이어를 사용할 필요가 없습니다. 그러나 아주 복잡한 그림을 그린다든지 할 때는 레이어를 사용함으로써 훨씬 효율적인 작업을 할 수 있습니다.

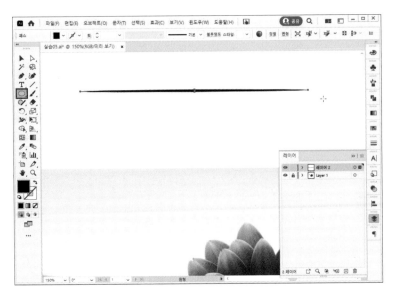

03 밑그림을 그릴 때 사용할 브러쉬를 등록하기 위해서 도구 패널에서 원형 도구를 선택하고, 길쭉한 모양으로 오브젝트를 그려줍니다.

04 그런 다음 브러쉬 패널로 드래그하여 아트 브러쉬로 등록합니다.

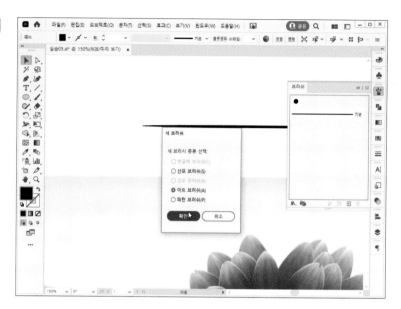

05 색상 패널에서 선 색을 지정하고, 도구 패널에서 페인트브러쉬 도구를 선택한 후 꽃 형태를 따라 패스 작업을 합니다.

06 잘못 그렸을 경우에는 Ctrl + Z 를 눌러 명령을 취소하고 다시 그려주면 됩니다. 위와 같이 연속적으로 꽃 모양을 작업합니다.

07 작업이 완료되면 레이어 패널에서 앞서 배경 이미지 레이어의 눈 아이콘을 클릭하여 화면에서 보이지 않도록 가려줍니다.

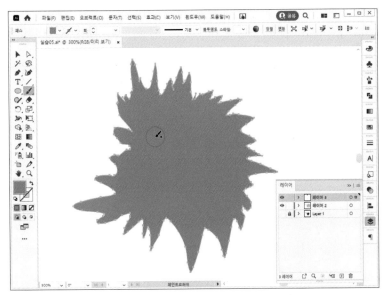

08 이번에는 좀 더 오브젝트를 꾸며보기 위해서 레이어 패널 하단의 새 레이어 만들기 아이콘을 클릭하여 새로운 레이어를 추가하고, 펜 도구 또는 물방울 브러쉬 도구를 사용하여 울퉁불퉁한 오브젝트를 그려줍니다.

PlusTip

레이어를 사용하여 작업하기 때문에 현재 작업하고자 하는 레이어가 제대로 선택되어 있는지 확인하면서 작업하는 것이 좋습니다.

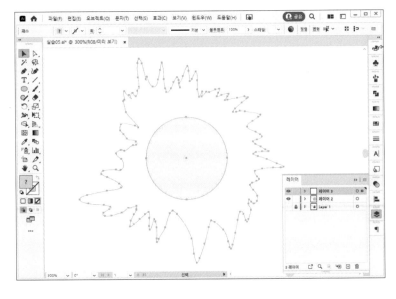

09 면 색을 흰색으로 지정하고, 다시 원형 도구를 사용하여 중앙에 정원을 겹쳐 그려주고 면 색을 적용합니다.

10 이제 두 개의 오브젝트를 선택하고, [오브젝트]–[블렌드]–[블렌드 옵션] 메뉴를 실행하여 간격 항목에서 매끄러운 색상을 선택합니다.

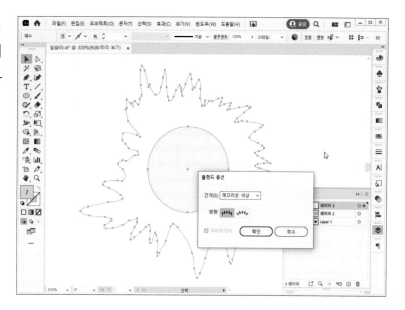

11 그런 다음 다시 [오브젝트]–[블렌드]–[만들기] 명령을 실행하여 블렌드 효과를 적용하여 부드러운 느낌의 오브젝트를 만들어 줍니다.

12 이 오브젝트를 꽃 모양 위에 이동시킨 후, 투명 패널의 혼합 모드에서 곱하기를 적용하여 자연스럽게 합성합니다.

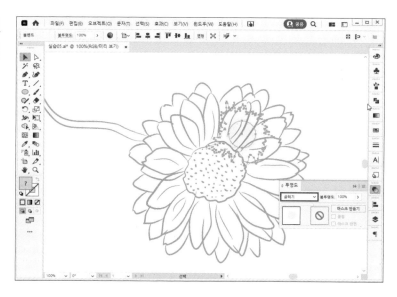

13 선택 도구와 자유 변형 도구를 사용하여 여러 개의 오브젝트를 복사하고, 크기를 조절하여 꾸며 봅니다.

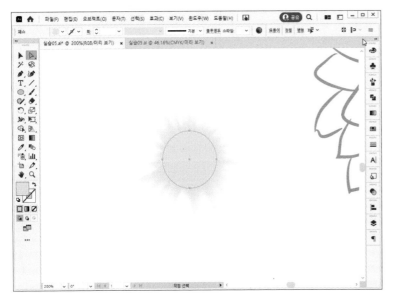

14 좀 더 많은 다양한 색상의 오브젝트를 사용하기 위해서 직접 선택 도구를 선택하고, 블렌드 효과를 적용한 오브젝트 중앙의 원만을 선택하여 색상을 변경합니다.

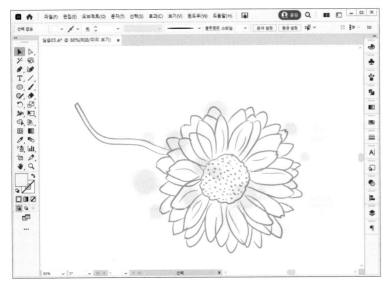

15 그런 다음 마찬가지 방법으로 여러 개의 오브젝트를 복사하고, 크기를 조절하여 오브젝트를 꾸며 봅니다.

MEMO

1

주어진 오브젝트에 브러쉬 효과를 적용하여 꾸며 보세요.

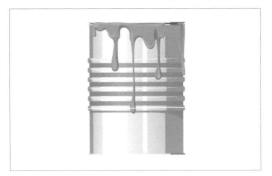

▲ 준비파일 : 섹션09〉샘플〉기초01.ai

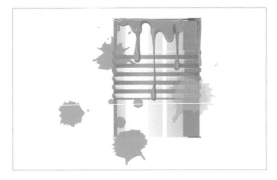

▲ 완성파일 : 섹션09〉완성〉기초01.ai

힌트 • 페인트브러쉬 도구와 브러쉬 패널, 브러쉬 라이브러리 메뉴의 잉크 브러쉬 활용

2

주어진 오브젝트에 채색 작업을 해 보세요.

▲ 준비파일 : 섹션09〉샘플〉기초02.ai

▲ 완성파일 : 섹션09〉완성〉기초02.ai

힌트 • 물방울 브러쉬 도구를 사용한 채색

3

꽃 모양 오브젝트를 직접 그려보세요.

▲ 완성파일 : 섹션09〉완성〉기초03.ai

힌트 • 페인트브러쉬 도구와 붓글씨 브러쉬를 사용한 꽃 모양 제작, 물방울 브러쉬 도구를 사용한 채색

심화문제

1) 오브젝트를 직접 만들어 다양한 효과를 적용해 보세요.

힌트 • 연필 도구를 사용한 스케치 원 모양 제작, 원형 도구로 원 그린 후 패더 효과와 불투명도 적용, 목탄 – 가늘어짐 브러쉬 효과를 적용한 문자 오브젝트 만들기

▲ 완성파일 : 섹션09〉완성〉심화01.ai

2) 물방울 브러쉬 도구를 사용하여 쿠키 모양을 만들어 보세요.

힌트 • 물방울 브러쉬 도구를 사용한 쿠키 모양과 문자 모양 제작

▲ 완성파일 : 섹션09〉완성〉심화02.ai

3) 브러쉬 기능을 사용하여 액자 형식의 서식류를 만들어 보세요.

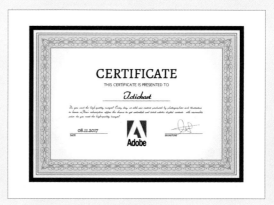

힌트 • 사각형 도구를 사용한 틀 제작, 브러쉬 패널의 브러쉬 라이브러리 메뉴에서 패턴 브러쉬 적용, 문자 도구를 사용한 문자 입력

▲ 완성파일 : 섹션09〉완성〉심화03.ai

10 심볼과 패턴 활용하기

일러스트레이터의 심볼 기능은 오브젝트를 반복적으로 사용해도 파일의 크기가 일정하게 유지될 수 있다는 점에서 많이 활용할 수 있는 기능이고, 패턴 또한 편집디자인 분야나 직물 디자인 분야 등 실무에서 많이 응용됩니다. 다양한 모양의 심볼과 패턴을 제작하여 개성 있는 디자인을 만들어 보세요.

Preview

■ 학습내용

실습 01. 심볼 기능 사용하기
실습 02. 심볼 등록 및 활용하기
실습 03. 패턴 등록하기

실습 04. 패턴을 활용한 이미지 꾸미기
실습 05. 심볼과 패턴 활용하기

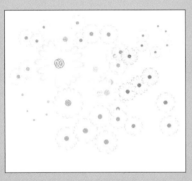

▲ 완성파일 : 섹션10〉완성〉실습01.ai

▲ 완성파일 : 섹션10〉완성〉실습02.ai

▲ 완성파일 : 섹션10〉완성〉실습03.ai

▲ 완성파일 : 섹션10〉완성〉실습04.ai

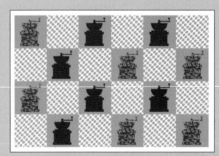

▲ 완성파일 : 섹션10〉완성〉실습05.ai

✅ 체크포인트

- 다양한 심볼 도구와 심볼 패널을 학습합니다.
- 심볼 패널에 원하는 오브젝트를 제작하여 등록 후 활용합니다.
- 패턴 등록 방법을 익힙니다.
- 원하는 패턴을 능복하여 활용합니다.
- 심볼과 패턴을 활용하여 배경 이미지를 만들어 봅니다.

실습 ①1 심볼 기능 사용하기

01 [파일]-[새로 만들기] 메뉴를 실행하여 작업할 새로운 아트보드를 만듭니다. [윈도우] 메뉴에서 심볼 패널을 불러오고, 도구 패널에서 심볼 분무기 도구를 더블클릭하여 브러쉬의 크기를 조절합니다.

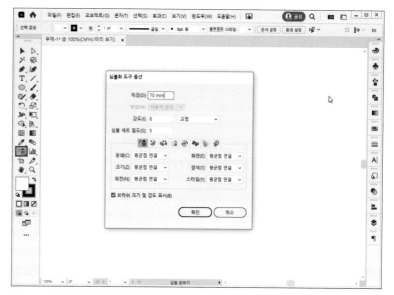

02 심볼 패널 하단의 심볼 라이브러리 메뉴 아이콘을 클릭하여 꽃 패널에서 데이지 심볼을 선택합니다.

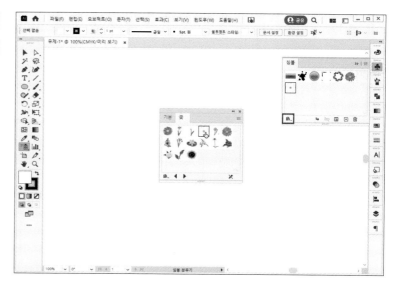

03 심볼 패널에 추가된 데이지 심볼을 선택하고, 아트보드에 마우스를 자유롭게 드래그하여 뿌려줍니다.

강의 노트 심볼 분무기 도구는 심볼을 뿌려주는 도구로, 심볼 패널에서 심볼을 선택하거나 이미 등록된 심볼 라이브러리에서 원하는 모양을 불러와 사용하면 됩니다. 또한 사용자가 직접 제작한 오브젝트를 심볼로 등록하여 사용할 수도 있습니다.

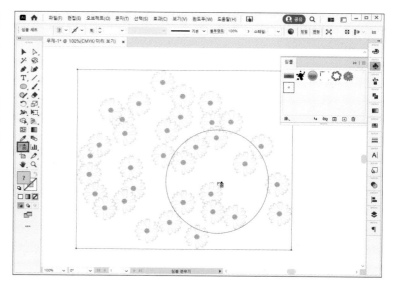

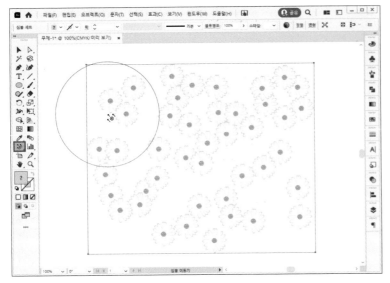

04 뿌려진 심볼이 선택되어 있는 상태에서 심볼 이동기 도구로 겹쳐진 심볼을 드래그하여 위치를 이동시켜 줍니다.

> **강의노트** 심볼 이동기 도구는 뿌려진 심볼을 드래그하여 위치를 이동시킬 수 있는 도구입니다. 마우스로 드래그하면 드래그한 방향으로 화살표가 나타나고 심볼이 이동하게 됩니다.

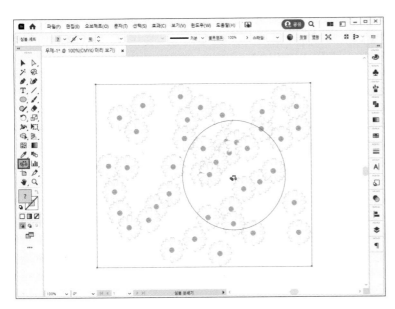

05 심볼 분쇄기 도구를 선택하고, 심볼 위에 마우스를 누르고 있으면 심볼이 모아집니다. 반대로 Alt 키를 같이 눌러주면 분산시킬 수 있습니다.

> **강의노트** 심볼 분쇄기 도구는 집합 도구로서 도큐먼트에 뿌려진 심볼을 모으거나 분산시키는 도구입니다. 심볼을 드래그하면 모아지게 되고, Alt 키를 누른 채 드래그하면 분산됩니다.

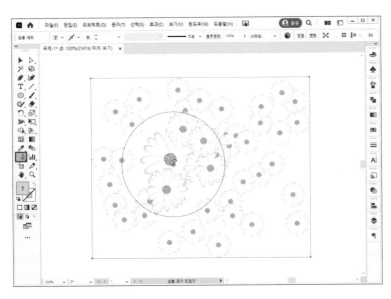

06 심볼의 크기를 자유롭게 조절하기 위해서 심볼 크기 조절기 도구를 선택하고 마우스를 눌러 심볼의 크기를 확대합니다. 반대로 Alt 키를 같이 눌러주면 크기가 작아집니다.

> **강의노트** 심볼 크기 조절기 도구는 심볼의 크기를 확대 및 축소시키는 도구입니다.

계속하여 심볼 회전기 도구를 선택하고 마우스를 드래그하면 심볼이 회전됩니다.

강의 노트 심볼 회전기 도구는 심볼을 회전시키는 도구입니다.

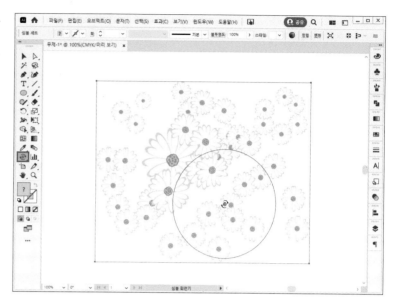

 심볼 염색기 도구를 선택하고 색상 패널에서 면 색을 지정합니다. 그리고 심볼 위에 드래그하면 기존 심볼에 색상이 추가되어 변경됩니다.

강의 노트 심볼 염색기 도구는 채색 도구로서 심볼에 지정한 색상을 적용시킬 수 있습니다.

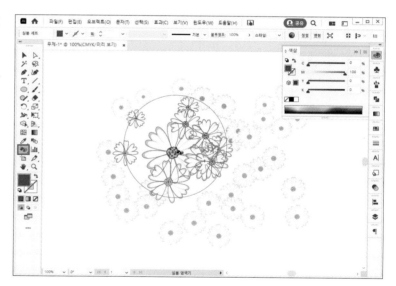

 심볼 투명기 도구는 심볼에 투명도를 적용할 수 있으며, 마찬가지로 [Alt] 키를 누른 상태에서 드래그하면 투명해진 심볼을 원래 상태로 되돌릴 수 있습니다.

강의 노트 심볼 투명기 도구는 심볼에 투명도를 적용할 수 있습니다.

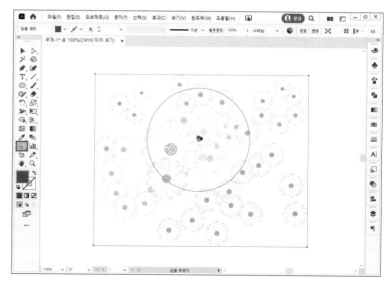

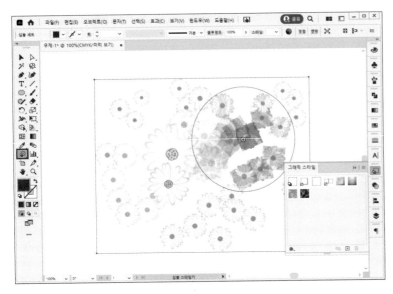

10 마지막으로 심볼 스타일기 도구를 선택합니다. [윈도우] 메뉴에서 그래픽 스타일 패널을 불러오고, 특정 효과를 선택한 후 심볼에 드래그하면 선택된 스타일이 심볼에 적용됩니다.

> **강의 노트** 심볼 스타일기 도구는 뿌려진 심볼에 그래픽 스타일 패널에서 선택한 스타일을 적용시킬 수 있는 도구입니다.

심볼 도구 옵션 조절

심볼 도구를 사용하면서 브러쉬의 크기 조절이나 뿌려지는 양 조절은 대화상자를 불러와 다시 설정하는 방법도 있지만, 키보드의 단축키를 사용하면 더욱 편리하고 빠르게 작업할 수 있습니다.

1. [키를 누르면 브러쉬의 크기가 축소됩니다.

2.] 키를 누르면 브러쉬의 크기가 확대됩니다.

3. Shift + [키를 누르면 심볼의 뿌려지는 양이 적어집니다.

4. Shift +] 키를 누르면 심볼의 뿌려지는 양이 많아집니다.

심볼화 도구 옵션 대화상자

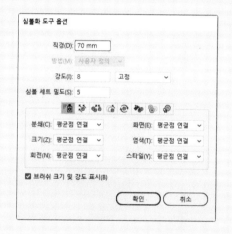

1. **직경** : 브러쉬의 크기를 조절합니다.
2. **방법** : 도구 사용을 정의할 수 있습니다.
3. **강도** : 브러쉬를 드래그할 때 뿌려지는 심볼의 양을 조절합니다.
4. **심볼의 세트 밀도** : 브러쉬의 밀도를 설정하는 옵션으로, 수치가 높을수록 가까이 뿌려집니다.
5. **심볼 아이콘** : 조절하고자 하는 도구의 종류를 선택하여 사용합니다.
6. **분쇄 ~ 스타일** : 심볼의 밀도, 크기, 방향, 투명도, 색상, 스타일을 설정하는 옵션입니다.
7. **브러쉬 크기 및 강도 표시** : 이 항목을 체크하였을 경우 아트보드에서 브러쉬의 크기와 뿌려지는 강도를 볼 수 있습니다.

심볼 패널

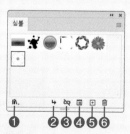

1. **심볼 라이브러리 메뉴** : 일러스트레이터에서 제공하는 심볼을 불러와 사용할 수 있습니다.
2. **심볼 예제 가져오기** : 선택한 심볼을 아트보드 중앙에 불러옵니다.
3. **심볼에서 연결 끊기** : 아트보드에 불러온 심볼을 일반 오브젝트로 변환시켜줍니다.
4. **심볼 옵션** : 선택한 심볼의 옵션 패널을 열어줍니다.
5. **새 심볼** : 선택한 오브젝트를 심볼로 등록합니다.
6. **심볼 삭제** : 선택한 심볼을 삭제합니다.

실습 ②2 심볼 등록 및 활용하기

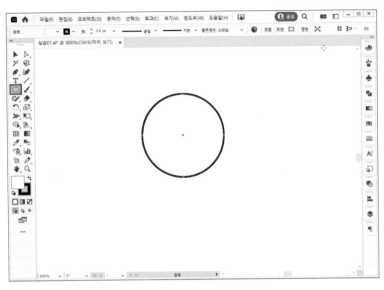

01 [파일]-[새로 만들기] 메뉴를 실행하여 작업할 새로운 아트보드를 만듭니다. 심볼로 등록할 꽃 모양을 먼저 만들기 위해서 도구 패널에서 원형 도구를 선택하고, Shift 키를 누른 채 드래그하여 정원을 만듭니다.

PlusTip

심볼 등록 시 개체의 크기를 너무 크게 등록하면 컨트롤 하기 어려우므로 가능하면 화면을 확대하여 적당한 크기로 등록하는 것이 좋습니다.

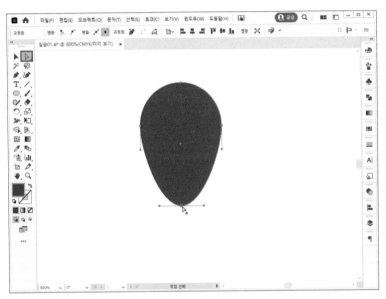

02 색상 패널에서 원하는 색상을 지정하고, 직접 선택 도구를 사용하여 하단 고정점을 Shift 키를 누른 채 아래로 이동시켜 모양을 수정합니다.

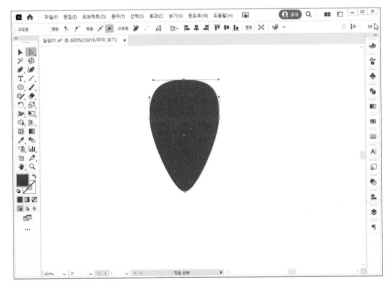

03 계속하여 상단의 고정점을 조금 아래로 이동시키고 좌우 방향선을 조절하여 꽃잎 모양을 만듭니다.

04 오브젝트를 선택하고 도구 패널의 회전 도구를 지정한 다음, **Alt** 키를 눌러 중심점을 이동시키면 대화상자가 나타나며, 회전시키고자 하는 각도를 입력하고 복사 버튼을 누릅니다.

05 계속하여 오브젝트가 선택된 상태에서 **Ctrl** + **D** 를 반복적으로 눌러 꽃모양을 만듭니다.

PlusTip

변형 반복 기능은 바로 전에 움직인 명령에 대한 반복 명령으로, 오브젝트가 선택된 상태에서 **Ctrl** + **D** 단축키를 사용하면 됩니다.

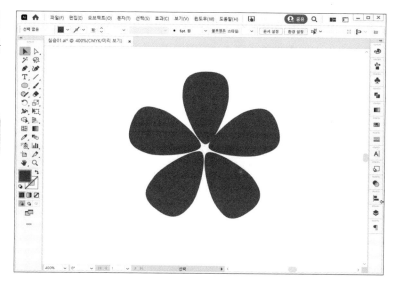

06 선택 도구로 모든 오브젝트를 선택한 후, 심볼 패널에 드래그하여 그래픽 심볼로 등록합니다.

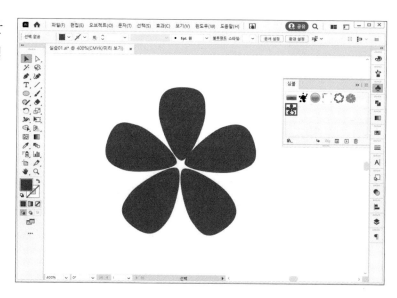

07 이제 심볼 분무기 도구를 선택하고 브러쉬 크기를 조절한 후, 아트보드에 자유롭게 드래그하여 등록된 심볼을 뿌려줍니다.

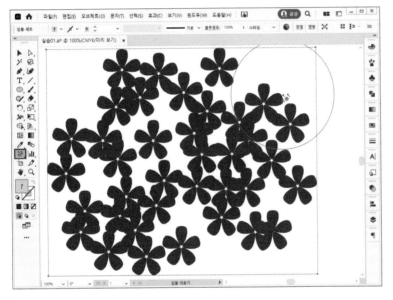

08 심볼을 자연스럽게 배치하기 위해서 심볼 이동기 도구를 선택하고 드래그하여 자연스럽게 펼쳐줍니다.

09 반대로 공간이 떨어져 있는 심볼 간의 간격을 좁히거나 넓히기 위해 심볼 분쇄기 도구를 사용하여 심볼을 모으거나 Alt 키를 누른 채 클릭하여 넓혀줍니다.

10 또한 심볼의 크기를 조절하기 위해서 심볼 크기 조절기 도구를 선택하고 심볼 위에 클릭하여 확대합니다. 반대로 축소시킬 부분은 Alt 키를 누르고 클릭하거나 드래그합니다.

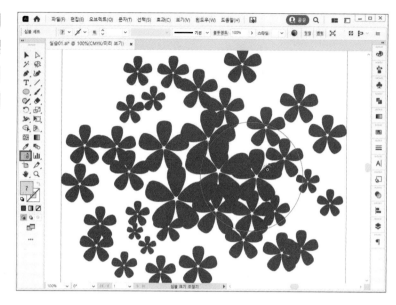

11 심볼에 투명도를 적용하기 위해서 심볼 투명기 도구를 선택하고, 클릭하거나 드래그하여 투명도를 적용합니다.

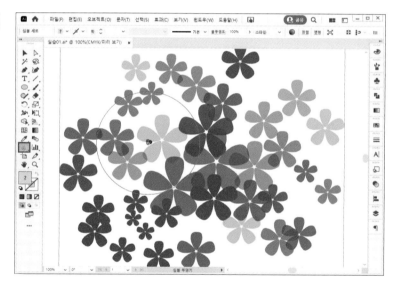

12 마지막으로 앞서 사용했던 다양한 심볼 도구들을 사용하여 원하는 모양으로 수정하고, 완성된 심볼을 Alt 키를 누른 채 드래그하여 하단에 하나를 더 복사한 후 크기를 조절합니다.

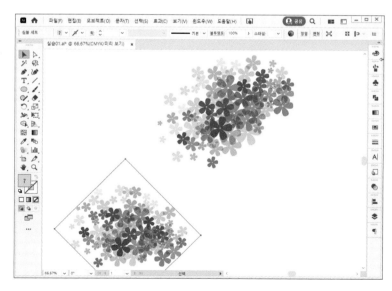

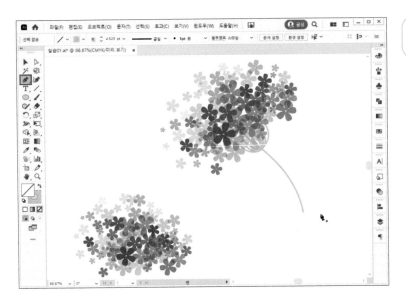

13 펜 도구를 사용하여 줄기 모양을 그려
주고, 선의 두께와 색상을 지정합니다.

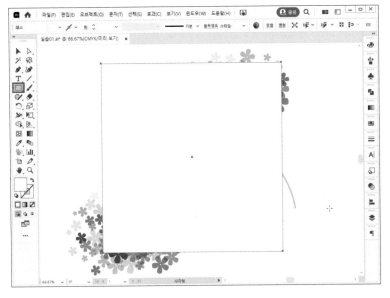

14 흩어져 있는 심볼을 정리하기 위해서
사각형 도구를 선택하고, Shift 키를
누른 채 드래그하여 정사각형을 만듭니다.

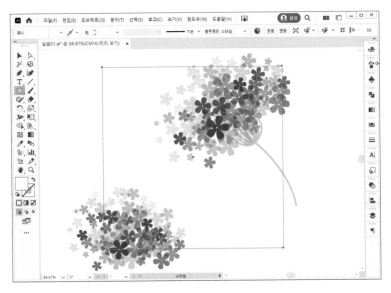

15 [오브젝트]-[정돈]-[맨 뒤로 보내기]
메뉴를 실행하여 심볼 뒤로 보내고, 계
속하여 [편집]-[복사] 메뉴를 실행하여 사각형
을 클립보드에 복사합니다.

16 그런 다음 [편집]–[제자리에 붙이기] 메뉴를 실행하여 오브젝트의 가장 위 제자리에 하나를 더 붙여넣기 합니다.

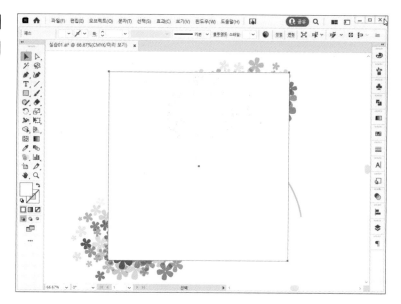

17 이제 선택 도구로 모든 오브젝트를 선택하고, [오브젝트]–[클리핑 마스크]–[만들기] 메뉴를 실행하여 깔끔하게 사각형 형태 안에만 보이도록 정리합니다.

 클리핑 마스크는 가장 위쪽에 위치한 오브젝트 형태 안에만 보이도록 나머지 오브젝트를 가려주는 기능입니다.

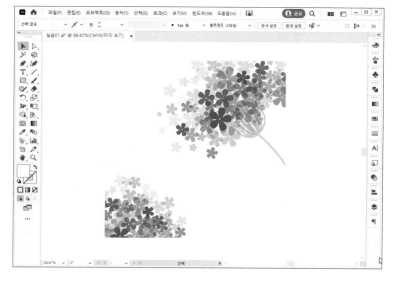

실습 ③ 패턴 등록하기

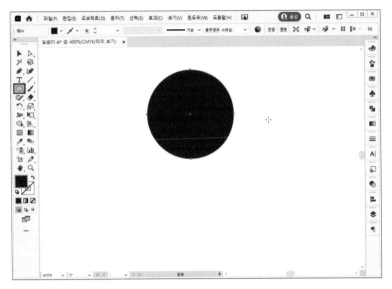

01 [파일]-[새로 만들기] 메뉴를 실행하여 작업할 새로운 아트보드를 만듭니다. 먼저 패턴으로 등록할 오브젝트를 만들기 위해서 원형 도구를 사용하여 정원을 만듭니다.

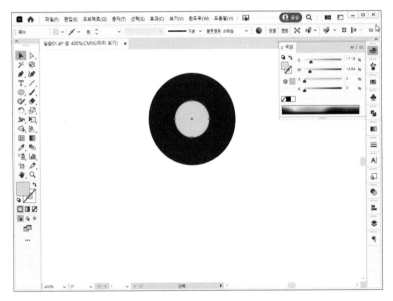

02 원을 선택하고 크기 조절 도구를 더블클릭하여 100%보다 낮은 값을 입력한 후, 복사 버튼을 눌러 하나를 더 복사한 후 색상을 변경합니다.

PlusTip

동일한 색상을 여러 번 사용하고자 할 경우에는 견본 패널에 저장시켜 두면 용이하게 작업할 수 있습니다.

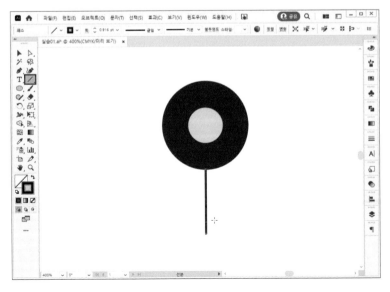

03 선분 도구를 사용하여 Shift 키를 누른 채 드래그하여 직선을 그리고, 선색과 선의 두께를 지정합니다.

04 다시 원형 도구를 선택하고, Shift 키를 누른 채 드래그하여 정원을 만들고 선 색을 적용합니다.

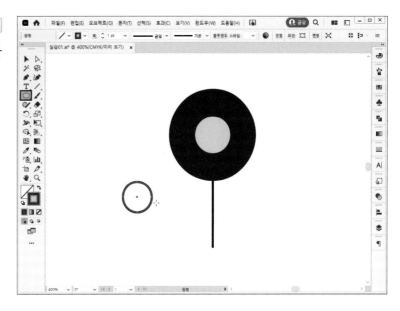

05 직접 선택 도구를 사용하여 하단의 고정점을 이동한 후, 다시 고정점 도구로 클릭하여 뾰족하게 모양을 수정합니다.

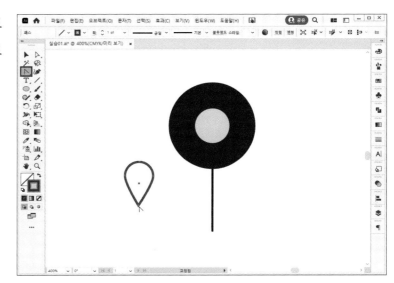

06 그런 다음 자유 변형 도구 또는 테두리 상자를 사용하여 회전시킨 후, 직선 옆에 붙여줍니다.

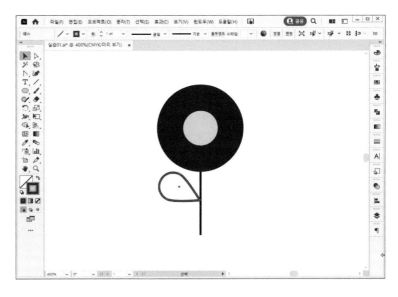

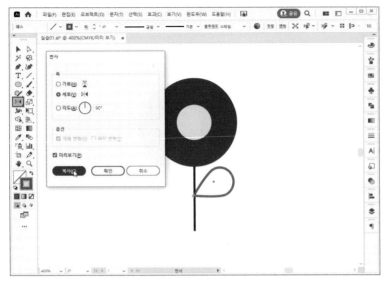

07 오브젝트가 선택된 상태에서 반사 도구를 선택하고, Alt 키를 누른 상태에서 직선 부분을 클릭하여 중심점을 이동시킨 후, 대화상자에서 세로 항목을 체크하고 복사를 눌러 반사합니다.

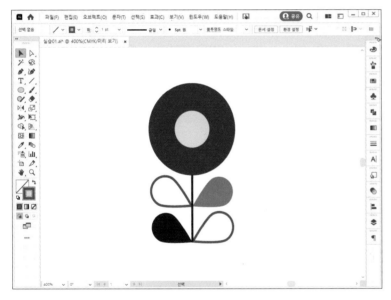

08 원하는 면 색을 지정하고 두 개의 오브젝트를 동시에 선택한 후, Alt 키를 누른 채 드래그하여 하단에 복사하고, 각각 선색과 면 색을 적용합니다.

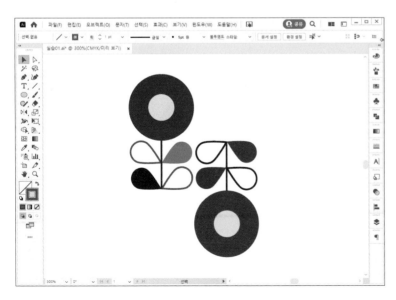

09 하나를 더 만들기 위해서 전체 오브젝트를 선택하고 반사 도구를 더블클릭합니다. 대화상자에서 수평 항목을 체크하고 복사를 눌러 반사시킨 후, 각각 색상을 변경하고 위치를 이동시켜 오브젝트를 완성합니다.

10 이제 완성된 오브젝트를 패턴으로 등록하기 위해서 모두 선택하고, 견본 패널로 드래그하여 패턴을 등록합니다.

Plus Tip

최신 버전에서는 [오브젝트] – [패턴] – [만들기] 메뉴를 실행하여 패턴 옵션 패널과 함께 다양한 형태로 패턴을 등록할 수 있습니다.

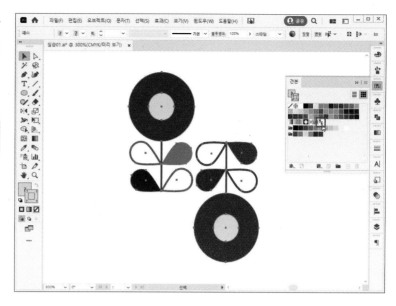

11 도구 패널에서 사각형 도구를 선택하고, 아트보드에 드래그하여 직사각형을 만들고 앞서 등록하였던 패턴을 채워봅니다.

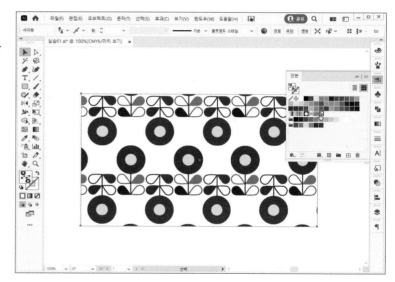

12 패턴의 크기를 조절하기 위해서 크기 조절 도구를 더블클릭하여 대화상자하단의 개체 변형 항목은 체크를 해제하고, 패턴 변형 항목만을 체크한 후 패턴 크기를 조절합니다.

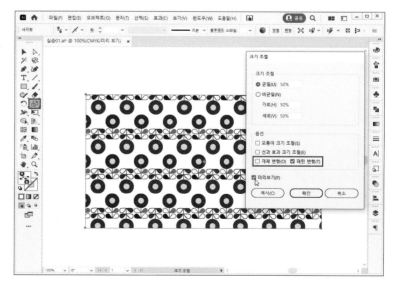

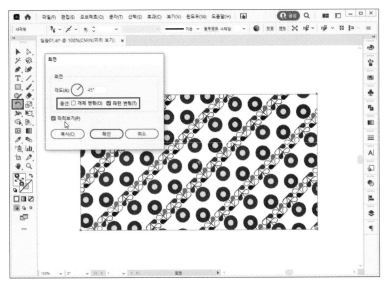

13 다시 회전 도구를 더블클릭하여 위와 동일하게 패턴 변형만을 체크하고, 각도를 입력하여 회전시켜 봅니다.

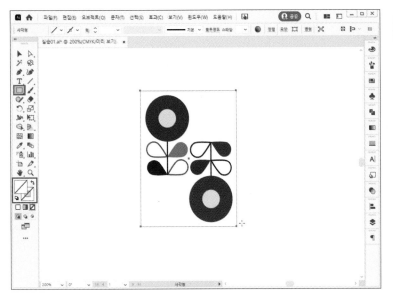

14 이번에는 무늬와 무늬 사이가 벌어진 모양을 등록하기 위해서 도구 패널에서 사각형 도구를 선택하고, 선 색과 면 색 모두 없앤 상태에서 오브젝트를 포함하는 사각형을 만듭니다.

Plus**T**ip

사각형을 그릴 때 선 색이나 면 색이 들어가면 그 색상까지 패턴 무늬로 등록되고, 여기서는 단지 영역만을 표시하기 위해서 색상을 모두 없앤 상태로 그려줍니다.

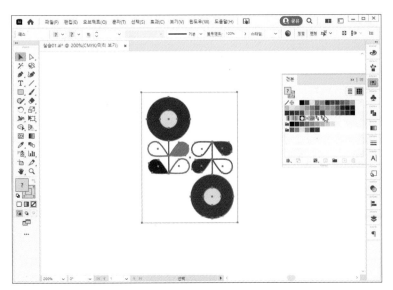

15 그런 다음 전체 오브젝트를 선택하고, 견본 패널로 드래그하여 패턴을 등록합니다.

16 마찬가지로 사각형 도구를 사용하여 직사각형을 만든 다음, 앞서 등록한 패턴을 적용해 봅니다.

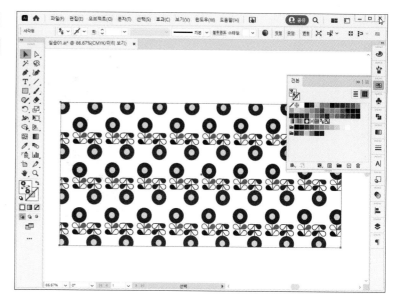

17 패턴 등록 시 배경을 투명하게 등록하였기 때문에 하단에 이미지나 그레이디언트 색상 등을 겹쳐 표현할 수 있습니다.

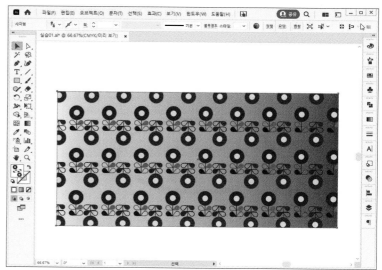

01 [파일]-[새로 만들기] 메뉴를 실행하여 작업할 새로운 아트보드를 만듭니다. 다시 [파일]-[가져오기] 메뉴를 실행하여 '섹션 10〉샘플〉실습04.jpg' 파일을 선택하고, 하단의 연결 항목을 해제하여 불러옵니다.

Plus**T**ip

가져오기 기능은 *.ai 형식이 아닌 외부 파일 형식으로 저장된 이미지를 불러올 때 사용하는 명령으로, 연결 항목을 체크한 상태로 가져오면 현재 작업 중인 도큐먼트에 포함되지 않으므로 적은 용량으로 저장할 수는 있지만, 장소를 옮기게 되면 링크 걸린 이미지를 같이 저장하여 일러스트 파일과 함께 가지고 다녀야 합니다.

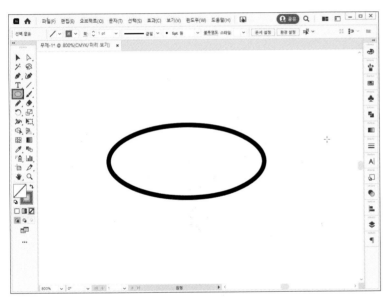

02 접시 위에 패턴 무늬를 접목시키기 위해서 먼저 나뭇잎 오브젝트를 만들어 보겠습니다. 도구 패널에서 원형 도구를 선택하고 타원형을 만듭니다.

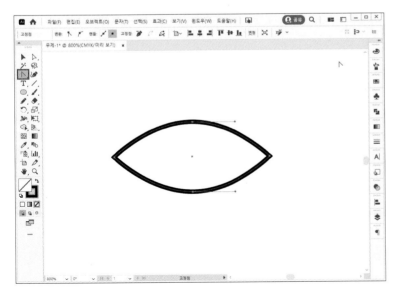

03 그리고 고정점 도구를 사용하여 양쪽 끝 고정점을 클릭하여 뾰족하게 모양을 수정합니다.

04 자유 변형 도구 또는 테두리 상자를 사용하여 회전시켜 주고, 선분 도구를 선택하여 여러 개의 직선을 그려줍니다.

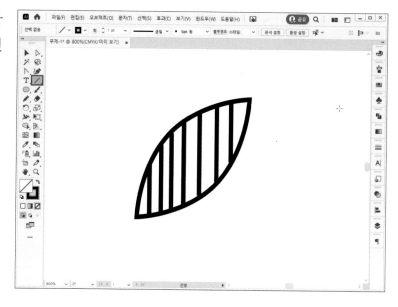

05 선들을 선택하고, 선 색과 선의 두께를 지정한 후 색상을 견본 패널에 저장합니다.

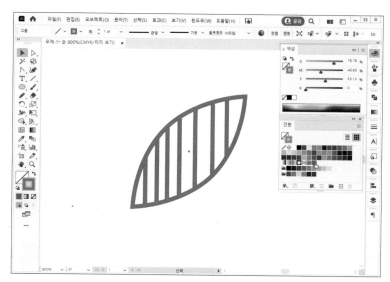

06 원형 도구와 선분 도구 등을 사용하여 나머지 두 개의 오브젝트를 마저 완성합니다.

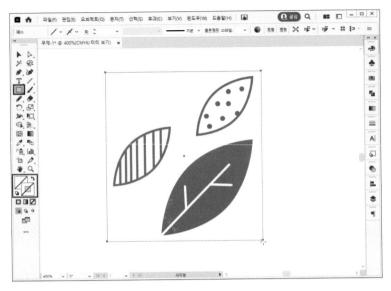

07 이제 패턴으로 등록하기 위해서 사각형 도구를 선택하고, 선 색과 면 색 모두 없앤 상태에서 오브젝트를 포함하는 사각형을 만듭니다.

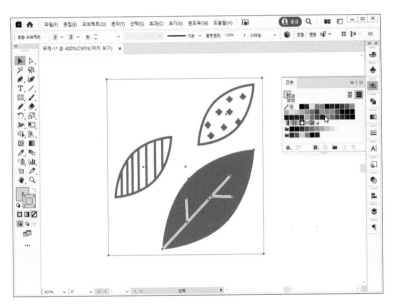

08 그런 다음 전체 오브젝트를 선택하고, 견본 패널로 드래그하여 패턴을 등록합니다.

09 도구 패널에서 원형 도구를 선택하고, 접시 위에 Alt + Shift 키를 누른 채 드래그하여 원을 만듭니다.

10 그리고 앞서 등록한 패턴을 적용시켜 봅니다.

11 만일 패턴의 크기를 조절하고자 할 경우에는 크기 조절 도구를 더블클릭하여 패턴 변형 항목만을 체크하고, 원하는 크기로 조절합니다.

실습 ⑤ 심볼과 패턴 활용하기

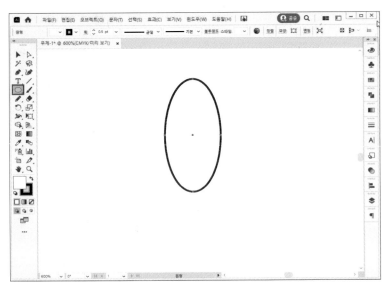

01 [파일]-[새로 만들기] 메뉴를 실행하여 작업할 새로운 아트보드를 만듭니다. 심볼로 등록할 오브젝트를 먼저 만들어 보겠습니다. 도구 패널에서 원형 도구를 선택하고 타원형을 만듭니다.

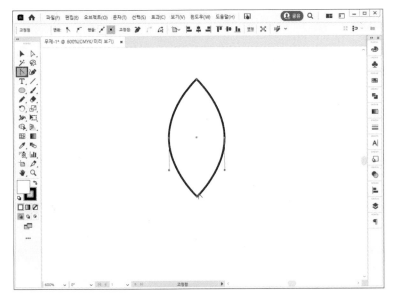

02 고정점 도구를 사용하여 양쪽 끝 포인트를 클릭하여 뾰족하게 모양을 수정합니다.

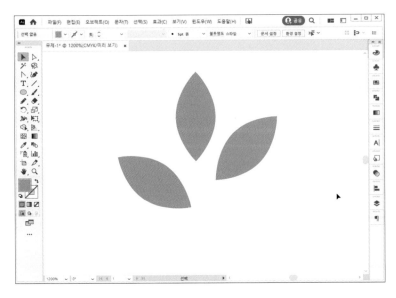

03 면 색을 적용하고 선택 도구와 Alt 키를 사용하여 두 개를 더 복사한 후, 각각 다른 방향으로 자유 변형 도구 또는 테두리 박스를 사용하여 회전시켜 줍니다.

04 펜 도구를 선택하고 잎을 연결하는 곡선을 그려주고, 위와 동일한 방법으로 두 개의 오브젝트를 더 복사한 후 각각 색상을 적용합니다.

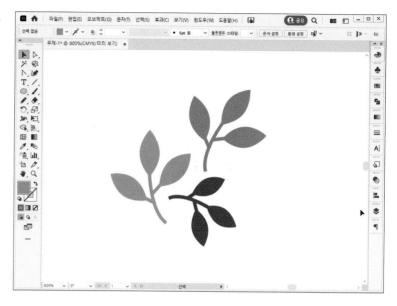

05 그리고 오브젝트를 모두 선택한 후 심볼 패널로 드래그하여 그래픽 심볼로 등록합니다.

06 이번에는 패턴으로 등록할 커피 모양을 만들기 위해서 원형 도구를 사용하여 타원형을 만듭니다.

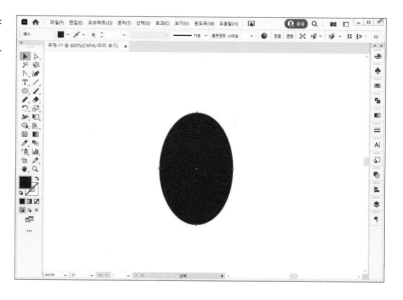

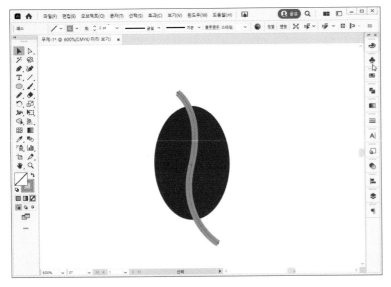

07 다시 펜 도구로 원을 지나는 곡선을 그려주고, 획 패널에서 선의 두께를 지정합니다.

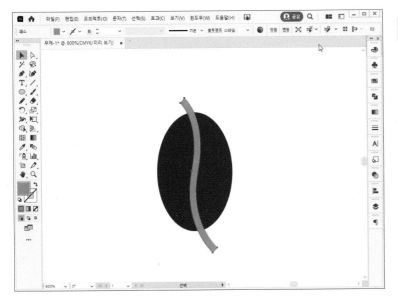

08 선을 선택하고 [오브젝트]-[패스]-[윤곽 선] 메뉴를 실행하여 선을 면으로 변환시켜줍니다.

Plus Tip

윤곽 선은 선을 면으로 변환시켜 주는 기능으로 알아두시면 유용하게 사용할 수 있는 기능입니다.

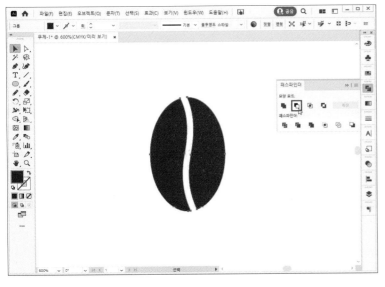

09 모두 선택한 후 패스파인더 패널에서 앞면 오브젝트 제외 아이콘을 클릭하여 커피 모양을 완성합니다.

10 오브젝트에 원하는 면 색을 적용한 후 패턴으로 등록하기 위해서 사각형 도구를 선택하고, 선 색과 면 색을 모두 없앤 상태에서 오브젝트를 포함하는 사각형을 그려준 뒤 견본 패널로 드래그하여 패턴으로 등록합니다.

PlusTip

패턴 무늬 간격을 고려하여 원하는 만큼 사각형 모양을 만들어 줍니다.

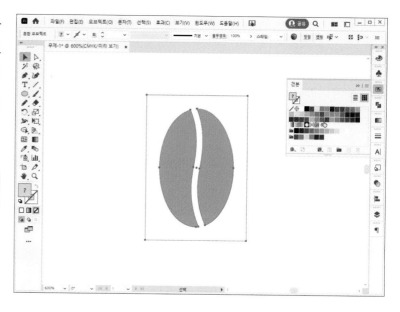

11 이제 심볼을 표현할 분쇄기 모양을 만들기 위해서 둥근 사각형 도구를 선택하고, 아트보드에 클릭하여 모서리 둥글기 정도를 조절한 후 도형을 그려줍니다. 또는 사각형 도구로 직사각형을 그린 후 모퉁이 위젯을 사용하여 모양을 만들어도 됩니다.

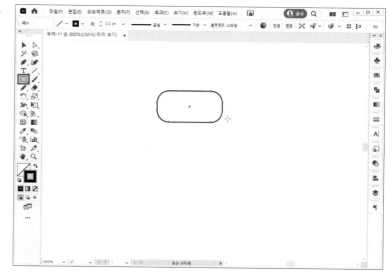

12 다시 사각형 도구를 사용하여 서로 겹치게 모양을 만들어 갑니다.

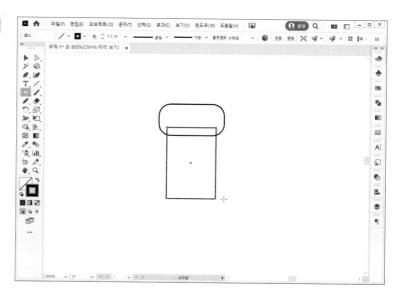

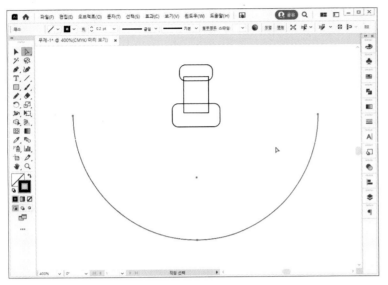

13 원형 도구를 선택하고 Shift 키를 눌러 정원을 만든 후, 직접 선택 도구를 사용하여 상단의 고정점을 삭제합니다.

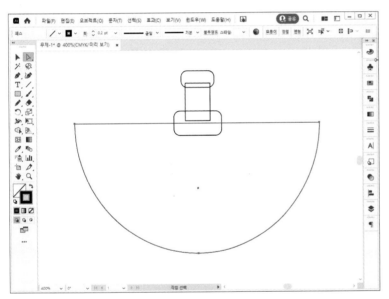

14 계속하여 직접 선택 도구로 두 개의 양쪽 끝 고정점만을 선택하고, [오브젝트]-[패스]-[연결] 메뉴를 실행하여 연결시켜 주거나 펜 도구를 사용하여 면으로 만들어 줍니다.

Plus**T**ip

연결은 선과 선을 연결하는 기능으로 연결할 양쪽 끝 고정점만을 선택한 후 명령을 실행합니다.

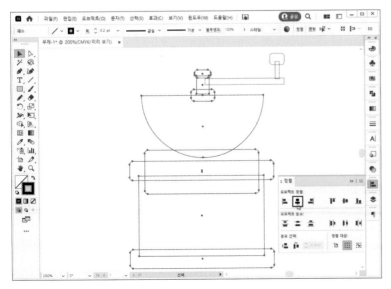

15 나머지 모양들 또한 위와 동일한 방법으로 각각 겹치게 그려주고, 연결 패널을 사용하여 세로로 가지런히 정렬시켜줍니다.

Plus**T**ip

정렬 패널을 사용하여 오브젝트를 중앙으로 정렬시켜도 되고, [보기] 메뉴의 특수 문자 안내문을 활성화시켜 작업하면 용이하게 작업할 수 있습니다.

16 이제 앞서 작업한 오브젝트를 선택 도구로 모두 선택한 후, 패스파인더 패널에서 합치기를 눌러 하나로 합쳐주고 면 색을 적용합니다.

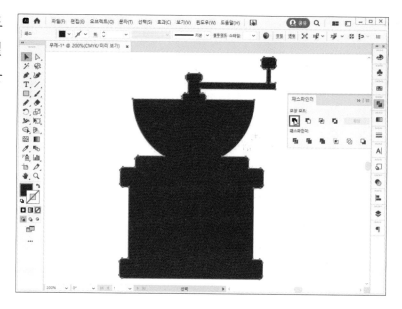

17 제작한 분쇄기 모양 오브젝트 위에 심볼 분무기 도구를 사용하여 앞서 등록해 놓은 심볼을 뿌려줍니다.

18 심볼 크기 조절기 도구, 심볼 이동기 도구 등을 사용하여 심볼을 정리한 후, 하단의 분쇄기 모양 오브젝트를 선택하여 [편집]-[복사] 명령을 실행합니다.

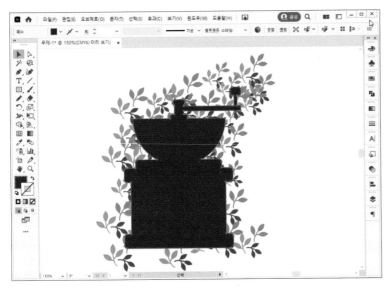

19 계속하여 [편집]–[제자리에 붙이기] 명령을 실행하여 제자리에 하나를 더 붙여넣기 합니다.

20 그런 다음 모든 오브젝트를 선택하고, [오브젝트]–[클리핑 마스크]–[만들기] 메뉴를 실행하여 배경을 정리합니다.

21 사각형 모양의 바둑판 형태를 만들기 위해서 사각형 도구를 선택하고, Shift 키를 누른 채 드래그하여 정사각형을 만든 후 면 색을 적용합니다.

22 앞서 제작해 놓은 분쇄기 모양을 이동 시킨 후 [오브젝트]-[정돈]-[맨 앞으로 가져오기] 명령을 실행하여 겹쳐놓고, 필요하 면 자유 변형 도구를 사용하여 크기를 조절합 니다.

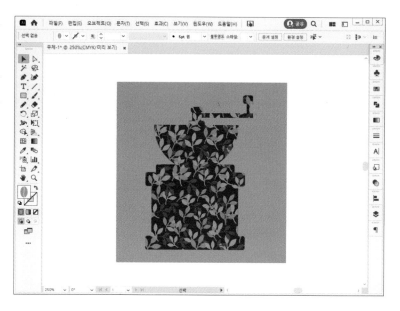

23 하단의 정사각형을 다시 선택하고, Alt + Shift 키를 누른 채 옆으로 이동하여 하나를 더 복사한 후 이번에는 견본 패널에 등록시켜 놓은 패턴을 적용합니다.

PlusTip

오브젝트를 복사하기 위해서 Alt 키를 사용하고, 동시에 Shift 키 를 같이 눌러주면 수평, 수직, 45° 방향으로 정확하게 이동됩니다.

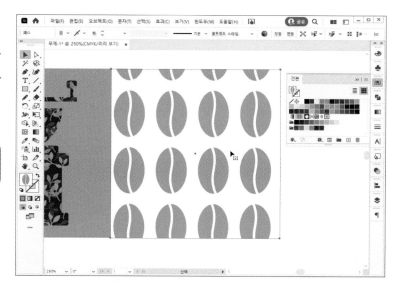

24 마찬가지로 크기 조절이 필요하면 크 기 조절 도구를 사용하여 패턴 크기를 조절하고, 회전시키기 위해서 회전 도구를 사 용합니다.

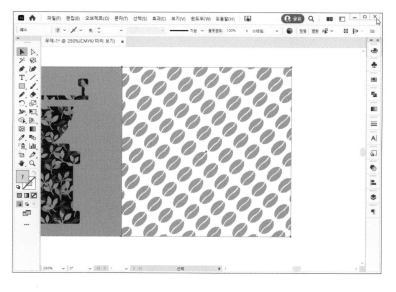

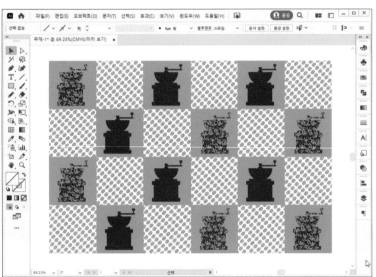

25 앞서 작업한 모든 오브젝트를 여러 개 복사하여 패턴 형식의 배경 작업을 완성합니다.

패턴 등록 및 패턴 옵션 패널 활용

앞서 학습한 패턴 등록 방법 이외에 최신 버전에서는 [오브젝트]-[패턴]-[만들기] 메뉴를 실행하여 패턴 옵션 패널과 함께 다양한 형태로 패턴을 등록할 수 있습니다.

패턴으로 등록하고자 하는 오브젝트를 만들고 [오브젝트]-[패턴]-[만들기] 메뉴를 실행하면 패턴 옵션 패널이 활성화되면서 패턴 활용 시 타일 유형과 배치 방법 등을 미리보기 하며 옵션을 조절하여 원하는 모양으로 등록할 수 있습니다. 또한 기존 패턴을 편집하려면 견본 패널에서 해당 패턴을 더블클릭하거나, 패턴이 포함된 오브젝트를 선택한 다음 [오브젝트]-[패턴]-[패턴 편집] 명령을 실행하면 됩니다.

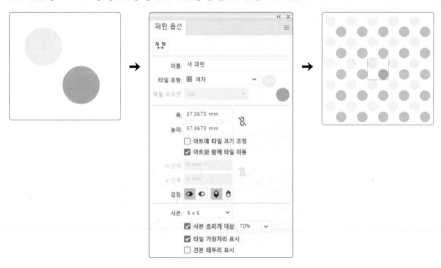

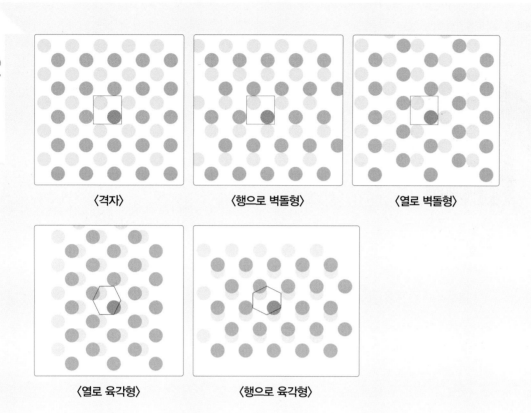

〈격자〉   〈행으로 벽돌형〉   〈열로 벽돌형〉

〈열로 육각형〉   〈행으로 육각형〉

패턴 옵션 패널

1. **이름** : 패턴의 이름을 입력합니다.

2. **타일 유형** : 타일 배치 방법을 선택합니다.

3. **벽돌 오프셋** : 벽돌형 패턴 등록 시 수직이나 수평 맞춤에서 벗어난 타일의 가운데 너비나 높이를 선택할 수 있습니다.

4. **폭/높이** : 타일의 전체 높이 및 너비를 지정합니다. 오브젝트와 오브젝트 사이의 간격을 조절하고자 할 때 사용합니다.

5. **아트에 타일 크기 조정** : 타일의 크기를 패턴을 만드는데 사용 중인 오브젝트 크기에 맞도록 축소하려면 이 항목을 체크합니다.

6. **아트와 함께 타일 이동** : 오브젝트 이동 시 타일도 함께 이동하게 하려면 이 항목을 체크합니다.

7. **H 간격/V 간격** : 인접한 타일 사이에 지정할 간격을 결정합니다.

8. **겹침** : 인접한 타일이 겹치는 경우 앞쪽에 표시할 타일을 선택합니다.

9. **사본** : 패턴을 수정하는 동안 화면에 표시할 타일의 행과 열 수를 선택합니다.

10. **사본 흐리게 대상** : 패턴을 수정하는 동안 미리 표시되는 오브젝트 타일의 불투명도를 조절합니다.

11. **타일 가장자리 표시** : 이 항목을 체크하면 타일 주변에 사각형 상자를 표시합니다.

12. **견본 테두리 표시** : 패턴을 만들기 위해 반복되는 패턴의 단위 부분을 표시하려면 이 항목을 체크합니다.

1

패턴을 활용하여 오브젝트를 만들어 보세요.

> **힌트** • 펜 도구로 티셔츠 모양 제작, 사각형 도구로 무늬 제작하여 패턴으로
> 등록, 패턴 적용 후 크기 조절 도구와 회전 도구 등을 사용하여 패턴
> 자연스럽게 표현

▲ 완성파일 : 섹션10〉완성〉기초01.ai

2

다양한 도형 도구와 심볼 기능을 사용하여 재미난 오브젝트를 만들어 보세요.

> **힌트** • 둥근 사각형 도구, 원형 도구, 고정점 추가 도구 사용, [오브젝트] −
> [패스] − [윤곽 선]을 사용하여 선을 면으로 변환, 패스파인더 패널의
> 합치기를 사용한 이어폰 모양 제작, 음표 모양 제작 후 심볼 패널에
> 등록, 각종 심볼 도구 사용 후 클리핑 마스크로 정리

▲ 완성파일 : 섹션10〉완성〉기초02.ai

3

패턴을 활용하여 재미난 상징물을 만들어 보세요.

> **힌트** • 둥근 사각형 도구, 원형 도구, 사각형 도구와 자유 변형 도구를 사용
> 한 모양 제작, 스프라이트 무늬 패턴 등록과 적용, 크기 조절 도구와
> 회전 도구를 사용한 패턴 조절

▲ 완성파일 : 섹션10〉완성〉기초03.ai

1) 다양한 기능을 활용하여 배경 이미지를 만들어 보세요.

▲ 완성파일 : 섹션10〉완성〉심화01.ai

힌트 • 그라디언트 도구와 패널 활용, 펜 도구를 사용한 곡선 모양 제작과 투명도 패널에서 불투명도 조절, 원형 도구와 [효과]-[스타일화]-[패터] 효과를 적용한 원 모양 제작 후 심볼 등록, 다양한 심볼 도구 사용과 클리핑 마스크를 사용한 배경 정리

2) 패턴을 활용하여 오브젝트를 만들어 보세요.

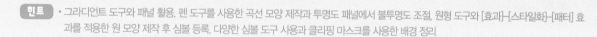

▲ 완성파일 : 섹션10〉완성〉심화02.ai

힌트 • 사각형 도구와 선분 도구를 사용한 모양 제작과 패턴 등록, 다양한 도형 도구들을 사용한 모양 제작

3) 다양한 모양의 패턴을 활용하여 재미난 오브젝트를 만들어 보세요.

▲ 완성파일 : 섹션10〉완성〉심화03.ai

힌트 • 원형 도구와 직접 선택 도구, 고정점 도구를 사용한 하트 모양 제작, 패스파인더 패널의 나누기를 활용한 각각의 면 분리, 다양한 도형 도구들을 사용하여 패턴 등록 후 활용

Section 11

3D 및 왜곡 기능 사용하기

이번 시간에는 3D 기능으로 렌더링 효과가 적용된 사실적인 오브젝트를 만들어 보고, 또 파워포인트에서 그리거나 제작하기 어려운 도형, 도해 등을 제작하여 프레젠테이션에 활용할 수 있는 다양한 그래프 형식을 제작해 보겠습니다. 그리고 다양한 왜곡 기능을 사용하여 로고나 독특한 오브젝트를 직접 제작해 보겠습니다.

Preview

학습내용

실습 01. 그래프 도구 사용하기
실습 02. 다양한 왜곡 기능 사용하기
실습 03. 비트맵 이미지를 벡터 오브젝트로 변환하기
실습 04. 입체 문자 표현하기

실습 05. 3D 기능을 이용한 오브젝트 만들기
실습 06. 왜곡 기능을 활용한 로고 만들기
실습 07. 3D 기능 활용하기

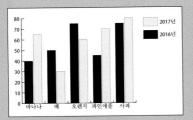

▲ 완성파일 : 섹션11〉완성〉실습01.ai

▲ 완성파일 : 섹션11〉완성〉실습02.ai

▲ 완성파일 : 섹션11〉완성〉실습03.ai

▲ 완성파일 : 섹션11〉완성〉실습04.ai

▲ 완성파일 : 섹션11〉완성〉실습05.ai　▲ 완성파일 : 섹션11〉완성〉실습06.ai

◀ 완성파일 : 섹션11〉완성〉실습07.ai

✔ 체크포인트

- 다양한 모양의 그래프를 만들어 봅니다.
- 다양한 왜곡 기능을 익힙니다.
- 이미지 추적 메뉴와 패널 사용법을 익힙니다.
- 3D 기능을 사용하여 문자를 입체적으로 표현합니다.
- 3D 기능을 사용하여 입체적인 오브젝트를 만들어 봅니다.
- 둘러싸기 왜곡 기능을 사용하여 독특한 로고를 만들어 봅니다.
- 심볼과 3D 기능을 사용하여 입체적인 오브젝트를 만들어 봅니다.

01 [파일]−[새로 만들기] 메뉴를 실행하여 작업할 새로운 아트보드를 만듭니다. 도구 패널에서 막대 그래프 도구를 선택하고, 아트보드에 드래그하여 그래프가 만들어질 영역을 만듭니다.

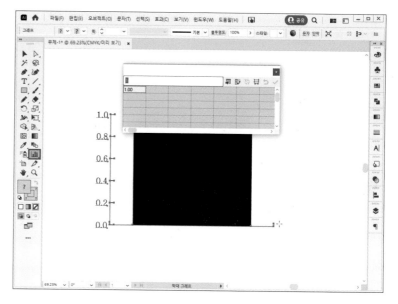

02 데이터를 입력할 수 있는 셀 상자가 나타나면 데이터를 입력하고 적용 버튼을 클릭합니다.

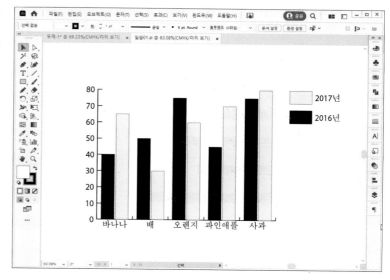

03 입력된 데이터가 흑백 오브젝트 형태의 그래프로 만들어집니다. 직접 선택 도구로 그래프를 선택하여 부분적으로 색상을 바꿀 수도 있습니다.

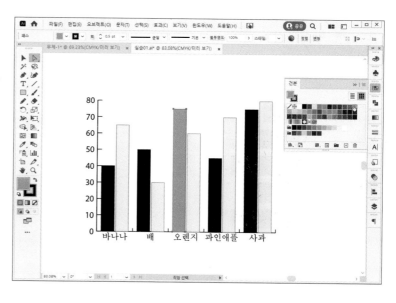

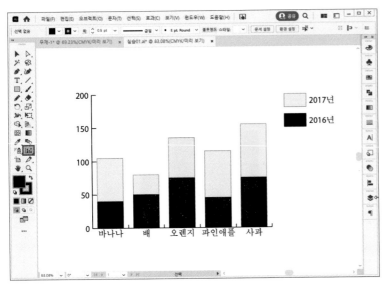

04 막대 그래프뿐만 아니라 다양한 모양의 그래프 형태로 변경시켜 보겠습니다. 만들어 놓은 그래프를 선택하고 그래프 도구를 더블클릭하면 그래프 유형 대화상자가 나타납니다. 유형 항목에서 두 번째 누적 막대 그래프를 선택하고 확인 버튼을 클릭합니다.

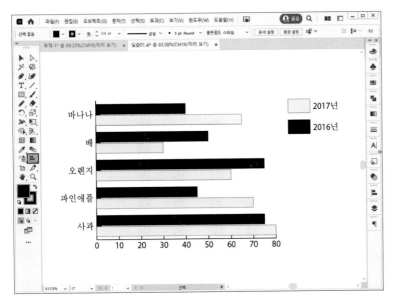

05 동일한 방법으로 그래프 유형 대화상자를 열고 가로 막대 그래프를 선택합니다.

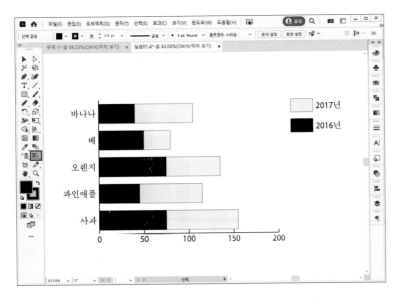

06 이번에는 가로 누적 막대 그래프 형태를 나타내 봅니다.

07 작업된 그래프는 여러 가지 형태로 쉽게 변경할 수 있습니다. 이번에는 선으로 구성된 선 그래프 타입을 나타냅니다.

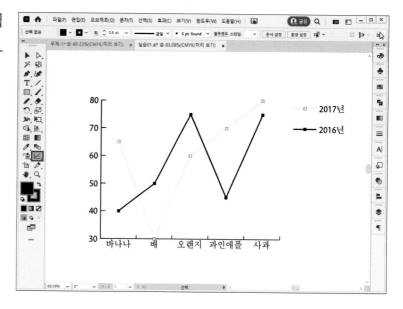

08 입력된 데이터 값을 영역으로 나타내주는 영역 그래프 형식으로 변경해 봅니다.

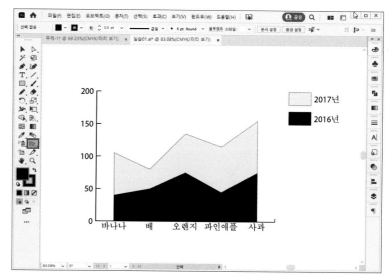

09 입력된 데이터를 산포 그래프 형식으로 바꿔봅니다.

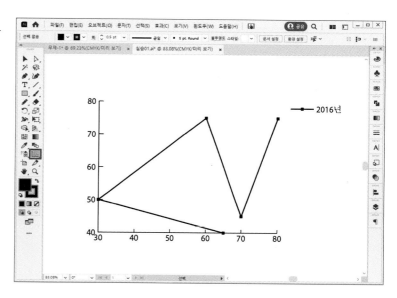

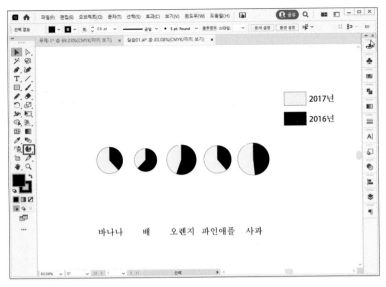

10 이번에는 실무에서 사용 빈도가 높은 파이 그래프 형태의 그래프로 나타냅니다.

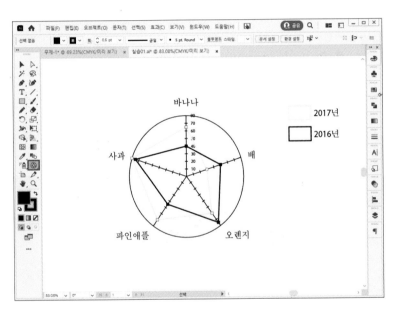

11 마지막으로 그래프 타입을 레이더 그래프로 선택하여 방사 형태로 나타냅니다.

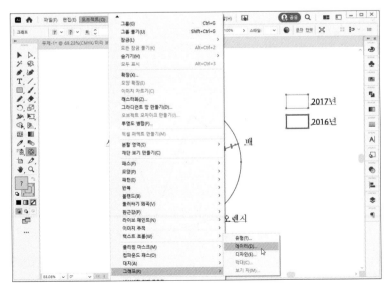

12 데이터를 편집하려면 그래프를 선택하고, [오브젝트]-[그래프]-[데이터]를 실행하여 데이터 셀 편집 대화상자에서 수정할 수 있습니다.

Power Upgrade

그래프 도구

그래프 도구는 데이터를 이용하여 그래프를 만들어 주는 기능으로, 9가지의 그래프 종류와 그 밖의 시각적인 효과
도 줄 수 있습니다.

▶ 막대 그래프 도구 : 기본 그래프로 세로 막대로 구성되는 그래프입니다.

▶ 누적 막대 그래프 도구 : 비교되는 두 개의 값을 하나의 세로 막대에 누적하여 보여줍니다.

▶ 가로 막대 그래프 도구 : 가로 막대로 구성되는 그래프입니다.

▶ 가로 누적 막대 그래프 도구 : 비교되는 두 개의 값을 하나의 가로 막대에 누적하여 보여줍니다.

▶ 선 그래프 도구 : 데이터가 점으로 표시되며, 점과 점을 직선으로 연결하여 보여줍니다.

▶ 영역 그래프 도구 : 서로 다른 변수들의 종합적인 영역이 표시됩니다.

▶ 산포 그래프 도구 : 점으로 데이터를 표현합니다.

▶ 파이 그래프 도구 : 파이 모양의 원으로 데이터를 보여줍니다.

▶ 레이더 그래프 도구 : 중앙 지점에 상대 값을 나타냅니다.

데이터 입력 창

1. **데이터 입력 창** : 그래프로 표현하고자 하는 데이터를 입력합니다.
2. **데이터 불러오기** : 그래프의 데이터로 사용할 외부 데이터를 불
   러옵니다.
3. **행/열 위치 바꿈** : 행과 열의 데이터를 교체합니다.
4. **X/Y 교체** : X축과 Y축을 교체합니다.
5. **셀 유형** : 각 셀의 스타일을 설정합니다.
6. **복귀** : 변경된 모든 내용을 복구시킵니다.
7. **적용** : 마스크 영역을 반대로 적용합니다.

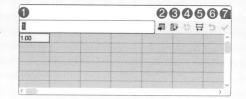

그래프 유형 도구 대화상자

1. **유형** : 9가지 그래프의 종류를 설정합니다.
2. **스타일** : 그림자의 유무, 막대그래프가 겹칠 경우 위에 있는 막대가 우
   선으로 표현, 막대의 종류를 표시해주는 범례의 위치를 차트 위로 올려
   줄지의 여부, 막대그래프가 겹칠 경우 앞에 있는 막대가 우선으로 표현
   될지의 여부를 선택합니다.
3. **옵션** : 그래프의 종류에 따라 옵션이 달라집니다.

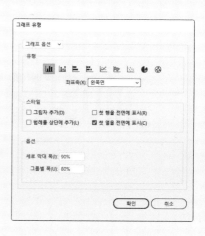

실 습 ② 다양한 왜곡 기능 사용하기

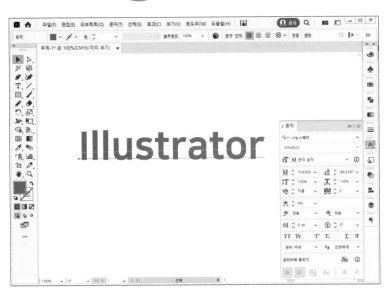

01 [파일]–[새로 만들기] 메뉴를 실행하여 작업할 새로운 아트보드를 만듭니다. 도구 패널에서 문자 도구를 선택하고 아트보드에 클릭하여 단어를 입력한 후, 문자 패널에서 글꼴과 크기를 지정하고 색상을 적용합니다.

02 입력한 문자를 선택하고 [오브젝트]–[둘러싸기 왜곡]–[변형으로 만들기] 메뉴를 실행하면 대화상자가 나타납니다. 스타일에서 여러 가지 모양을 적용시켜 보고, 구부리기 값을 조절해 봅니다.

 강의노트 변형으로 만들기 기능은 문자나 오브젝트를 왜곡시켜 다양한 모양으로 표현합니다.

03 스타일 항목에서 위 부채꼴을 선택하고 확인 버튼을 눌러 문자를 휘게 표현합니다. 만일 입력된 문자의 글꼴이나 색상 등을 수정하고자 할 경우에는 상단 제어 패널에서 '내용 편집' 아이콘을 클릭하여 수정할 수 있습니다.

04 명령을 취소하고 이번에는 [오브젝트]−[둘러싸기 왜곡]−[망으로 만들기] 메뉴를 실행합니다. 대화상자에서 가로와 세로로 생성할 숫자를 입력한 후 확인 버튼을 누릅니다.

> **강의 노트** 망으로 만들기 기능은 오브젝트에 망점을 추가하여 직접 선택 도구로 망점을 선택, 이동시켜 모양을 변형합니다.

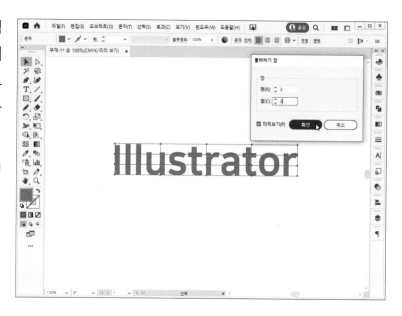

05 그런 다음 직접 선택 도구를 사용하여 추가된 망점을 드래그하여 이동시키면 문자들의 모양이 변형되는 것을 볼 수 있습니다.

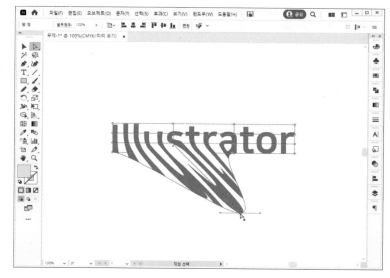

06 마지막으로 입력된 문자 위에 원형 도구를 사용하여 타원형을 그려줍니다.

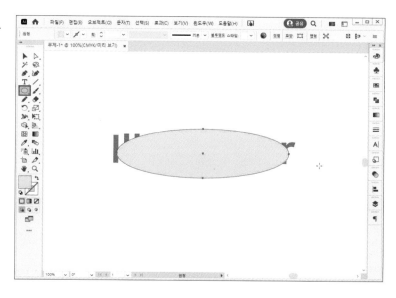

07 문자와 원 모두를 선택하고, [오브젝트]-[둘러싸기 왜곡]-[최상위 오브젝트로 만들기] 메뉴를 실행하면 원 안쪽에만 문자들이 변형되어 나타납니다.

강의 노트 최상위 오브젝트로 만들기는 오브젝트가 겹쳐있을 경우 상위 오브젝트 형태에 맞게 하위 문자나 오브젝트가 모양이 변형되는 기능입니다.

변형 옵션 대화상자

Power Upgrade

1. **스타일** : 문자나 오브젝트를 왜곡시키는 다양한 모양을 선택합니다.
2. **가로, 세로** : 왜곡시키고자 하는 기준 축을 설정합니다.
3. **구부리기** : 모양이 휘는 정도 값을 설정합니다.
4. **왜곡** : 수평 또는 수직 방향으로 모양을 변형시킵니다.

실습 ⑴ 비트맵 이미지를 벡터 오브젝트로 변환하기

01 [파일]-[새로 만들기] 메뉴를 실행하여 작업할 새로운 아트보드를 만듭니다. 다시 [파일]-[가져오기] 메뉴를 실행하여 섹션 11〉샘플〉실습03.jpg' 파일을 선택하고, 하단의 연결 항목을 해제하여 불러옵니다.

PlusTip

가져오기 기능은 *.ai 형식이 아닌 외부 파일 형식으로 저장된 이미지를 불러올 때 사용하는 명령으로, 연결 항목을 체크한 상태로 가져오면 현재 작업 중인 도큐먼트에 포함되지 않으므로 적은 용량으로 저장할 수는 있지만, 장소를 옮기게 되면 링크 걸린 이미지를 같이 저장하여 일러스트 파일과 함께 가지고 다녀야 합니다.

02 불러온 이미지를 선택하고 [윈도우] 메뉴에서 이미지 추적 패널을 불러온 후, 모드 항목에서 색상을 선택한 다음 하단의 색상 수를 설정합니다. 그런 다음 패널 하단의 추적 버튼을 클릭합니다.

강의 노트 이미지 추적은 비트맵 이미지를 일러스트레이터에서 편집 가능한 벡터 이미지로 변환시켜 주는 기능입니다.

03 속성 패널 하단의 확장을 누르거나, [오브젝트]-[이미지 추적]-[확장] 메뉴를 실행하여 비트맵 이미지를 벡터화 시킵니다.

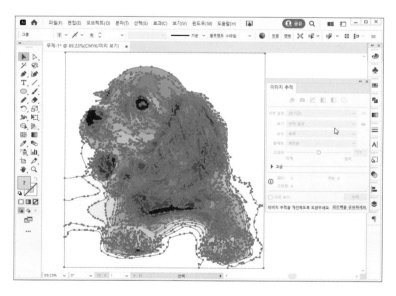

이미지 추적 패널

1. **자동 색상** : 자동으로 색상을 나타냅니다.
2. **높은 색상** : 높은 색상으로 나타냅니다.
3. **낮은 색상** : 낮은 색상으로 나타냅니다.
4. **회색 음영** : 흑백으로 나타냅니다.
5. **흑백** : 검은색과 흰색으로만 나타냅니다.
6. **윤곽선** : 외곽선으로만 나타냅니다.
7. **사전 설정** : 여러 형태의 값으로 벡터화시켜 줍니다.

　① 충실도가 높은 사진/충실도가 낮은 사진 : 높고 낮은 색상으로 나타냅니다.

　② 3/6/16 색상 : 지정한 색상 수로 나타냅니다.

　③ 회색 음영 : 흑백 명암으로 나타냅니다.

　④ 흑백 로고 : 검은색과 흰색 로고 형식으로 나타냅니다.

　⑤ 스케치 아트 : 스케치한 형태로 나타냅니다.

　⑥ 윤곽 : 실루엣 형태로 나타냅니다.

　⑦ 라인 아트 : 명암의 경계를 선으로 나타냅니다.

　⑧ 기술 도면 : 전문적인 기술 도면 형태로 나타냅니다.

8. **보기** : 결과를 보는 방법을 설정합니다.
9. **모드** : 색상 모드를 설정합니다.
10. **팔레트** : 색상과 관련된 팔레트를 지정합니다.

01 [파일]-[새로 만들기] 메뉴를 실행하여 작업할 새로운 도큐먼트를 만듭니다. 도구 패널에서 문자 도구를 선택하고 도큐먼트에 클릭하여 단어를 입력한 후, 문자 패널에서 글꼴과 크기를 지정하고 색상을 적용합니다.

02 선택 도구로 문자를 선택하고, [효과]-[3D 및 재질]-[입체화와 경사] 메뉴를 실행하면 3D 및 재질 패널이 활성화됩니다.

강의노트 3D 기능은 하위 버전들과는 달리 최신 버전에서 3D 및 재질 패널을 활용하여 응용할 수 있도록 지원하고 있습니다. 만일, 기존 버전의 대화상자를 원하신다면 [효과] – [3D 및 재질] – [3D(기본)] 메뉴를 실행하면 됩니다.

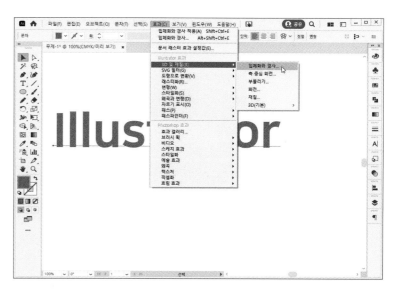

03 패널의 3D 유형을 입체화로 체크하고 심도 값을 조절하거나 회전 각도 등을 조절해 봅니다.

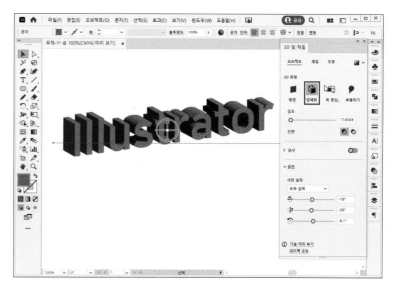

04 또한 최신 버전에서 업그레이드 된 부분으로 재질을 매핑할 수 있도록 재질 항목을 선택하고, 하위 재질 종류에서 원하는 재질을 클릭해 봅니다.

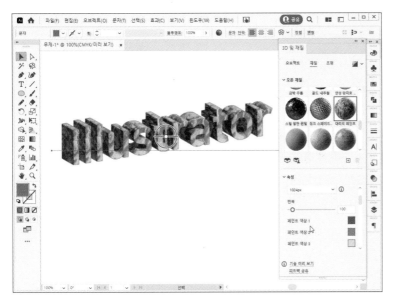

05 선택된 재질 속성으로 패널 하단의 해상도를 변경하거나 무늬의 크기 조절, 색상 등을 변경할 수도 있습니다.

06 조명 옵션 또한 다양한 빛의 방향과 밝기 정도 등을 조절하여 표현할 수 있습니다.

Power Upgrade

오브젝트에 3D 효과를 적용하기 위해서 [윈도우] 메뉴의 3D 및 재질을 클릭하여 패널을 불러옵니다.

3D 및 재질 패널(오브젝트)

1. **3D 유형** : 평면과 입체화, 축 중심 회전, 부풀리기 유형 중 선택하여 효과를 적용합니다.
2. **심도** : 오브젝트의 입체감 깊이를 조절하여 사용합니다.
3. **단면** : 오브젝트가 속이 찬 모양 또는 속이 빈 모양으로 나타나는지를 선택하여 사용합니다.
4. **경사** : 오브젝트의 깊이를 따라 경사진 가장자리를 표현합니다.
5. **사전 설정** : 방향, 축 및 등각을 기반으로 회전 설정을 할 수 있습니다.
6. **수직 회전/수평 회전/원형 회전** : 오브젝트를 수직, 수평, 원으로 회전하는 각도를 설정합니다.

3D 및 재질 패널(재질)

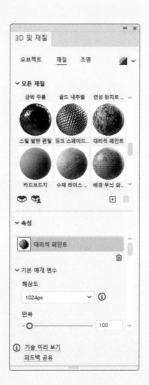

1. **기본 재질** : 기본 사전 설정 재질을 적용하는 옵션으로, 재질 적용 후 초기값으로 되돌리고자 할 때 사용합니다.
2. **Adobe Substance 재질** : Adobe에서 제공하는 다양한 재질을 선택하여 적용합니다.
3. **Substance 3D 자산에서 추가 재질 찾기/Substance 3D 커뮤니티에서 추가 재질 찾기** : Adobe Substance 자산과 커뮤니티에서 재질을 추가하여 사용할 수 있습니다.
4. **속성** : 선택된 재질에 대한 해상도 및 무늬 크기, 색상 등 다양한 재질 속성을 변경할 수 있습니다.

3D 및 재질 패널(조명)

1. **사전 설정** : 다양한 조명 효과를 적용합니다..
2. **강도** : 조명의 밝기를 조절합니다.
3. **회전** : 오브젝트를 중심으로 조명의 초점을 회전합니다.
4. **높이** : 조명을 오브젝트에 가까이 비추는 옵션으로 조명이 낮으면 그림자가 짧게 나타납니다.
5. **부드러움** : 광원이 확산되는 방식을 결정합니다.
6. **주변광** : 전체 조명 강도를 제어합니다.
7. **어두운 영역** : 그림자 적용 시 세부 옵션을 제어합니다.

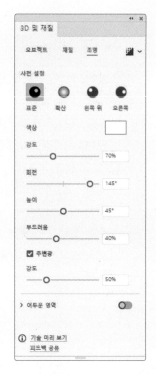

01 [파일]-[새로 만들기] 메뉴를 실행하여 작업할 새로운 아트보드를 만듭니다. 도구 패널에서 펜 도구를 선택하고, 사과 모양을 만들기 위한 곡선을 그린 다음 선 색을 지정합니다.

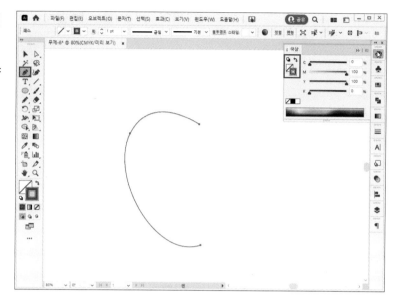

02 곡선을 선택하고 [효과]-[3D 및 재질]-[축 중심 회전] 메뉴를 실행하거나 3D 및 재질 패널에서 3D 유형을 선택합니다. 오프셋 방향을 오른쪽 모서리로 선택하고, 조명 탭에서 조명의 방향과 명암 등을 조절합니다.

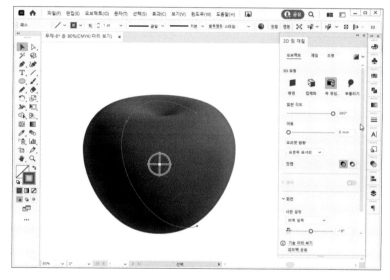

03 동일한 방법으로 사과 꼭지를 펜 도구로 선을 그린 후, 3D 기능을 적용하여 입체적으로 표현합니다.

PlusTip

효과를 적용한 후 수정하고자 할 경우에는 [윈도우] 메뉴에서 모양 패널을 불러와 적용된 효과 리스트를 클릭하여 수정할 수 있습니다.

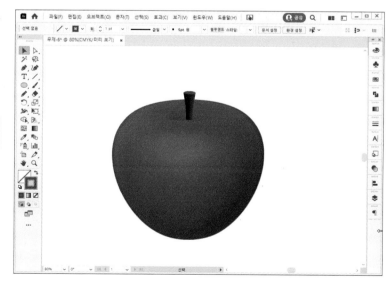

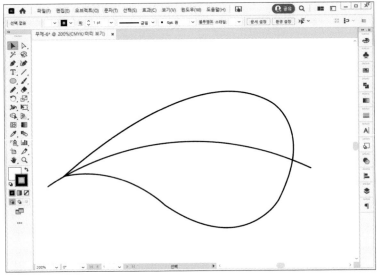

04 잎사귀를 만들기 위해서 펜 도구로 모양을 만들고, 등분하기 위한 곡선을 가로질러 하나 더 그려줍니다.

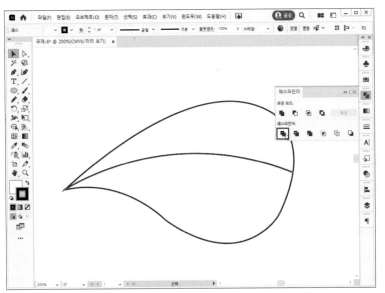

05 두 개의 오브젝트를 선택하고 패스파인더 패널에서 나누기를 눌러주고, [오브젝트]-[그룹 풀기] 메뉴를 실행하여 각각 분리시켜 줍니다.

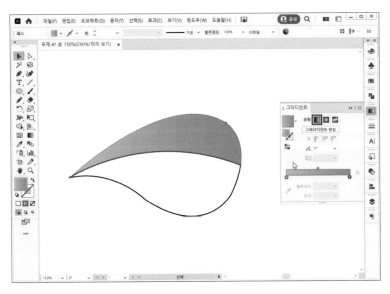

06 그라디언트 패널에서 선형 그라디언트 형식을 선택하고, 색상 슬라이더를 더블클릭하여 각각 초록색 계열로 색상을 적용합니다.

07 그라디언트 도구를 선택하고, 잎사귀 위에 드래그하여 색상 방향을 바꿔줍니다.

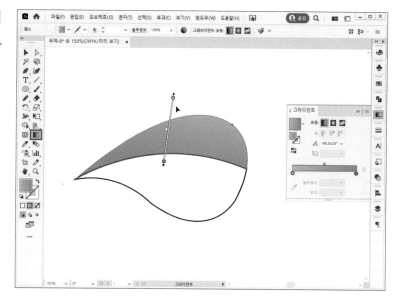

08 나머지 면 또한 위와 동일한 방법으로 그레이디언트 색상을 적용하여 작업을 완성합니다.

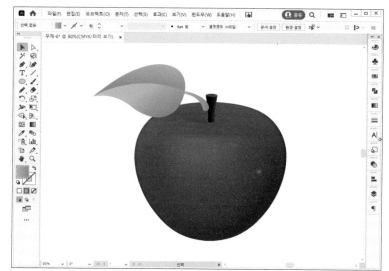

09 사용했던 3D 기능을 수정하고자 할 경우에는 모양 패널을 불러와 리스트를 클릭하여 재질 및 조명 등을 수정하면 됩니다.

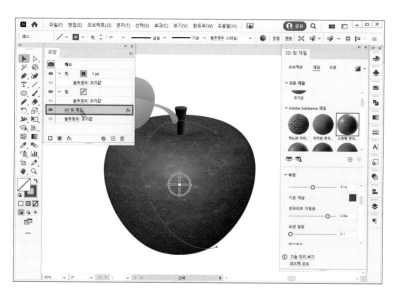

실습 ⑥ 왜곡 기능을 활용한 로고 만들기

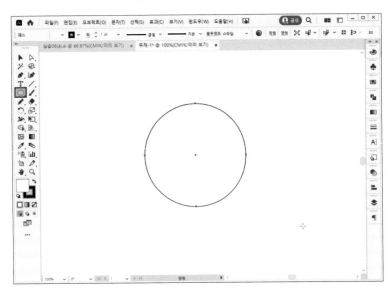

01 [파일]–[새로 만들기] 메뉴를 실행하여 작업할 새로운 아트보드를 만듭니다. 돋보기 오브젝트를 먼저 만들어 보겠습니다. 도구 패널에서 원형 도구를 선택하고, 아트보드에 **Shift** 키를 누른 채 드래그하여 정원을 만듭니다.

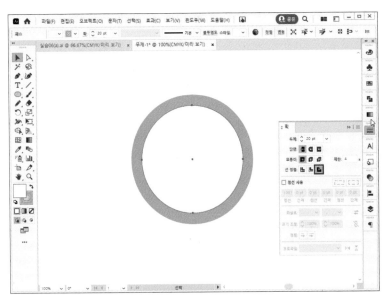

02 색상 패널에서 면 색 흰색과 선 색 회색을 지정하고, 획 패널에서 선의 두께를 설정한 후 하단의 선 정렬 항목에서 바깥쪽으로 선 정렬을 선택합니다.

Plus**T**ip

선 정렬은 패스를 기준으로 선의 위치를 지정하는 기능입니다.

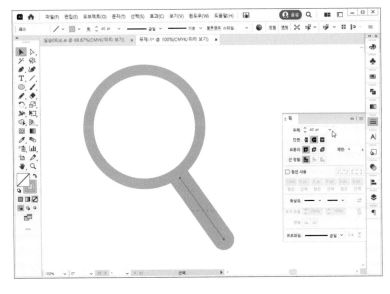

03 선분 도구로 직선을 만들고, 획 패널에서 두께를 설정한 후 둥근 단면 모양을 지정합니다. 그리고 [오브젝트]–[정돈]–[맨 뒤로 보내기] 명령을 실행하여 앞뒤 순서를 바꿔 줍니다.

04 문자 도구로 문장을 입력하고, 문자 패널에서 글꼴과 크기를 조절합니다. 또한 색상을 주황색으로 지정합니다.

05 선택 도구로 문자를 선택하고, [문자]-[윤곽선 만들기] 명령을 실행하여 오브젝트화 시켜주고, 계속하여 [오브젝트]-[그룹 풀기] 메뉴를 실행하여 분리합니다.

06 분리된 문자 오브젝트를 모두 선택하고, 자유 변형 도구의 원근 왜곡 도구를 선택하여 모양을 원근감 있게 변형시킵니다.

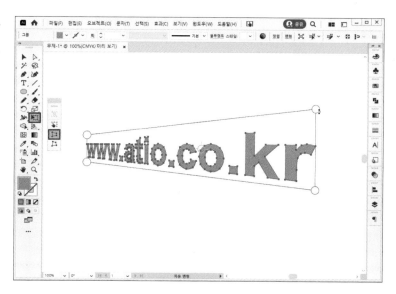

07 돋보기 위에 문자 오브젝트를 위치시키고, 선택 도구를 사용하여 간격을 조절합니다.

08 원형 도구를 선택하고, Alt + Shift 키를 누른 채 중앙에서부터 드래그하여 정원을 만듭니다.

Plus Tip

지금과 같은 경우 정확히 원의 중심을 클릭할 수 없으므로 안내선을 이용하거나 [보기] 메뉴에서 특수 문자 안내선을 체크하여 사용하면 안내선과 중심점 등을 보여주어 정확히 작업할 수 있습니다.

09 그런 다음 원과 하단의 문자 오브젝트를 동시에 선택하고, [오브젝트]-[둘러싸기 왜곡]-[최상위 오브젝트로 만들기] 메뉴를 실행합니다. 원의 형태에 맞게 오브젝트가 모양이 변형되어 표현됩니다. 정돈 기능을 사용하여 배경을 정리하여 완성합니다.

Plus Tip

최상위 오브젝트로 만들기는 가장 위쪽에 있는 오브젝트의 형태에 맞게 하단의 오브젝트가 모양이 변형되는 기능입니다.

01 [파일]–[새로 만들기] 메뉴를 실행하여 작업할 새로운 아트보드를 만듭니다. 먼저 매핑할 오브젝트를 만들기 위해서 도구 패널에서 원형 도구를 선택하고 타원형을 만듭니다.

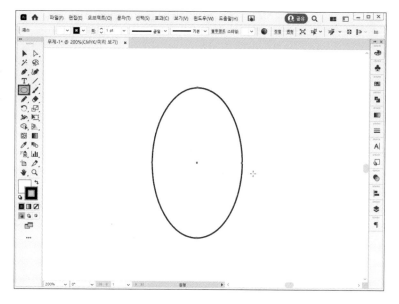

02 펜 도구를 사용하여 곡선 면을 겹쳐 그려주고, 두 오브젝트를 선택한 후 패스파인더 패널에서 앞면 오브젝트 제외 버튼을 클릭합니다.

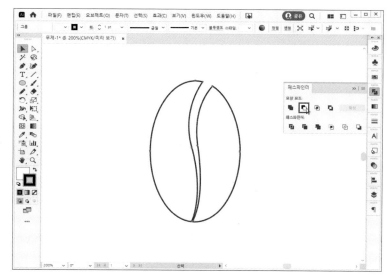

03 면 색을 지정하고 펜 도구를 사용하여 곡선을 그려줍니다.

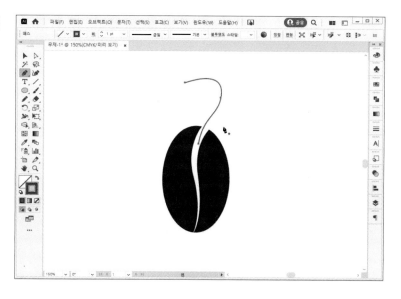

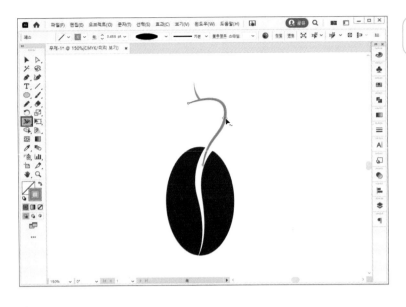

04 도구 패널에서 폭 도구를 사용하여 모양을 수정하고, 선 색을 적용합니다.

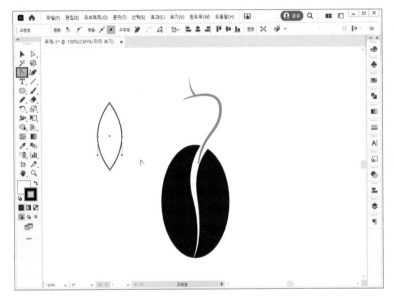

05 다시 원형 도구로 타원형을 그리고, 고정점 도구를 사용하여 양쪽 끝 모양을 뾰족하게 수정합니다.

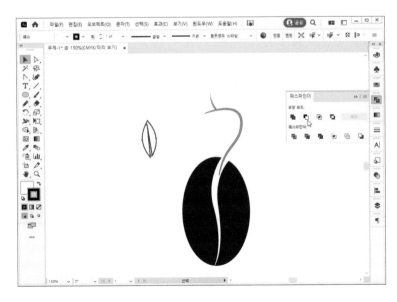

06 앞서 작업한 것과 동일하게 펜 도구로 면을 하나 겹쳐 그린 후, 패스파인더 패널에서 앞면 오브젝트 제외를 눌러 잎사귀 모양을 만듭니다.

07 면 색을 지정하고 하나를 더 복사한 후 자유 변형 도구를 사용하여 회전시켜 줍니다. 앞서 작업해 놓은 커피 모양 또한 여러 개 복사하여 각각 크기를 조절하고 회전시켜 배치합니다.

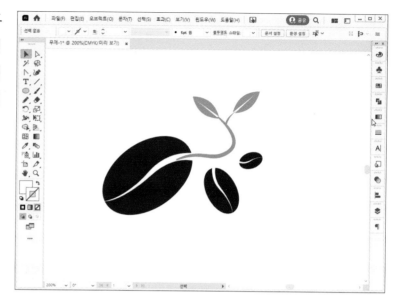

08 사각형 도구로 직사각형을 그리고, 면 색을 지정한 후 [오브젝트]-[정돈]-[맨 뒤로 보내기] 메뉴를 실행하여 앞뒤 순서를 바꿔줍니다.

09 이제 전체 오브젝트를 선택한 후 심볼 패널로 드래그하여 그래픽 심볼로 등록합니다.

PlusTip

3D 효과에서 매핑을 적용하기 위해서는 오브젝트를 심볼로 등록해야 합니다.

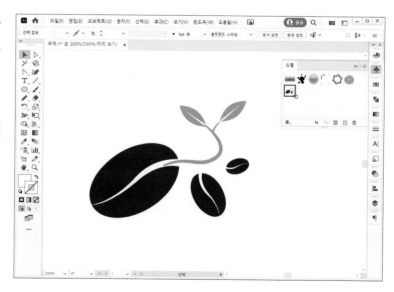

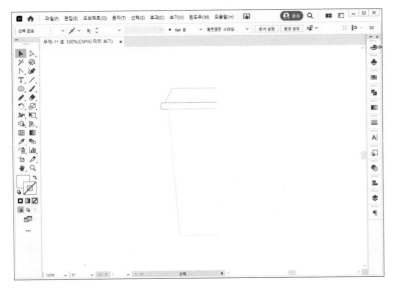

10 펜 도구를 사용하여 컵 모양을 만들 선을 각각 그려주고, 선 색을 적용합니다. 3D 명령을 적용하기에 앞서 선을 모두 선택한 후 [오브젝트]-[그룹] 메뉴를 실행하여 하나의 그룹으로 묶어줍니다.

Plus Tip

오브젝트를 각각 따로 렌더링을 시킬 경우 방향과 각도를 맞추기 어려우므로 하나의 그룹으로 묶어 한꺼번에 입체감을 표현합니다.

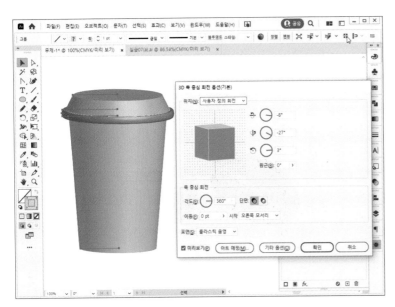

11 오브젝트를 선택하고 [효과]-[3D 및 재질]-[3D(기본)]-[축 중심 회전(기본)] 명령을 실행합니다. 대화상자에서 미리 보기 항목을 체크하고, 회전각도 등을 조절합니다.

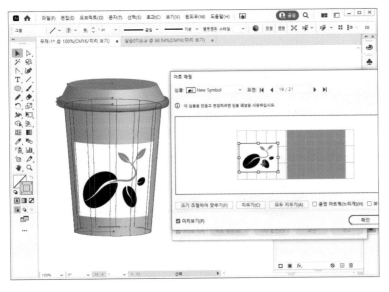

12 하단의 아트 매핑 버튼을 클릭하여 매핑하고자 하는 면을 먼저 선택합니다. 그런 다음 앞서 등록한 심볼을 선택하고, 위치와 크기를 조절한 후 확인 버튼을 클릭합니다.

13 원형 도구를 사용하여 타원형을 만들고 면 색을 지정합니다.

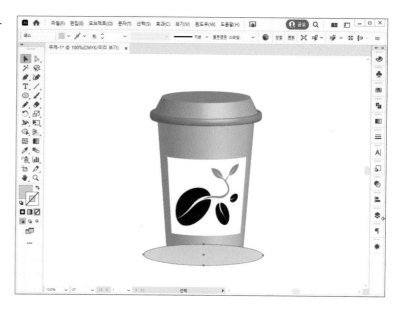

14 [효과] 메뉴에서 [스타일화]-[패더] 명령을 실행하여 적당히 퍼짐 효과를 적용하고, [오브젝트]-[정돈]-[맨 뒤로 보내기] 명령으로 뒤로 보내줍니다.

15 도구 패널에서 선분 도구를 선택하여 직선을 그리고, 선 색상과 선의 두께를 지정합니다.

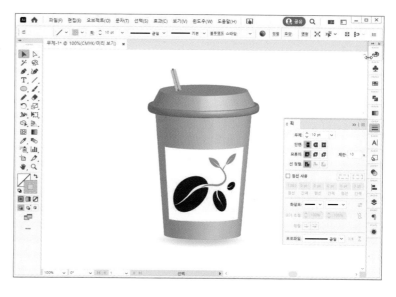

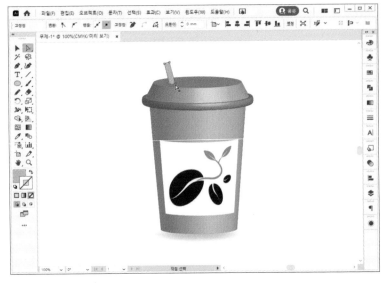

16 [오브젝트]–[패스]–[윤곽 선] 메뉴를 실행하여 선을 면으로 변환시킨 후, 직접 선택 도구로 모양을 수정합니다.

PlusTip

윤곽 선은 선을 면으로 변환시켜 주는 기능으로, 알아두시면 유용하게 사용할 수 있는 기능입니다.

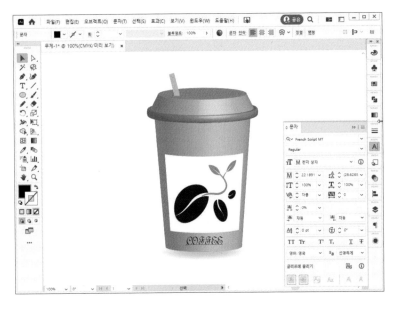

17 마지막으로 문자 도구를 선택하고, 문자를 입력한 후 문자 패널에서 글꼴과 크기를 조절합니다.

18 문자를 선택하고 [오브젝트]–[둘러싸기 왜곡]–[변형으로 만들기] 메뉴를 실행하여 스타일 항목에서 아치를 선택하고, 구부리기 값을 조절합니다.

MEMO

1

왜곡 기능을 사용하여 재미난 심볼을 만들어 보세요.

▲ 완성파일 : 섹션11〉완성〉기초01.ai

힌트 • 원형 도구와 직접 선택 도구, 고정점 도구를 사용한 하트 모양 제작, 그라디언트 도구와 패널 활용한 채색, 문자 도구로 문장 입력 후 문자 패널과 단락 패널 활용, [오브젝트] − [둘러싸기 왜곡] − [최상위 오브젝트로 만들기] 적용

2

3D 기능을 사용하여 입체적인 이정표를 만들어 보세요.

▲ 완성파일 : 섹션11〉완성〉기초02.ai

힌트 • 사각형 도구, 다각형 도구, 패스파인더 기능을 사용하여 화살표 모양 제작, [효과] − [3D 및 재질] − [입체화와 경사] 적용 후 재질 매핑

3

3D 기능을 사용하여 주사위를 만들어 보세요.

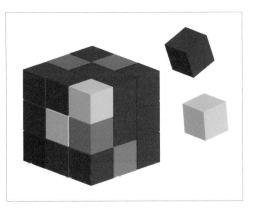

▲ 완성파일 : 섹션11〉완성〉기초03.ai

힌트 • 사각형 도구와 [효과] − [3D 및 재질] − [입체화와 경사] 기능을 사용하여 큐브 모양 제작, 여러 개 복사하여 각각 색상 적용

1) 앞서 학습하였던 다양한 기능을 활용하여 배경을 만들어 보세요.

▲ 완성파일 : 섹션11〉완성〉심화01.ai

힌트 • 원형 도구, 직선 선택 도구, 그라디언트 도구 등을 사용한 풍선 모양 제작, 문자 도구로 문자 입력 후 문자 패널 활용, [오브젝트] – [둘러싸기 왜곡] – [최상위 오브젝트로 만들기] 기능 적용, 원형 도구와 패스파인더 패널을 활용한 구름 모양 제작 후 투명도 패널에서 불투명도 조절

2) 주어진 오브젝트를 활용하여 입체적인 캔 모양을 만들어 보세요.

▲ 준비파일 : 섹션11〉완성〉심화02.ai   ▲ 완성파일 : 섹션11〉완성〉심화02.ai

힌트 • 주어진 오브젝트를 심볼 패널에 등록, 펜 도구로 캔 모양 그린 후 [효과] – [3D 및 재질] – [3D(기본)] – [축 중심 회전] 적용, 대화상자에서 아트 매핑 클릭 후 표면 지정하고 등록된 심볼 적용

3) 다양한 기능을 사용하여 입체적인 그래프를 만들어 보세요.

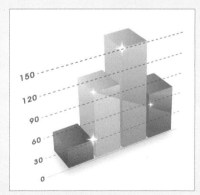

▲ 완성파일 : 섹션11〉완성〉심화03.ai

힌트 • 그래프 도구를 사용한 그래프 제작 후 불필요한 요소 삭제, [효과] – [3D 및 재질] – [입체화와 경사]를 사용한 입체감 표현 후 [오브젝트] – [모양 확장], 그레이디언트 색상 적용과 획 패널에서 점선 제작 후 마무리

12 일러스트레이터의 다양한 기능 활용하기

앞서 일러스트레이터의 다양한 기능들에 대하여 학습하였습니다. 이번 시간에는 앞서 기본 기능들을 충분히 숙지하였다면 디자인 실무 예제를 만들어 보면서 좀 더 확실한 기능 숙지와 활용으로 여러분들의 디자인 감각을 키워보시기 바랍니다.

Preview

학습내용

실습 01. 말풍선 만들기
실습 02. 독특한 입체 문자 만들기
실습 03. 엠블럼 제작하기

실습 04. 입체적인 그래프 만들기
실습 05. 캘리그라피 느낌 표현하기
실습 06. 알파벳 블록 만들기

▲ 완성파일 : 섹션12〉완성〉실습01.ai

▲ 완성파일 : 섹션12〉완성〉실습02.ai

▲ 완성파일 : 섹션12〉완성〉실습03.ai

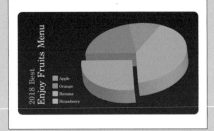

▲ 완성파일 : 섹션12〉완성〉실습04.ai

▲ 완성파일 : 섹션12〉완성〉실습05.ai

▲ 완성파일 : 섹션12〉완성〉실습06.ai

✓ 체크포인트

– 패스파인더와 패스 이동 기능을 사용하여 말풍선을 만들어 봅니다.
– 패턴과 망, 효과 등을 적용하여 입체 문자를 만들어 봅니다.
– 이미지 추적과 클리핑 마스크를 활용하여 엠블럼을 제작해 봅니다.
– 그래프 도구와 3D 기능을 사용하여 그래프를 만들어 봅니다.
– 브러쉬 기능을 활용하여 캘리그라피 문자를 표현합니다.
– 심볼과 3D 기능을 사용하여 입체적인 블록을 만들어 봅니다.

실 습 ⑴ 말풍선 만들기

01 [파일]–[새로 만들기] 메뉴를 실행하여 작업할 새로운 아트보드를 만듭니다.
도구 패널에서 원형 도구를 선택하고 타원형을 여러 개 겹쳐 그려줍니다.

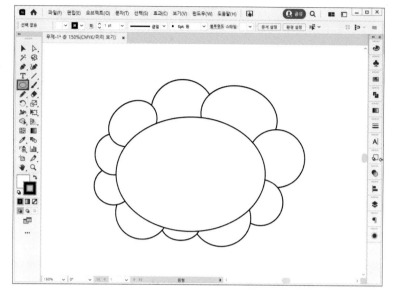

02 선택 도구로 원을 모두 선택하고, 패스 파인더 패널에서 합치기를 눌러 모두 하나로 합쳐주고 면 색을 적용합니다.

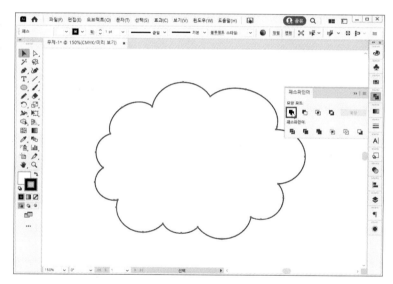

03 펜 도구를 사용하여 삼각형 모양으로 여러 개의 뾰족한 모양을 만들어 주고 면 색을 적용합니다.

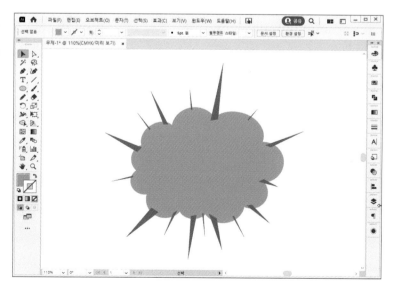

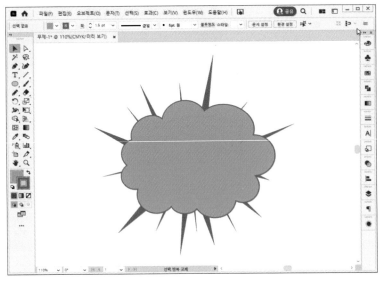

04 앞서 만들어 놓은 곡선 면을 선택하고, [오브젝트]-[정돈]-[맨 앞으로 가져오기] 메뉴를 실행하여 위로 올려주고 위와 동일한 색상으로 선 색을 적용합니다.

05 도구 패널에서 폭 도구를 선택하고, 선의 두께를 다양하게 표현합니다.

06 선분 도구를 사용하여 직선을 여러 개 그려주고, 획 패널에서 선의 두께를 다양하게 지정합니다.

07 원형 도구와 펜 도구를 사용하여 작은 말풍선 모양을 만들고, 패스파인더 패널에서 합치기를 적용한 후 선 색과 면 색을 적용합니다.

08 이제 문자 부분을 표현하기 위해서 문자 도구를 선택하고, 아트보드에 클릭하여 문자를 입력한 후 문자 패널에서 글꼴과 크기, 자간을 지정하고, 색상을 분홍색으로 적용합니다.

09 문자를 선택하고 [문자]-[윤곽선 만들기] 메뉴를 실행하여 문자를 오브젝트화 시켜주고, 계속하여 [오브젝트]-[그룹 풀기] 메뉴를 실행합니다.

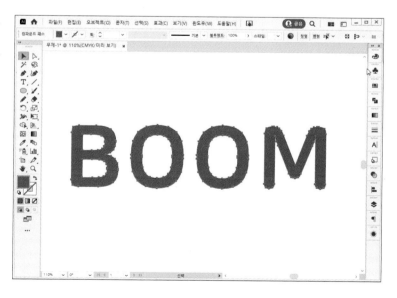

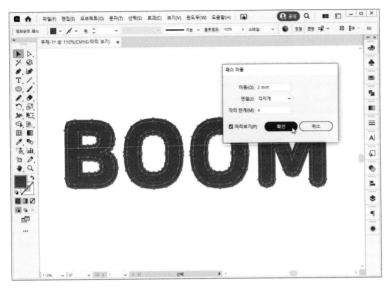

10 문자 오브젝트를 선택하고, [오브젝트]-[패스]-[패스 이동] 메뉴를 실행하여 나타난 대화상자에서 미리보기 항목을 체크하고 값을 조절하여 원하는 두께를 조절합니다.

강의 노트 패스 이동은 원본 오브젝트를 확대하거나 축소하여 복사본을 만드는 기능으로, 입력한 값만큼 확대할 경우 원본 뒤에 복사본이 만들어지고, 반대로 축소할 경우에는 − 값을 입력하여 원본 앞에 복사본을 만들어줍니다.

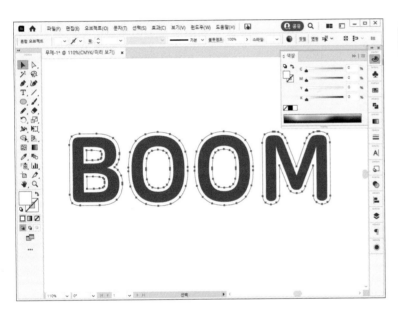

11 새로 만들어진 오브젝트가 선택된 상태에서 면 색을 흰색으로 지정합니다.

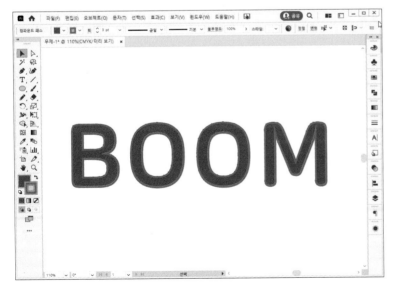

12 가운데 분홍색 문자 오브젝트를 모두 선택하여 선 색을 추가적으로 적용합니다.

13 전체 문자 오브젝트를 선택하고, 도구 패널에서 자유 변형 도구의 원근 왜곡 도구를 사용하여 원근감이 느껴지도록 모양을 변형시킵니다.

패스 이동

패스 이동은 원본 오브젝트를 확대하거나 축소하여 복사본을 만드는 기능으로, 입력한 값만큼 확대할 경우 원본 뒤에 복사본이 만들어지고, 반대로 축소할 경우에는 - 값을 입력하여 원본 앞에 복사본을 만들어줍니다.

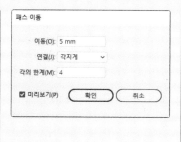

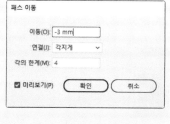

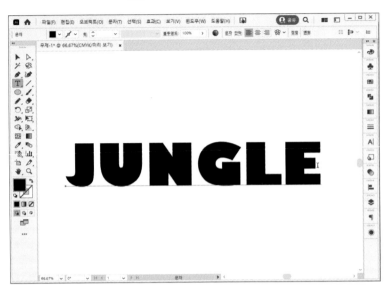

01 [파일]−[새로 만들기] 메뉴를 실행하여 작업할 새로운 아트보드를 만듭니다. 문자 도구를 사용하여 문자를 입력한 후, 문자 패널에서 글꼴과 크기를 지정합니다.

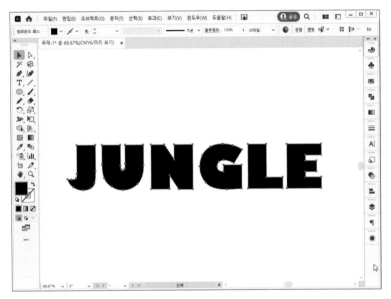

02 입력된 문자를 선택하고, [문자]−[윤곽 선 만들기] 메뉴를 실행하여 문자를 오 브젝트화 시켜줍니다.

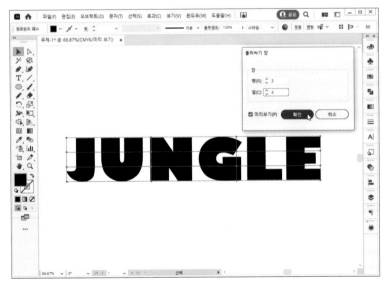

03 [오브젝트]−[둘러싸기 왜곡]−[망으로 만들기] 메뉴를 실행하여 대화상자에 서 가로, 세로 망 값을 입력하고 확인 버튼을 누 릅니다.

04 그런 다음 직접 선택 도구를 사용하여 추가된 망점을 이동시켜 모양을 수정합니다.

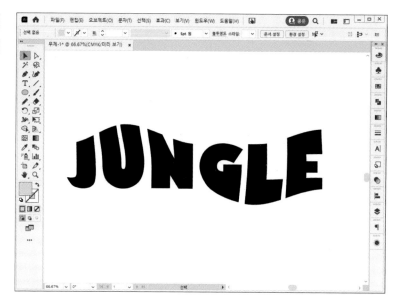

05 수정된 문자 오브젝트에 패턴을 적용하기 위해서 상단 제어 패널에서 내용 편집 아이콘을 클릭하고, 견본 패널의 견본 라이브러리 메뉴 아이콘을 클릭하여 패턴〉자연〉자연_동물 가죽에서 치타 무늬를 불러옵니다.

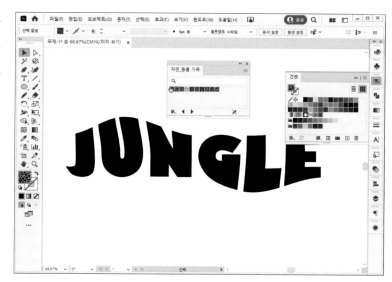

06 선택한 문자 오브젝트에 패턴을 적용하고, 입체적인 느낌을 표현하기 위해서 [편집]-[복사] 메뉴를 실행하여 클립보드에 저장합니다.

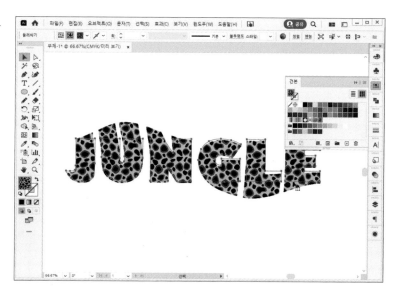

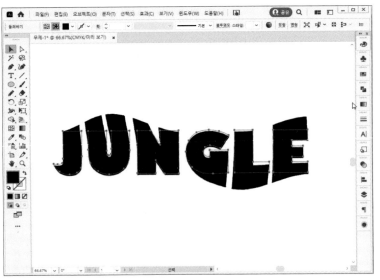

07 [편집]-[제자리에 붙이기] 메뉴를 실행하여 제자리에 하나를 더 붙여넣기 하고, 면 색을 검정색으로 적용합니다.

08 [효과]-[스타일화]-[내부 광선] 메뉴를 실행하여 대화상자에서 중심 항목을 체크하고, 퍼짐 효과를 적용합니다.

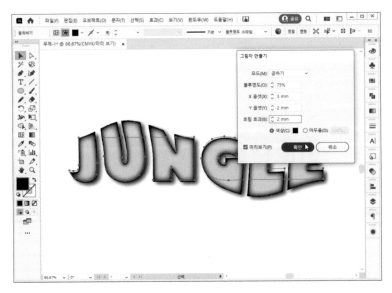

09 계속하여 [효과]-[스타일화]-[그림자 만들기] 메뉴를 실행하여 그림자의 방향과 퍼짐 정도를 조절한 후 확인 버튼을 클릭합니다.

PlusTip

효과를 적용한 후 수정하고자 할 경우에는 [윈도우] 메뉴에서 모양 패널을 불러와 적용된 효과 리스트를 클릭하여 수정할 수 있습니다.

10 마지막으로 투명도 패널에서 혼합 모드를 적용하여 완성합니다.

MEMO

실습 ③ 엠블럼 제작하기

01 [파일]–[새로 만들기] 메뉴를 실행하여 작업할 새로운 아트보드를 만듭니다. [파일]–[가져오기] 메뉴를 실행하여 '섹션12〉샘플〉실습03.jpg' 파일을 선택하고, 하단의 연결 항목을 해제하여 불러옵니다.

PlusTip

가져오기 기능은 *.ai 형식이 아닌 외부 파일 형식으로 저장된 이미지를 불러올 때 사용하는 명령으로, 연결 항목을 체크한 상태로 가져오면 현재 작업 중인 도큐먼트에 포함되지 않으므로 적은 용량으로 저장할 수는 있지만, 장소를 옮기게 되면 링크 걸린 이미지를 같이 저장하여 일러스트 파일과 함께 가지고 다녀야 합니다.

02 이미지를 선택하고 이미지 추적 패널을 불러온 후, 모드 항목에서 색상을 선택한 후 하단의 색상 수를 설정합니다.

PlusTip

이미지 추적은 비트맵 이미지를 일러스트레이터에서 편집 가능한 벡터 이미지로 변환시켜 주는 기능입니다.

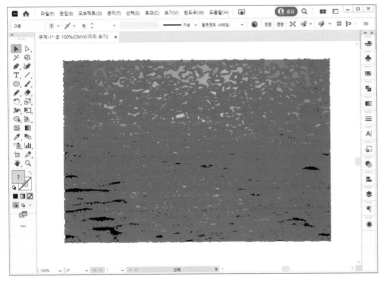

03 [오브젝트]–[이미지 추적]–[확장] 메뉴를 실행하여 비트맵 이미지를 벡터화시킵니다.

04 엠블럼을 제작하기 위해서 원형 도구를 사용하여 Alt + Shift 키를 누른 채 드래그하여 정원을 만들고 면 색을 파란색으로 적용합니다.

PlusTip

정사각형이나 정원을 그리고자 할 경우에는 키보드의 Shift 키를 누르고 드래그하고, Alt 키를 동시에 눌러주면 마우스로 클릭한 부분을 중심축으로 오브젝트가 만들어집니다.

05 투명도 패널에서 불투명도 값을 조절하여 배경이 비쳐 보이도록 투명하게 처리해 줍니다.

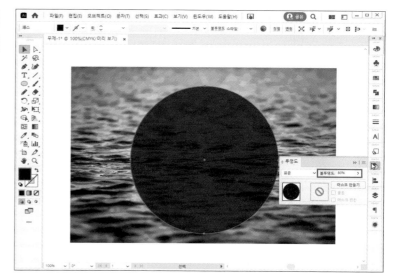

06 작업한 원을 선택하고 Ctrl + C , Shift + Ctrl + V 를 연속적으로 실행하여 제자리에 하나를 더 붙여넣기 한 후 면 색은 없애고, 선 색을 흰색으로 적용한 후 두께를 두껍게 설정합니다.

PlusTip

제자리에 붙이기(Shift + Ctrl + V)는 복사 명령으로 클립보드에 저장된 오브젝트를 가장 위쪽 제자리 위치에 붙여넣기 하는 기능입니다.

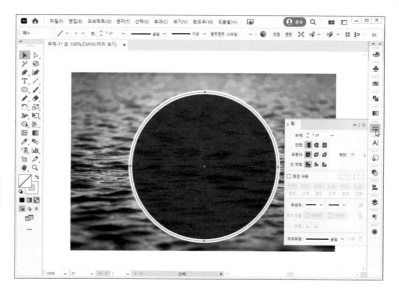

07 앞서 제작한 흰색의 원을 선택하고 Ctrl + C , Shift + Ctrl + V 를 연속적으로 실행하여 하나를 더 붙여넣기 한 후 테두리 상자 또는 자유 변형 도구를 사용하여 Alt + Shift 키를 누른 채 크기를 축소하고 선의 두께를 조절합니다.

PlusTip

Alt + Shift 키를 동시에 눌러주는 것은 Alt 키는 중심점을 유지하기 위해서이고 Shift 키는 가로, 세로 비율을 유지하면서 크기를 조절하기 위해서입니다.

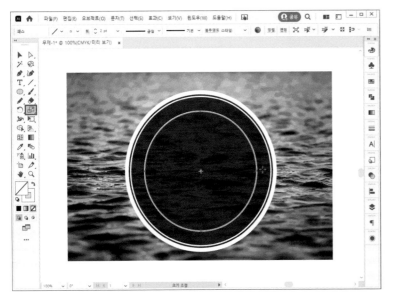

08 원을 따라 흐르는 문자를 입력하기 위해서 앞서 작업했던 명령을 다시 한 번 실행하여 원을 하나 더 복사한 후, 자유 변형 도구를 사용하여 Alt + Shift 키를 누른 채 크기를 축소합니다.

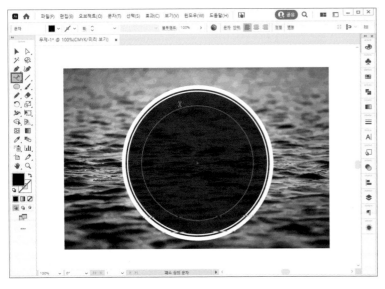

09 도구 패널에서 패스 상의 문자 도구를 선택하고, 원의 패스에 클릭하여 문자를 입력합니다.

10 문자 패널에서 글꼴과 크기를 조절하고, Alt + Shift 키를 누른 채 테두리 상자를 사용하여 원의 크기를 조절하거나 회전시켜줍니다.

11 다시 한 번 원을 하나 더 복사하여 붙여넣기 한 후, 위와 마찬가지로 패스 상의 문자 도구를 사용하여 문자를 입력한 후, 문자 패널에서 글꼴과 크기를 지정합니다.

12 선택 도구로 입력된 문자를 선택하면 끝점을 나타내는 조절선이 보입니다. 이 조절선을 원 안쪽으로 드래그하여 이동시키고, 테두리 상자를 사용하여 크기와 위치를 조절합니다.

13 원을 하나 더 붙여넣기 하고, 고정점 추가 도구를 사용하여 양쪽에 고정점을 두 개씩 추가합니다.

14 그런 다음 직접 선택 도구를 사용하여 불필요한 고정점을 삭제하여 양쪽 곡선을 표현합니다.

15 원형 도구를 사용하여 정원을 만들고, 직접 선택 도구로 고정점을 이동시켜 모양을 수정합니다. 나머지 호스 모양 또한 둥근 사각형 도구와 직접 선택 도구, 패스파인더 패널 등을 활용하여 수경 모양을 완성합니다.

16 문자 도구를 사용하여 나머지 문자를 입력한 후, 문자 패널에서 글꼴과 크기를 지정합니다.

17 마지막으로 배경을 정리하기 위해서 사각형 도구를 선택하고, Alt + Shift 키를 누른 채 드래그하여 정사각형을 그려줍니다.

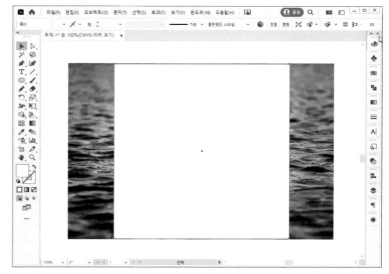

18 그런 다음 모든 오브젝트를 선택하고, [오브젝트]–[클리핑 마스크]–[만들기] 메뉴를 실행하여 사각형 안에만 엠블럼이 보이도록 정리합니다.

Plus Tip

클리핑 마스크는 가장 위쪽에 위치한 오브젝트 형태 안에만 보이도록 나머지 오브젝트를 가려주는 기능입니다.

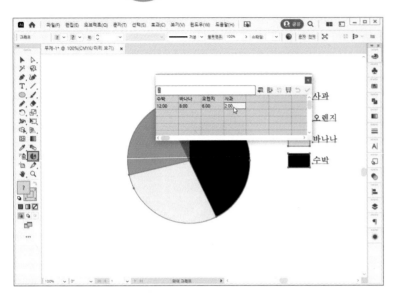

01 [파일]-[새로 만들기] 메뉴를 실행하여 작업할 새로운 아트보드를 만듭니다. 도구 패널에서 파이 그래프 도구를 선택하고, 아트보드에 드래그하여 데이터를 입력하고 적용 버튼을 클릭합니다.

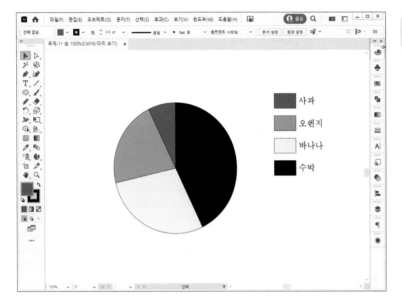

02 입력된 데이터 수치가 흑백 오브젝트 형태의 그래프로 만들어집니다.

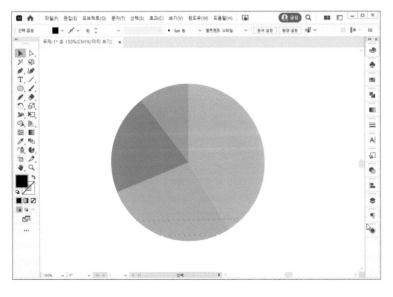

03 [오브젝트]-[그룹 풀기] 명령을 여러 번 실행하여 각각 오브젝트를 개별적으로 분리하고, 색상 패널에서 면 색을 각각 다르게 적용합니다.

04 다시 전체 오브젝트를 모두 선택하고 [오브젝트]-[그룹] 메뉴를 실행하여 그룹으로 묶어주고, [효과] 메뉴에서 [3D 및 재질]-[3D(기본)]-[입체화와 경사] 명령을 실행하여 입체 두께와 경사 각을 조절합니다.

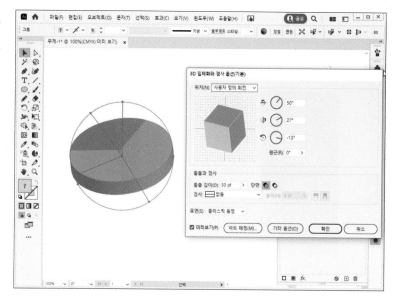

05 한 조각을 분리하기 위해서 [오브젝트]-[모양 확장] 메뉴를 실행하고, 다시 [오브젝트]-[그룹 풀기] 명령을 반복적으로 실행한 후 한 조각을 이동시켜 줍니다.

Plus Tip

모양 확장은 효과가 적용된 오브젝트를 분리하여 모양을 수정하거나 색상을 바꿔 사용할 수 있도록 각각의 오브젝트로 분해하는 기능입니다.

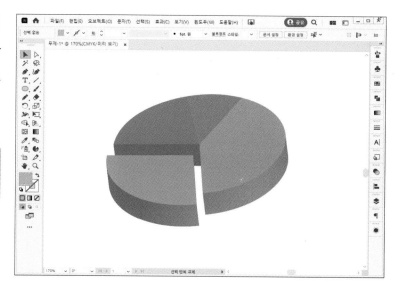

06 둥근 사각형 도구를 사용하여 모서리가 둥근 사각형을 그리고, 그라디언트 패널에서 라인 그라디언트 형식의 그레이디언트 색상을 적용합니다.

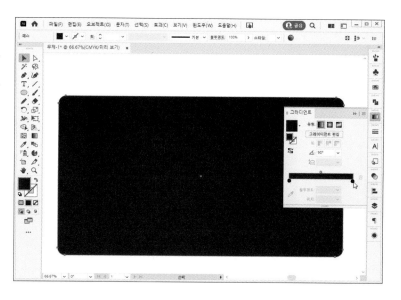

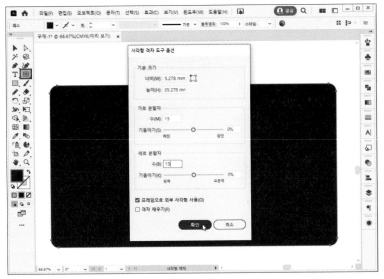

07 이번에는 사각형 격자 도구를 선택하고, 아트보드에 클릭하여 가로, 세로 등분 개수를 설정합니다.

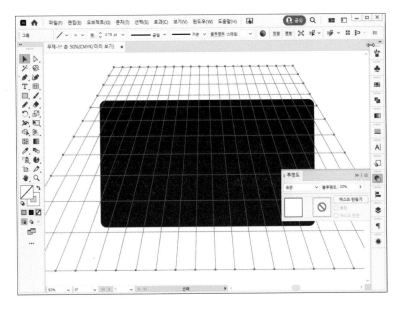

08 만들어진 격자무늬에 선 색을 지정하고, 자유 변형 도구의 원근 왜곡 도구를 사용하여 원근감이 느껴지도록 모양을 수정합니다. 또한 투명도 패널에서 불투명도를 조절합니다.

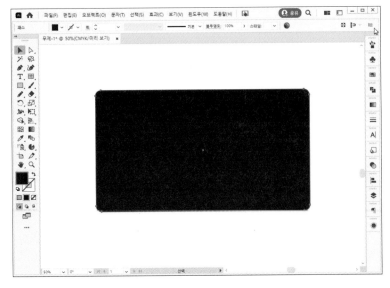

09 앞서 제작해 놓았던 둥근 사각형을 선택하고 Ctrl + C , Shift + Ctrl + V 키를 연속적으로 눌러 제자리에 하나를 더 복사해 붙여넣기 합니다.

10 그런 다음 전체 오브젝트를 선택하고, [오브젝트]-[클리핑 마스크]-[만들기] 메뉴를 실행하여 둥근 사각형 안에만 격자무늬가 보이도록 처리해 줍니다.

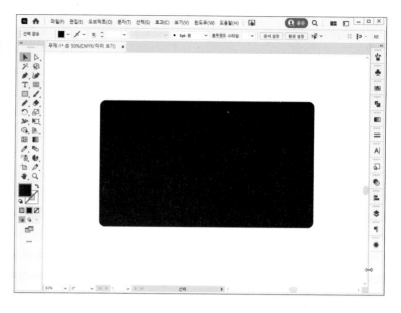

11 앞서 작업해 놓았던 그래프 모양을 사각형 위로 이동시켜 놓고, 필요하면 크기를 조절합니다.

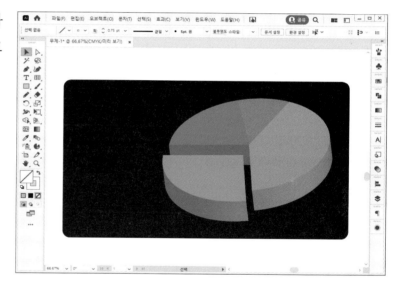

12 문자 도구로 각각 문자를 입력하고, 문자 패널에서 글꼴과 크기를 조절한 후 테두리 상자를 사용하여 회전시켜줍니다.

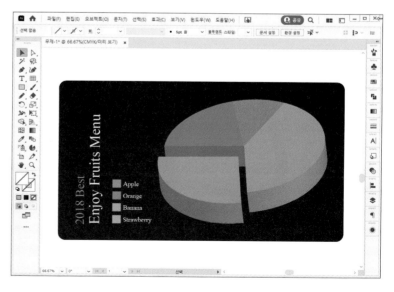

실습 ⑤ 캘리그라피 느낌 표현하기

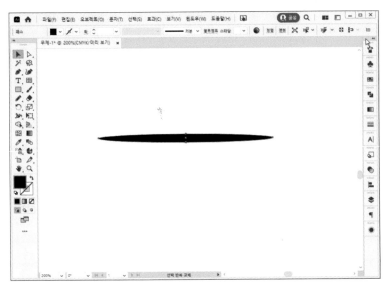

01 [파일]-[새로 만들기] 메뉴를 실행하여 작업할 새로운 아트보드를 만듭니다. 도구 패널에서 원형 도구를 선택하고, 길쭉한 모양으로 타원형을 그려줍니다.

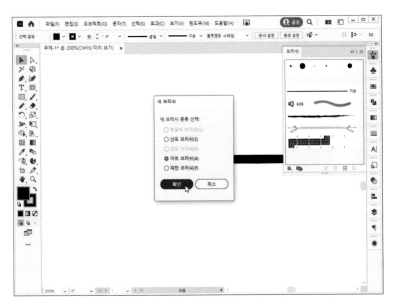

02 선택 도구로 원을 선택하고, 브러쉬 패널로 드래그하여 아트 브러쉬로 등록합니다.

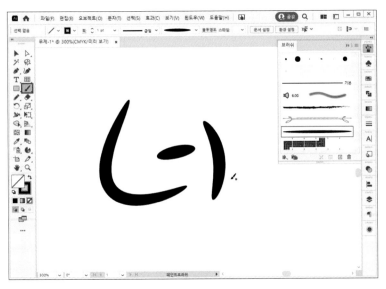

03 도구 패널에서 페인트브러쉬 도구를 선택하고, 브러쉬 패널에 앞서 등록한 브러쉬를 선택하고 마우스를 자유롭게 드래그하여 문자 모양을 만듭니다.

04 잘못 그려졌을 경우에는 Ctrl + Z 키를 눌러 명령을 취소하고 다시 그려주면 됩니다. 위와 같이 연속적으로 문자 모양을 모두 작업합니다.

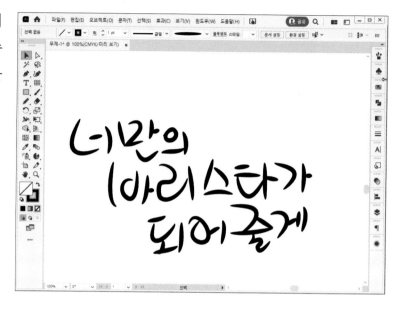

05 이제 문자 모양들을 꾸며주기 위해서 연필 도구를 선택하고, 선 색과 선의 두께를 지정한 다음, 마우스를 자유롭게 드래그하여 원 모양을 만들어 줍니다.

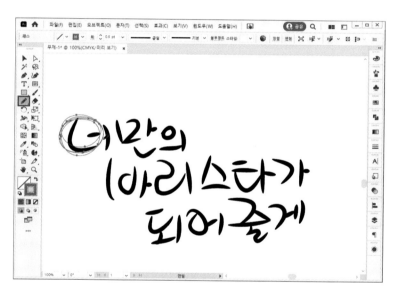

06 계속하여 별 모양도 다른 색상을 적용하여 만들어 주고 복사합니다.

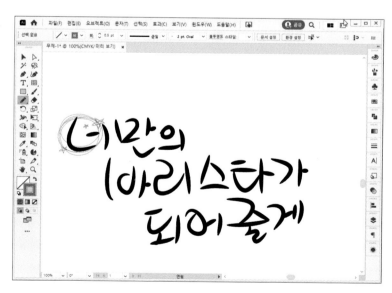

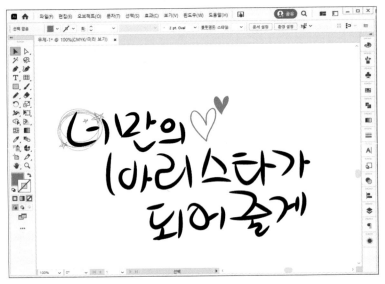

07 펜 도구를 사용하여 하트 모양을 만들고, 하나를 더 복사하여 면 색과 선 색을 각각 적용합니다.

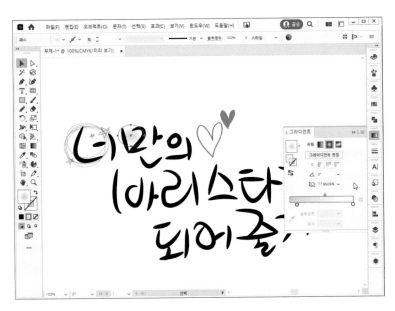

08 원형 도구를 사용하여 원을 그리고, 그라디언트 패널에서 방사형 그라디언트 형식의 그레이디언트 색상을 적용합니다.

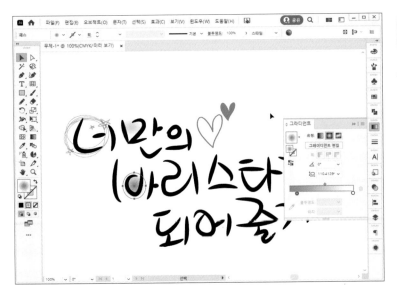

09 그레이디언트 색상을 적용한 오브젝트를 **Alt** 키를 사용하여 복사한 후, 테두리 상자를 이용하여 크기를 조절하고 그레이디언트 색상을 변경합니다.

10 나머지 원 또한 위와 동일한 방법으로 복사하여 그레이디언트 색상을 변경합니다.

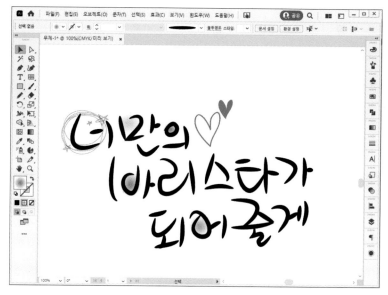

11 마지막으로 원형 도구를 사용하여 여러 개의 원을 그려주고, 각각 색상을 다르게 지정하여 꾸며줍니다.

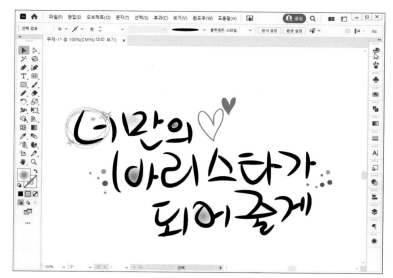

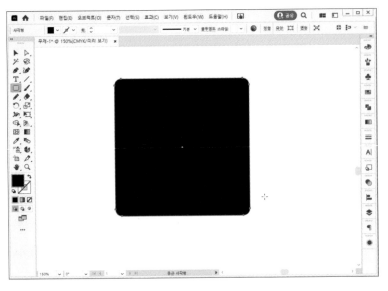

01 [파일]-[새로 만들기] 메뉴를 실행하여 작업할 새로운 아트보드를 만듭니다. 도구 패널에서 둥근 사각형 도구를 선택하고 모서리 둥글기 정도를 조절하여 도형을 만들거나, 사각형 도구로 정사각형을 만든 뒤 모퉁이 위젯을 사용하여 모양을 수정합니다.

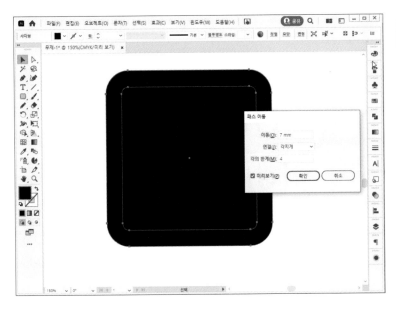

02 사각형을 선택하고 [오브젝트]-[패스]-[패스 이동] 메뉴를 실행하여 하나의 사각형을 더 만들어 줍니다.

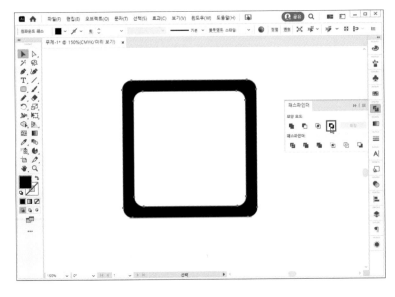

03 그런 다음 오브젝트를 모두 선택하고, 패스파인더 패널의 교차 영역 제외를 클릭하여 가운데를 뚫어줍니다.

04 문자 도구로 알파벳을 입력하고, 문자 패널에서 글꼴과 크기를 조절합니다.

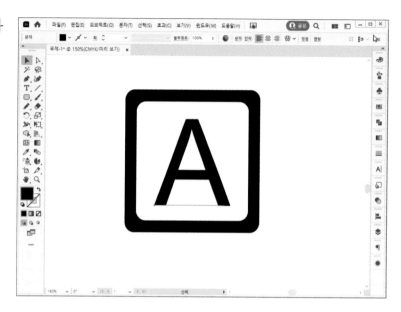

05 하나를 더 만들기 위해서 오브젝트를 복사한 후 문자 내용을 수정합니다.

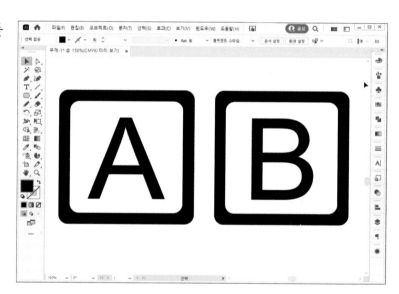

06 만들어 놓은 두 개의 오브젝트를 각각 심볼 패널로 드래그하여 심볼로 등록해 놓습니다.

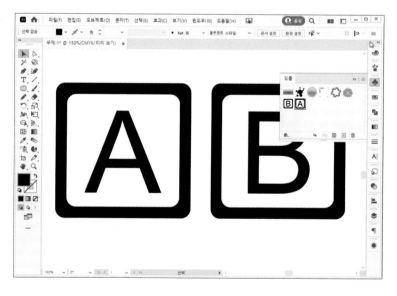

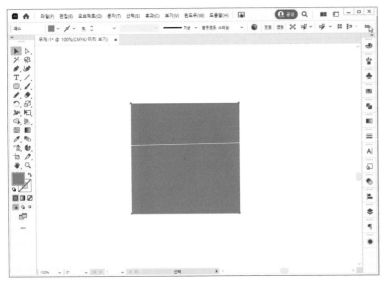

07 사각형 도구를 선택하고, **Shift** 키를 누른 채 드래그하여 정사각형을 만들고 면 색을 적용합니다.

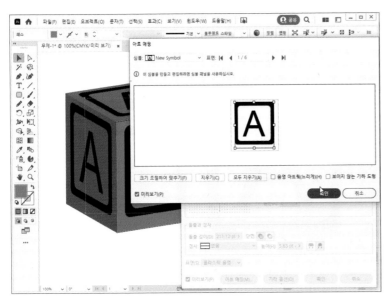

08 [효과]-[3D 및 재질]-[3D(기본0)-[입체화와 경사] 메뉴를 실행하여 두께와 각도를 조절하고, 하단의 아트 매핑 버튼을 클릭하여 각각의 면에 앞서 등록한 알파벳 심볼을 적용합니다.

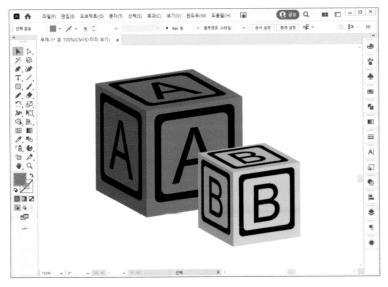

09 나머지 큐브 블록 모양 또한 위와 동일한 방법으로 다른 색상과 크기로 만들어 봅니다.

MEMO

1

3D 기능을 사용하여 입체적인 오브젝트를 만들어 보세요.

힌트 • 펜 도구를 사용하여 각각 곡선 제작, [효과] – [3D 및 재질] – [축 중심 회전] 적용 후 재질 매핑

▲ 완성파일 : 섹션12〉완성〉기초01.ai

2

패턴을 직접 제작하여 노트 오브젝트를 만들어 보세요.

힌트 • 원형 도구, 선분 도구, 고정점 도구, 반사 도구 등을 사용한 꽃 모양 제작 후 패턴 등록, 사각형 도구와 둥근 사각형 도구를 사용한 노트 모양 제작 후 패턴 적용

▲ 완성파일 : 섹션12〉완성〉기초02.ai

3

다양한 기능을 사용하여 쇼핑백을 만들어 보세요.

힌트 • 펜 도구와 도형 도구로 쇼핑백 모양 제작 후 그레이디언트 색상 적용, 획 패널에서 점선 표현, 선 모양의 패턴 등록과 적용, 회전 도구를 사용한 패턴 회전, 문자 도구로 문자 입력

▲ 완성파일 : 섹션12〉완성〉기초03.ai

1) 문자를 이용하여 광고 이미지를 만들어 보세요.

▲ 완성파일 : 섹션12〉완성〉심화01.ai

힌트 • 사각형 도구와 둥근 사각형 도구를 사용한 사각형 모양 제작, 선분 도구와 패스파인더 패널의 나누기 기능을 사용한 모양 제작과 혼합 모드 적용, 문자 입력 후 변형으로 만들기, 망으로 만들기 기능을 활용한 모양 변형, 다양한 도형 도구를 사용한 오브젝트 제작

2) 크리스마스카드를 직접 만들어 보세요.

▲ 완성파일 : 섹션12〉완성〉심화02.ai

힌트 • 다양한 도형 도구와 패스파인더 패널을 사용하여 각각의 캐릭터 제작 후 [효과] – [스타일화] – [그림자 만들기] 적용

3) 다양한 기능을 사용하여 라벨을 만들어 보세요.

▲ 완성파일 : 섹션12〉완성〉심화03.ai

힌트 • 도형 도구와 패스파인더, 그라디언트 패널을 사용한 라벨 모양 제작, [오브젝트] – [패스] – [패스 이동] 적용 후 점선 표현, 문자 도구로 문자 입력

ILLUSTRATOR CC

I·T·워·크·북·시·리·즈

원리 쏙쏙 IT 실전 워크북 ㉙

일러스트레이터 CC 기초부터 실무 활용까지

2022년 05월 15일 초판 인쇄
2022년 05월 20일 초판 발행

펴낸이 | 김정철
펴낸곳 | 아티오
지은이 | 유윤자
마케팅 | 강원경
편 집 | 이효정
전 화 | 031-983-4092~3
팩 스 | 031-696-5780
등 록 | 2013년 2월 22일
정 가 | 19,000원
주 소 | 경기도 고양시 일산동구 호수로 336 (브라운스톤, 백석동)
홈페이지 | http://www.atio.co.kr

◑ 실습 파일 받아보기

- 예제 소스는 아티오(www.atio.co.kr) 홈페이지의 [IT/기술 도서] - [자료실]에서 다운받으시면 됩니다.

원리쏙쏙 IT 실전 워크북 시리즈 ● ● ● ● ●

(대상 : 초 · 중급)

포토샵CC 2022

유윤자 지음 | A4 | 304쪽
15,000원

포토샵CC 2021

유윤자 지음 | A4 | 304쪽
15,000원

포토샵 CC

유윤자 지음 | A4 | 292쪽
15,000원

포토샵 CS6 한글판

유윤자, 우석진 지음 | A4
252쪽 | 13,000원

일러스트레이터 CC

유윤자 지음 | A4 | 320쪽
16,000원

일러스트레이터 CS6

김성실 지음 | A4 | 240쪽
13,000원

**전문가의 스킬을 따라
배우는 포토샵&일러스트레
이터CC 기초+활용 실습**

유윤자 지음 | A4 | 488쪽
21,000원

한글 2020

김수진 지음 | A4 | 216쪽
12,000원

한글 2016(NEO)

비전IT 지음 | A4 | 216쪽
12,000원

한글 2014

김미영 지음 | A4 | 216쪽
12,000원

엑셀 2016

김지은 지음 | A4 | 212쪽
12,000원

엑셀 2013

김수진 지음 | A4 | 216쪽
12,000원

파워포인트 2016

김도린 지음 | A4 | 208쪽
12,000원

파워포인트 2013

비전IT 지음 | A4 | 256쪽
12,000원

**유튜브&영상편집
첫발 내딛기**

박승현 지음 | A4 | 178쪽
12,000원

Start Up 시리즈

Start Up 시리즈는 유튜브, 인스타그램, 블로그, 페이스북, 트위터 등 다양한 플랫폼을 통해 누구나 콘텐츠를 제작하여 유통할 수 있는 시대에 맞춰 고객의 니즈를 파악하여 제작한 교재입니다. 더불어 많은 수익창출로 새로운 1인 창업의 기회가 되고, 1인 크리에이터로 제대로 된 기획, 제작, 마케팅, 수익 창출을 위한 내용을 수록하였습니다.

**스마트폰으로
유튜브 크리에이터 되기**

저자 : 남시언
가격 : 18,000원
쪽수 : 324 | 판형 : B5

**인스타그램으로
SNS 크리에이터 되기**

저자 : 남시언
가격 : 15,000원
쪽수 : 228 | 판형 : B5

**아보느의
홈페이지형 블로그 만들기**

저자 : 윤호찬
가격 : 15,000원
쪽수 : 260 | 판형 : B5

**집에서 10억 버는 카페24 쇼핑몰
제작하기**(유튜브 동영상 강좌 제공)

저자 : 박길현 | 가격 : 23,000원
쪽수 : 432 | 판형 : B5

**현직 줌(ZOOM) 강사가 알려주는
하루 만에 ZOOM으로 프로 강사되기**

저자 : 김가현 | 가격 : 9,000원
쪽수 : 80 | 판형 : B5

**2시간만에
유튜브 크리에이터 되기**

저자 : 허지영 | 가격 : 9,000원
쪽수 : 93 | 판형 : B5

**블로그 글쓰기
나만의 콘텐츠로 성공하기**

저자 : 남시언 | 가격 : 14,000원
쪽수 : 282 | 판형 : B5

**돈버는 SNS 콘텐츠 만들기
with 미리캔버스**

저자 : 박정 | 가격 : 16,000원
쪽수 : 226 | 판형 : B5

**스마트폰으로
이모티콘 작가 되기**

저자 : 임희빈 | 가격 : 16,000원
쪽수 : 208 | 판형 : B5

**라이브 커머스
방구석 노마드로 시작하자**

저자 : 김소정 | 가격 : 13,500원
쪽수 : 172 | 판형 : B5